정책 자금, 스타트업의 날개를 달다

자금 조달에서 성장까지 함께하는, 올 댓 펀딩

정책 자금, 스타트업의 날개를 달다

자금 조달에서 성장까지 함께하는, 올 댓 펀딩

오경상 · 김한수 지음

추천사

『정책 자금, 스타트업의 날개를 달자』를 손에 든 순간, 단숨에 끝까지 읽을 수밖에 없었다. 이 책은 스타트업 임직원이라면 반드시 읽어야 할 필독서이자, 대한민국 창업 생태계에 소중한 밑알이 될 것이다.

스타트업의 길은 언제나 수많은 변수와의 싸움이다. 대표는 줄타기 곡예사처럼 위태로운 균형을 잡아야 하고, 동시에 지휘자처럼 시장 개척·연구 개발·자금 조달이라는 각기 다른 악기를 조화롭게 이끌어야 한다. 그러나 그 과정에서 자금의 자유로움은 단 한 기업도 누리지 못한다. 그렇기에 성장 단계별 자금 조달 전략을 이해하는 일은 무엇보다 중요하다.

이 책은 특히 정부 지원 자금의 본질과 활용을 알기 쉽게 설명한다. 상환 의무가 없는 '보조금', 일부 상환이 필요한 '출연 자금', 그리고 보증·대출·투자 자금으로 이어지는 자금 조달의 원칙을 사례와 함께 정리했다. 예비 창업 패키지부터 팁스 과제까지, 실제 지원 제도의 구조와 성격을 정확히 짚어 줌으로써 스타트업 경영자들에게 큰 도움이 될 것이다.

스타트업은 끊임없는 의사결정의 연속이다. 특히 성장 단계별로 자금 조달 전략을 세우고, 충분한 성장 후에는 엑시트(Exit) 전략을 구체화해야 한다. 이 모든 과정이 자금 조달과 함께 전략을 설정하는 과정임을 이해하자.

이 책은 스타트업이 성장하는 과정에서 부딪치게 되는 다양한 자금 조달 전략을 창업 전-창업 초기-성장기-성숙기-쇠퇴기의 기업의 생애를 구분하여 최적의 대안을 제시하였다.

스타트업은 투자 유치, 정책 자금, 대출, 은행 차입 등 다양한 자금 조달 이슈에 직면한다. 자금 조달과 엑시트 전략은 기업 성장과 맞닿아 있으며, 방향성이 서로 영향을 주기도 한다. 스타트업 경영자는 이러한 과정에서 올바른 판단을 내릴 수 있는 지식을 갖춰야 한다. 이러한 지식을 채워 가는 과정에 이 책이 지표가 되리라 확신한다.

나아가 창업·성장·성숙 단계를 아우르며, M&A와 Pre-IPO에 이르는 자금 전략까지 제시한 점은 이 책만의 특별한 가치다. 스타트업이 직면할 햇살 같은 기회와 폭풍우 같은 위기 속에서, 이 책은 든든한 나침반이자 길잡이가 되어 줄 것이다.

『정책 자금, 스타트업의 날개를 달자』와 함께 많은 스타트업이 새로운 날개를 달고 더 멀리 비상하길 진심으로 기원한다.

기술전략센터 대표이사
박수기

프롤로그

"아는 자가 강한 자다. 정책 자금은 준비된 창업자의 무기다."

저자들은 오랜 시간 중소기업 지원 관련 분야에서 근무하며 수많은 스타트업과 중소기업을 만났다. 창업 초기 자금이 바닥나 창업을 포기하려는 청년 대표부터, 매출이 급격히 늘었지만 자금 회전이 어려워 고통받는 기술 기반 기업까지, 다양한 현장의 목소리를 직접 들어 왔다.

정부는 매년 막대한 예산을 편성해 창업 생태계를 활성화하려고 노력하고 있다. 그 덕분인지 세계적 권위의 '글로벌 창업가 정신 모니터(Global Entrepreneurship Monitor, GEM)'에 따르면 우리나라는 창업 환경 부문에서 상위권 국가로 평가되고 있다. 이는 정부가 민간 금융기관이 감당하기 어려운 고위험 창업 단계의 자금 조달을 지원하고자, 다양한 정책 자금 지원 제도를 운영해 왔기 때문이라고 볼 수 있다.

정부는 창업 기업에 자금을 공급하는 데 그치지 않고, R&D, 판로 개척, 수출 마케팅, ESG 대응 등 비금융적 요소에 대해서도 다양한 프로그램을 통해 연계 지원을 제공하고 있다. 그러나 이러한 정책 지원이 아무리 많다 하더라도, 창업자 본인이 그 기회를 인지하지 못하거나 접근하지 못하면 의미가 없다.

아이러니하게도, 막상 창업을 준비하거나 이제 막 사업을 시작한 이들에게 "정부에서 어떤 자금이 지원되는지 아느냐"고 물으면, "어디서 찾아야 할지도 모르겠다", "누가 알려 주지도 않는다", "신청서도 너무 복잡하다"는 답이 돌아온다. 정책 자금은 분명 존재한다. 하지만 그 존재를 모르는 사람에겐 없는 것이나 다름없다. 실제로 현장에서 만난 많은 기업들이 좋은 기술과 제품을 갖고 있음에도 자금난에 부딪혀 성장 타이밍을 놓치거나 시장에서 퇴장하고 만다.

저자들은 이런 안타까움을 누구보다 많이 봐 왔다. 정책 자금 컨설턴트나 전문가의 도움을 받을 수도 있지만, 창업 초기에는 그런 비용조차 부담스러운 경우가 많다. 그래서 생각했다. 창업자 스스로 정책 자금을 이해하고, 필요한 자금을 단계별로 찾아 쓸 수 있다면 어떨까? 그 물꼬를 트는 서적이 필요하다는 생각에서 집필을 시작하게 되었다.

예로, '배달의민족' 김봉진 대표의 창업 초기를 떠올려 보자. 그 역시 창업 초기, 신용보증기금의 청년창업특례 보증 3,000만 원을 통해 첫 자금을 조달했다. 당시 신용보증기금의 담당 직원은, 처음에는 이 비즈니스 모델이 과연 성공할 수 있을지 반신반의했다. 하지만, 김 대표의 혁신적 비즈니스 모델과 투철한 창업가 정신을 믿고 적극적으로 보증 지원을 결정하였다. 그 결과, '배달의민족'은 빠르게 성장하며 국내를 대표하는 유니콘 기업으로 자리잡게 되었다. 이 사례는 정책 자금이 단지 자금을 넘어 기업의 미래를 바꾸는 촉매제가 될 수 있다는 것을 보여 준다.

이 외에도 야놀자, 토스, 무신사, 당근마켓 등 국내 대표적 스타트업들 중 상당수는 창업 초기 또는 스케일업 단계에서 정부의 정책 자금을 활용하거나, 보증을 기반으로 금융 기관 자금을 연계받아 성장의 발판을 마련하였다. 이들은 이제 단순한 신생 기업을 넘어, 대한민국을 대표하는 기술 기업이자 고용 창출의 주체로 자리매김하고 있다. 이처럼 정책 자금은 기업의 생존을 넘어, 산업 구조의 변화를 이끄는 핵심 자원이 될 수 있다.

중국 고사에 "사람에게는 기회가 있지만, 기회를 아는 자는 드물다(人有机遇, 知之者稀; 인유기우, 지시사희)"라는 말이 있다. 기회는 늘 열려 있지만, 그 기회를 알아보고 행동하는 사람만이 그 기회를 자기 것으로 만든다. 정책 자금 역시 그렇다. 제대로 알면 강력한 성장의 도구가 되지만, 모르면 아무 의미가 없다.

이 책은 그런 '정책 자금이라는 기회'를 각 기업의 성장 단계에 맞게 어떻게 활용할 수 있는지를 쉽게 정리한 실전 가이드이다. 예비 창업자, 초기 창업자, 스케일업 기업, 그리고 IPO 또는 M&A를 준비하는 스타트업 대표 등 필요한 모든 사람이 정책 자금을 전략적으로 활용하여 다음 단계로 도약할 수 있도록 설계하였다.

지금 우리 경제는 대기업 중심의 성장 모델에서 벗어나, 다양한 창업이 이루어지는 역동적인 경제 구조로 전환되어야 할 시점에 와 있다. 창업은 단지 한 개인의 생계 수단을 넘어, 고용 창출과 산업 혁신, 청년 세대의 진로 개척이라는 사회적 가치까지 품고 있다. 정부도 이에 발맞춰 더 많은 지원을 제공해야 하며, 창업자들 역시 그 지원을 현명하게 활용할 수 있는 역량을 갖춰야 한다.

이 책이 창업자에게 정책 자금을 이해하는 첫 길잡이가 되고, 나아가 정부 정책과 창업 현장을 연결하는 실질적인 가교가 되기를 바란다. 그리하여 대한민국 곳곳에서 제2, 제3의 배달의민족, 야놀자, 토스와 같은 성공 창업의 스토리가 끊임없이 탄생하길 희망한다.

   이 책을 집필하는 과정에서 많은 분들의 도움이 있었다. 무엇보다도 전체적인 방향을 제시하고 풍부한 자료를 제공해 주었으며, 꼼꼼히 감수까지 맡아 준 저자들의 '영원한 멘토' 박수기 대표께 깊이 감사드린다. 또한 예비 창업부터 스타트업의 성공 신화를 써 가며, 이 책의 집필 아이디어에 큰 영감을 제공한 ㈜템프체인 김현철 대표와 김영준 이사께 진심으로 감사드린다. 아울러 늘 독서를 통해 새로운 인사이트를 나누며 지적 자극과 따뜻한 격려를 보내 준 '2°C 배움터'의 모든 분들께도 감사의 마음을 전한다. 끝으로, 집필 기간 내내 묵묵히 응원해 준 사랑하는 가족들에게 깊은 고마움을 전한다. 가족의 이해와 격려가 있었기에 이 책을 완성할 수 있었다. 이 책이 세상에 나오기까지 함께해 준 모든 분들께 진심으로 감사드리며, 그 마음을 잊지 않고 앞으로도 더 많은 창업자와 중소기업의 성장을 돕는 길에 최선을 다할 것이다.

2025년 10월
저자 일동

목차

추천사   3
프롤로그   5

1 창업, 왜 정책 금융이 필요한가?   17

1. 창업 생태계의 현실
2. 스타트업이 겪는 주요 자금 조달 문제
3. 정책 금융의 개념과 역할

2 창업 전 준비 단계
예비 창업자를 위한 정책 금융 안내   43

1. 창업 교육 및 멘토링 프로그램
2. 예비창업패키지, 창업선도대학 등 지원 제도

3 기업 설립과 초기 자금 조달 전략   73

1. 창업 형태 선택: 개인 사업자 vs 법인 사업자
2. 기업 설립 절차와 창업 준비 실무
3. 초기 자금 조달 전략: 정책 금융의 첫 단추

4 사업 아이템 검증 및 초기 시장 진입   113

1. 시장 검증 단계의 자금 지원
2. 비즈니스 모델 고도화와 R&D 지원 제도

5 초기 운영 자금과 매출 확대 전략　　137

1. 매출이 발생하기 전: 자금 공백을 메우는 준비 단계
2. 매출 발생 후: 매출을 성장으로 연결하는 자금
3. 기술 역량을 활용한 성장 자금 전략

6 정부 R&D 및 기술 개발 자금의 전략적 활용　　181

1. 중소벤처기업부 등 부처별 지원 사업 개요
2. R&D 사업 기획, 신청, 수행 시 유의 사항
3. 민간 투자 연계형 기술 개발 (TIPS 등)

7 투자 유치 전략과 정책 금융 연계　　221

1. 투자 유치 과정에서 정책 금융 기관과의 협력 방법
2. AC(창업 기획자), VC(벤처 캐피탈)와 정책 자금 매칭 전략
3. 모태 펀드, 성장사다리 펀드의 구조와 이해

8 고용, 수출, ESG 등 비재무적 요소 연계 자금 활용 전략　　261

1. 고용 창출 지원 제도, 수출, ESG 평가 기반 자금의 이해
2. 인증·진단 기반의 비재무적 요소 활용 전략
3. 비재무 요소를 사업 계획서에 녹여 내는 전략

9 중소기업에서 중견기업으로 성장기 금융 전략   291

1. 매출 확장기 기업의 자금 수요
2. 스케일업 전용 정책 금융
3. 매출 기반 대출 및 CAPEX(설비 투자) 자금 조달

10 중소기업 및 스타트업을 위한 시설 자금 조달 전략   319

1. 공장 설립과 생산 기반 강화
2. 정책 금융 기관을 활용한 시설 자금 조달 전략
3. 효과적인 시설 자금 조달을 위한 실전 전략

11 IPO, M&A 등 엑시트 전략과 정책 금융 기관 활용   355

1. IPO를 위한 기업 가치 제고와 재무 전략
2. M&A(인수 합병)와 정책 금융 활용 사례
3. 정책 금융 기관의 IPO・M&A 지원제도

12 실패 방지와 회생을 위한 안전장치   391

1. 정책 금융을 통한 기업 위기 관리 방법
2. 재창업 패키지, 회생 기업 지원제도
3. 부실 가능성을 줄이는 정책 자금 활용 Tip

참고 문헌   420

"

요즘 창업 기업은 정말 많지만,
5년 안에 대부분 문을 닫는다고 하더라고요.
왜 이렇게 버티기가 어려운 걸까요?"

가장 큰 이유는 자금과 정보 부족이에요.
이런 한계를 메워 주는 게 바로 '정책 금융'이죠.
단순히 돈을 빌려주는 걸 넘어,
멘토링·기술 평가·판로 지원까지 이어지는
'성장 기반 금융'이기 때문이에요.

"

제1장

창업, 왜 정책금융이 필요한가?

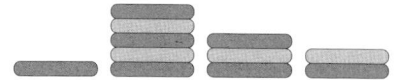

1. 창업 생태계의 현실

최근 들어 창업은 단순 선택의 문제가 아니라, 청년층에게는 생존의 대안이 되고 장년층에게는 제2의 인생을 위한 전략이 되고 있다. 정부 역시 창업을 국가 경제의 성장 축으로 인식하며 지속적으로 창업을 장려하고 있다.

표 1.1 2024년 월별 창업 기업 수 및 증감률(단위: 개, %)

구분	1월	2월	3월	4월	5월	6월	7월	8월	9월	10월	11월	12월
전체	121,183	98,207	105,602	104,899	99,807	93,062	105,709	91,490	82,631	99,378	90,208	90,729
증감률(%)	(14.6)	(△10.2)	(△10.7)	(3.4)	(△7.2)	(△13.9)	(1.2)	(△12.1)	(△10.1)	(0.01)	(△12.1)	(5.9)

출처: 중소벤처기업부

2024년 기준 우리나라 전체 창업 기업 수는 약 118만 개 수준이다. 매년 수많은 기업이 새롭게 등장하고 있으나, 창업의 양적 증가가 곧 성공적인 창업 생태계를 의미하지는 않는다.

창업은 많지만, 살아남는 기업은 적다

정부 통계에 따르면, 국내 일반 창업 기업의 5년 생존율은 약 33.8% 수준에 불과하다. 창업 기업 10곳 중 7곳 이상이 5년 이내에 사업을 접는다는 의미이다. 특히 기술 기반 스타트업은 개발 기간과 검증 비용이 길어 자금 압박이 더욱 심하고, 생존율도 낮은 편이다(중소벤처기업부 통계 5년 생존율: 일반 창업-33.8%, 혁신 창업-53.1%, Tips 기업-72.2% 반영).

창업 기업의 3대 애로: 자금, 인력, 판로 부족

많은 창업자가 공통적으로 호소하는 애로 사항은 크게 세 가지로 요약된다. 자금난, 인력난, 그리고 판로 개척의 한계이다. 초기에는 개인 자본으로 시작하지만 금새 한계에 직면하게 되며, 전문 인력 확보도 어렵다. 제품이나 서비스를 시장에 공급하려 해도 유통망 확보나 고객 접근성이 부족해 매출 확대에 어려움을 겪는다.

이 중에서도 가장 큰 어려움은 단연 자금 문제이다. 일반 금융 기관에서는 담보나 신용이 부족한 창업자에게 대출을 꺼리며, 벤처 캐피탈 등 민간 투자는 어느 정도 성과가 입증된 이후에나 가능하다. 따라서 창업 초기에 필요한 자금일수록 오히려 조달하기 어려운 구조가 형성되어 있다.

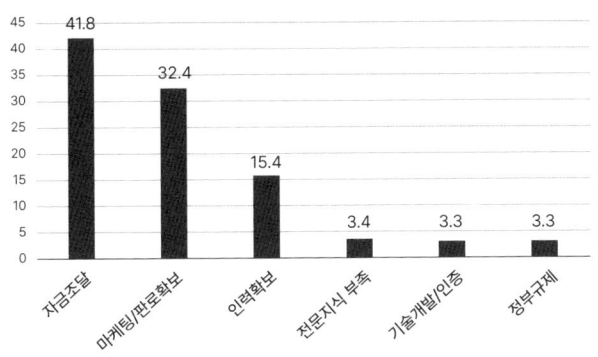

그림 1.1 창업 과정에서 겪는 어려움

출처: 중소기업중앙회

창업 생태계는 다양해졌지만, 정보는 여전히 비대칭적이다

최근에는 창업 생태계가 과거와 달리 다양한 주체가 참여하는 형태로 발전하고 있다. 정부, 지자체, 창업진흥원, 중소벤처기업진흥공단, 신용보증기금, 기술보증기금, 신용보증재단, 액셀러레이터(AC), 벤처 캐피탈(VC), 크라우드펀딩 플랫폼 등 다양한 기관이 창업을 지원하고 있다.

하지만 이러한 제도와 지원은 분산되어 있고, 창업자 입장에서는

그림 1.2 1인 창조 기업의 지역별 분포 현황

출처: 중소기업중앙회

19

어떤 기관이 어떤 지원을 제공하는지 파악하기 어렵다. 좋은 제도는 많지만, 정작 창업자 본인에게 맞는 제도를 찾지 못하거나 신청 방법을 몰라 활용하지 못하는 경우가 많다. 정보 접근성이 부족하고, 제도 간 연계성도 미흡하여 정책 금융의 실질적 효과가 낮아지는 경우가 많다.

수도권과 지방의 격차 또한 여전하다

창업 생태계의 수도권 집중 현상도 문제로 지적된다. 수도권에는 다양한 창업지원센터, 투자기관, 멘토링 프로그램이 밀집해 있어 창업자가 다양한 자원에 접근할 수 있는 반면, 지방은 인프라와 정보, 네트워크 부족으로 상대적으로 불리한 위치에 있다. 지역 창업 활성화를 위한 정부의 다양한 정책 추진에도 현장의 체감도는 낮은 편이다.

그렇다면, 왜 정책 금융이 필요한가?

이처럼 창업 생태계는 겉보기에는 활발해 보이지만, 실제 창업자는 여전히 자금 부족, 정보 비대칭, 생존의 어려움에 직면해 있다. 이러한 현실 속에서 정책 금융은 매우 중요한 역할을 수행한다.

정책 금융은 민간 금융이 감당하지 못하는 초기 위험을 정부가 일부 대신 부담함으로써, 창업자가 아이디어와 비즈니스 모델에 집중할 수 있도록 돕는 역할을 한다. 단순히 자금만 지원하는 것이 아니라, 보증, 투자, 컨설팅, 교육 등 다양한 형태로 창업자의 성장을 지원한다. 따라서 창업자는 창업 아이템과 시장 전략뿐 아니라, 정책 금융 제도를 잘 이해하고 이를 적절히 활용할 수 있어야 한다. 이는 단순한 생존을 넘어, 성장을 위한 핵심 역량이 되기 때문이다.

2. 스타트업이 겪는 주요 자금 조달 문제

스타트업은 성장 속도가 빠르고, 시장의 불확실성이 크며, 자금 수요가 시점마다 다르게 발생하는 특성을 가진다. 따라서 자금 조달이 기업의 생존과 성장에 있어 가장 중요한 요소 중 하나라 할 수 있다. 하지만 많은 스타트업들은 창업 초기부터 자금 조달의 벽에 부딪힌다.

그림 1.3 COMEUP 2024 스타트업 전시장
출처: 연합뉴스

아이디어와 의지는 충분하지만, 이를 실현하기 위한 자금이 부족한 것이다. 이러한 자금 조달 문제는 단순히 '돈이 없다'는 것을 넘어, 자금의 흐름을 이해하고 적절한 수단을 찾기 어려운 구조적 문제로 이어진다.

자금 수요와 공급의 시간차

스타트업은 창업 초기부터 다양한 활동에 자금이 필요하다. 아이디어를 구체화하는 데 필요한 시장 조사와 아이템 검증, 법인 설립, 제품 개발, MVP(최소기능제품) 제작, 마케팅 및 초기 인력 채용까지 모든 단계에서 자금이 들어간다. 특히 창업 1~2년 차에는 수익이 발생하지 않거나 매우 미미한 상태에서, 동시에 다양한 비용이 한꺼번에 발생하는 시기이기 때문에 외부 자금 없이는 운영이 사실상 불가능하다.

아이러니하게도, 창업자가 가장 자금이 절실한 이 시점에 시장에서는 자금 조달이 가장 어렵다. 일반 금융 기관은 자금 공급 여부를 판단할 때 담보나 신용 등급, 과거 재무제표 등 객관적 기준을 중시한다. 그럼에도 대부분의 스타트업은 자산이 없고, 과거 실적도 부족하며, 신용도도 충분히 쌓이지 않은 상태이다. 결국 금융 기관 대출이 어려워지고, 자기 자본이나 가족·지인의 도움에 의존하게 되는 경우가 많다. 이는 사업 확장에 있어 매우 큰 제약 요인으로 작용한다. 또한 전통적인 금융 심사 시스템은 이미 실적이 입증된 기존 기업 중심으로 설계되어 있어, 기술력이나 창업자의 실행력, 시장 가능성과 같은 정성적 요소는 평가에서 충분히 반영되지 않는다.

이로 인해 혁신적 아이디어를 가진 창업자조차 제도권 금융에서 외면당하는 경우가 적지 않다. 실제로 많은 창업자들이 "좋은 아이템과 열정이 있어도 자금이 없으면 아무것도 시작할 수 없다"고 토로한다.

이러한 자금 수요와 공급의 시간차는 스타트업이 '죽음의 계곡(Valley of Death)'에 빠지는 대표적 원인이 되기도 한다. 창업 초기

1~3년 동안 적절한 자금 지원을 받지 못하면 제품 개발이 중단되거나 인력 유지가 불가능해져, 가능성이 있던 사업도 자연스럽게 시장에서 사라지게 된다. 따라서 창업자의 입장에서는 창업과 동시에 자금 전략을 수립하고, 공적 자금과 정책 금융을 적극적으로 활용할 수 있는 준비가 필수적이다.

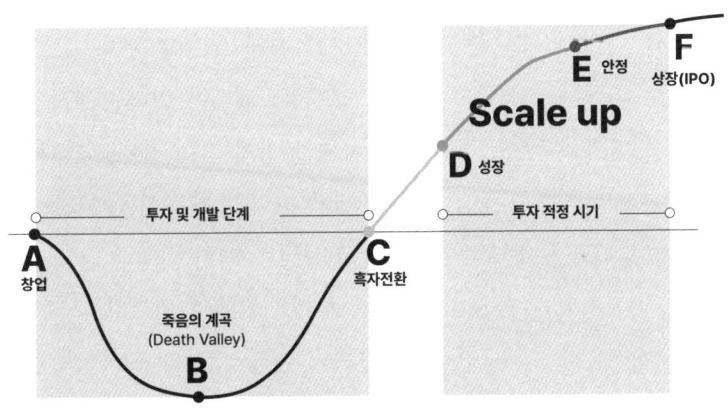

그림 1.4 기업의 성장 단계
출처: 클래스101, 인터비즈, 인사이트 디깅

민간 투자와의 간극

벤처 캐피탈(VC), 액셀러레이터(AC), 엔젤 투자자 등은 스타트업 생태계에서 매우 중요한 자금 공급자들이다. 이들은 단순히 자금을 공급해 주는 데서 멈추지 않고, 기업의 성장을 함께 만들어 가는 파트너이기도 하다. 그러나 현실에서는 대부분의 스타트업이 이들 민간 투자자로부터 자금을 유치하는 데 큰 어려움을 겪고 있다. 그 이유는 간단하다. 투자자들은 투자 판단을 내릴 때, 검증된 기술력, 구체화된 사업 모델, 탄탄한 팀 구성, 명확한 시장 가능성 등을 종합적으로 평가한다. 즉, 어느 정도 '준비된 상태'에서만 투자가 가능하다는 것이다. 반대로 말하면, 아직 시장에서 검증되지 않았거나 팀이 완성되지 않은 초기 스타트업은 투자 유치 자체가 매우 어렵다.

문제는 여기서 발생한다. 많은 창업자가 '검증'을 받기 위해 자금이 필요한데, 정작 자금을 유치하려면 이미 '검증'이 되어 있어야 한다. 이러한 구조적 모순은 초기 창업자들에게 커다란 장벽으로 작용한다. 아이디어는 뛰어나고 열정도 있지만, 실적이 없다는 이유만으로 투자를 받지 못하고, 결국 사업 자체를 접게 되는 경우도 많다. 게다가 최근에는 투자자들도 경기 상황이나 회수 가능성을 고려해 더 신중하게 움직이는 경향이 있다. 특히 글로벌 경기 침체나 금리 인상기에는 초기 투자보다 후속 투자나 안정적 기업에 집중하는 흐름이 강화되면서, 창업 초기 기업으로 자금 유입이 어려워진다. 실제로 많은 스타트업이 민간 투자를 기대하며 수개월 동안 사업 계획서를 고치고 IR 피칭을 준비하지만, 투자 유치에 실패한 채 시간과 자원을 모두 소모하는 경우가 적지 않다. 이로 인해 창업 초기 가장 중요한 시기를 놓쳐 버리는 일이 반복된다.

이러한 민간 투자와 스타트업 사이의 간극은 시장 논리로는 어쩌면 당연할 수 있다. 하지만 가능성 있는 아이디어와 열정을 가진 창업자들이 '준비가 부족하다'는 이유만으로 기회조차 갖지 못하는 현실은 우리 창업 생태계 성장에 걸림돌이 된다. 이 간극을 메우는 역할을 하는 정책 금융이 중요한 이유가 바로 여기에 있다.

자금 조달 정보의 비대칭성

스타트업이 자금 조달 과정에서 겪는 또 다른 현실적 어려움은 바로 정보의 비대칭성*이다. 정부와 공공 기관은 다양한 정책 자금, 지원금, 보증 제도, R&D 자금을 운영하고 있지만, 많은 창업자들은 그 존재는 알면서도 정작 '어떻게 활용해야 하는지'는 잘 모른다.

그림 1.5 스타트업의 창업 자금 조달 방안
출처: https://brunch.co.kr/@sherpa/34

실제로 많은 창업자들이 "정부 지원 제도가 많다는 얘기는 들었지만, 내 상황에 맞는 게 어떤 건지 모르겠다", "어디서 정보를 확인해야 할지 모르겠다"는 말을 자주 한다. 이러한 현상의 원인은 관련 정보가 여러 기관에 흩어져 있고, 안내 방식도 제각각이기 때문이다.

---

* 시장에서 거래 쌍방 중 한쪽만이 특정 정보를 가지고 있는 현상을 의미

중소벤처기업부, 창업진흥원, 중소벤처기업진흥공단, 신용보증기금, 기술보증기금, 지방자치단체, 신용보증재단 등 각각의 기관이 자신만의 시스템과 용어로 사업을 운영하다 보니, 창업자가 이를 하나하나 파악하기란 현실적으로 매우 어렵다. 더 큰 문제는, 정책 자금의 신청 요건과 절차가 복잡하고 까다롭다는 점에 있다.

신청서 양식만 해도 기관마다 다르고, 요구하는 서류도 제각각이며, 전문 용어나 금융 지식이 부족한 창업자 입장에서는 이를 준비하는 일 자체가 큰 부담으로 다가온다. 심지어 일부 제도는 공고 기간이 짧고 선착순 마감되거나, 상담 채널이 명확하지 않아 신청 기회조차 놓치는 경우도 많다. 이러한 정보 접근의 어려움은 자금이 절실한 창업자에게 매우 치명적인 결과를 낳는다. 분명 제도가 있고, 지원할 의지도 있지만, 정보를 모르거나 해석하지 못해 신청조차 못 하는 일이 반복되고 있다.

결국 제도가 있어도 실제 혜택을 받는 사람은 소수에 불과하고, 나머지 다수의 창업자는 여전히 자금 부족 문제를 혼자 감당해야 한다. 이러한 정보의 비대칭성은 단순한 불편함의 문제를 넘어선다. 정책 자금의 접근성을 떨어뜨리고, 정부 정책의 실효성을 약화시키는 구조적 한계다. 따라서 정책 자금이 효과적으로 쓰이기 위해서는 단순한 제도 운영을 넘어, 사용자 중심의 정보 제공, 단계별 가이드, 통합 안내 시스템 등 실질적인 정보 접근성 개선이 반드시 필요하다.

자금의 연속성 부족

스타트업의 자금 수요는 창업 초기 단계에만 국한되지 않는다. 제품이나 서비스가 시장에서 반응을 얻기 시작하면, 본격적인 사업 확장을 위한 자금이 추가로 필요해진다. 예를 들어, 제품 고도화(R&D), 핵심 인력 충원, 마케팅 강화, 생산 설비 확장, 물류 인프라 구축, 해외 시장 진출 등 성장 단계마다 자금 수요는 더욱 크고 복잡해지는 경향이 있다.

그러나 현실에서는 정부의 정책 자금이나 지원 제도들이 대부분 일회성으로 설계되어 있어, 창업자가 한 번 지원을 받고 나면 이후 단계로 이어질 수 있는 추가 자금을 지원받기 어렵다. 또한 기관별로 운영하는 사업 간 연계성도 부족해, 단계적으로 성장하는 기업이 자연스럽게 다음 단계의 자금을 지원받는 구조가 거의 마련되어 있지 않다.

그 결과, 많은 스타트업이 다음 단계로 도약할 타이밍에 다시 자금 부족 문제에 직면하게 되고, 성장 기회를 살리지 못한 채 성장이 정체되거나, 심지어 다시 위기를 맞게 되는 경우도 있다. 특히 일정 매출 규모까지는 도달했지만, 투자 없이 도약하기 어려운 중기 성장 기업들에게는 이러한 자금 공백이 치명적일 수 있다.

이러한 구조는 흔히 '자금의 단절', 또는 실무 현장에서 '스케일업의 벽'으로 표현되며, 기업이 창업과 성장 사이에서 생존율이 급격히 떨어지는 구간, 즉 '죽음의 계곡'을 넘지 못하게 만드는 주요 원인이 된다. 이 구간에서는 단순한 아이디어나 기술만으로는 경쟁에서 살아남기 어렵고, 자금과 인력, 시스템과 네트워크가 동시에 확장되어야 하기 때문에 더 많은 자금이 필요하다. 하지만 이 시점에서 정책 금융의 역할이 뚜렷하게 이어지지 않는다면, 초기 단계에서 어렵게 성장해 온 스타트업도 결국 지속 가능한 기업으로 전환하지 못한 채 시장에서 사라지게 된다. 이는 단지 한 기업의 실패를 넘어, 정부의 창업 지원 투자에 대한 사회적 수익률을 낮추는 결과를 낳는다. 따라서 정책 금융은 단기적 생존을 돕는 데 그치지 않고, 기업이 성장 주기를 따라 단계적으로 필요한 자금을 지원받을 수 있도록 연속적인 설계와 연계 시스템을 마련하는 방향으로 진화해야 한다. 창업자가 각 성장 단계마다 필요한 자금을 예측 가능하게 확보할 수 있을 때, 진정한 의미의 창업 성공 사례가 만들어질 수 있다.

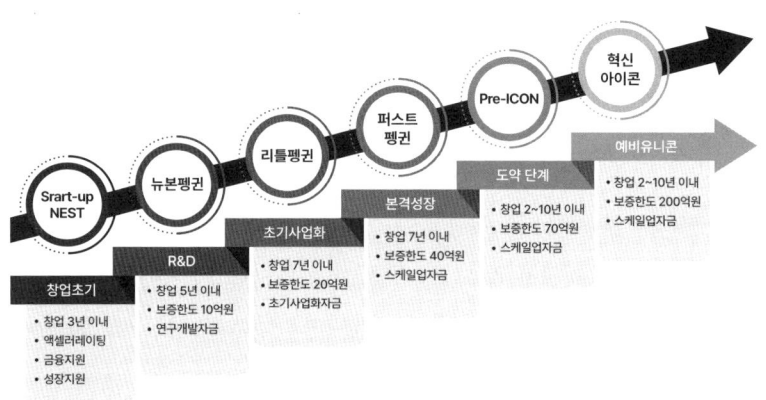

그림 1.6 신보의 성장 단계별 스타트업 지원 프로그램
출처: 신용보증기금

창업자의 금융 역량 부족

많은 창업자들은 참신한 아이디어와 기술력으로 제품이나 서비스를 잘 만들어 낸다. 하지만 모든 창업자가 돈을 다루는 데 능숙한 것은 아니다. 특히 기술 기반 창업자나 1인 창업자처럼 전문적인 경영 교육이나 금융 지식이 부족한 경우, 자금 조달이나 재무 관리를 어려워하는 경우가 많다. 예를 들어, 정책 자금이 무엇인지, 어떤 요건을 갖춰야 신청할 수 있는지, 혹은 금융 기관과 어떤 방식으로 소통하고

협력해야 하는지 기본적인 이해조차 부족한 경우도 적지 않다.

그 결과 자금 확보에 실패하고, 시간이 지날수록 회계 처리의 오류, 세무 문제, 심지어 자금 유용 등의 위험에 노출되기도 한다. 실제로 일부 창업자는 정책 자금이나 보증 제도는 '언젠가 필요하면 알아보자'는 식으로 접근하고, 경영보다 개발과 마케팅에만 몰두하기도 한다. 그러나 자금 조달은 단순히 돈을 빌리는 일이 아니라, 기업 운영의 핵심이자 전략적인 경영 활동이다. 현금 흐름이 멈추면 사업도 멈추기 때문이다.

이러한 금융 역량의 격차를 메워 주는 것이 바로 정책 금융의 중요한 역할 중 하나다. 정부나 정책 금융 기관은 단순한 자금 지원뿐 아니라, 창업자가 자금 흐름을 이해하고 관리할 수 있는 기반을 만들 수 있도록 돕는 교육과 컨설팅 기능도 수행한다. 궁극적으로 스타트업이 겪는 자금 조달의 문제는 단순히 돈이 없는 것이 아니라 ① 정보를 제대로 알지 못하고 ② 제도와 제도 사이가 단절되어 있으며 ③ 투자자나 금융 기관과의 소통 경험이 부족하고 ④ 자금 관리를 어떻게 해야 할지 몰라서 생기는 복합적인 문제들이다.

창업자들은 종종 "그냥 돈이 부족해요"라고 말하지만, 실제로는 '돈을 찾는 방법'과 '받을 수 있는 조건'과 '써야 할 방식'을 모르기 때문에 기회를 놓치는 경우가 많다. 그래서 정책 금융에 대해 체계적으로 배우고, 내 사업에 맞게 전략적으로 활용하는 방법을 익히는 것이 무엇보다 중요하다.

다음 절에서는 이러한 배경 속에서 정책 금융이 어떤 역할을 하고, 창업자에게 왜 꼭 필요한지 구체적으로 알아보자.

3. 정책 금융의 개념과 역할

정책 금융이란 정부가 경제적·사회적 목적을 달성하기 위해, 민간 금융만으로는 충족되기 어려운 분야에 자금을 직접 또는 간접적으로 공급하거나 금융 접근성을 높이는 제도적 장치를 말한다. 이는 시장에 맡기면 자금이 흘러가지 않는 영역에 정부가 개입하여 자금을 유도함으로써, 경제 전반의 균형과 혁신을 촉진하려는 목적을 가진 것이다. 대표적인 분야로는 ① 창업 초기 기업 ② 고위험 기술 개발 분야 ③ 저신용자나 저소득층 대상 금융 ④ 수도권 외 지역 균형 발전을 위한 투자 영역 등이 있다.

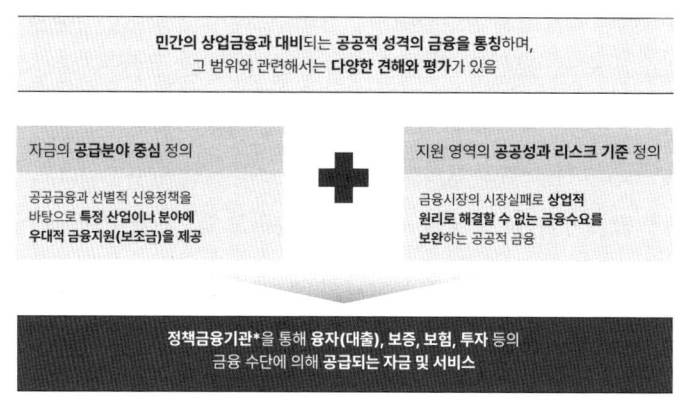

그림 1.7 정책 금융의 정의

출처: 국회예산정책처

예를 들어, 은행 등 민간 금융 기관은 일반적으로 담보가 부족하거나 실적이 없는 기업에는 대출을 꺼리는 경향이 있다. 하지만 많은 스타트업이 바로 이런 상황에 놓여 있으며, 이들에게 필요한 자금을 민간 금융 기관이 충분히 공급하지 못하고 있는 실정이다. 이러한 시장 실패를 보완하기 위해 정부가 정책 금융을 통해 자금을 지원하거나 보증하는 방식으로 민간 자금의 유입을 유도하고 있다. 즉, 정책 금융은 단순한 자금 지원이 아니라 정부가 경제의 사각지대를 메우고 새로운 산업과 기업이 성장할 수 있는 기반을 마련하는 전략적 수단이라고 할 수 있다.

정책 금융은 시장 실패를 보완하기 위한 장치이다

일반적인 금융 시장은 자금 운용 시 수익성과 안전성을 최우선 기준으로 삼는다. 따라서 수익 가능성이 낮거나 위험도가 높은 창업 초기 기업에는 자금이 원활히 공급되지 않는 경우가 많다. 이러한 현상을 경제학에서는 '시장 실패(Market Failure)'라고 하며, 이를 보완하기 위해 정부가 개입하는 방식이 정책 금융이다.

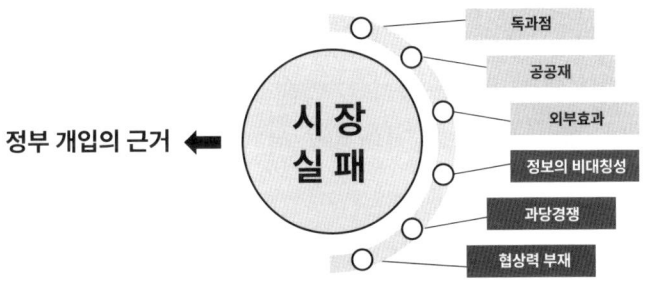

그림 1.8 시장 실패와 정부 개입의 근거

정책 금융은 시장이 외면하는 영역에 정부가 자금이나 보증의 형태로 개입함으로써 민간 자금의 유입을 유도하거나 사업의 지속을 가능하게 만든다. 즉, 정책 금융은 민간 금융이 감당하기 어려운 영역에 자금의 길을 열어 주는 보완적 장치이자, 공공성을 기반으로 한 경제 정책 수단인 것이다.

정책 금융은 창업 초기 위험을 흡수하는 완충 장치이다

창업 초기 단계에서는 기술이 아직 완성되지 않았고, 시장에서의 검증도 부족하며, 경영 경험 역시 미흡한 경우가 많다. 이러한 불확실성과 위험 요소들은 일반 금융 기관 입장에서는 큰 부담이 되기 때문에, 창업자에게 자금을 빌려 주는 것을 꺼리는 경향이 있다. 정책 금융은 이러한 초기 창업의 위험을 인식하고, 담보 없이 자금을 공급하거나 보증을 제공하는 방식으로 금융 접근성을 높이는 역할을 한다. 예를 들어, 신용보증기금과 기술보증기금은 창업자의 신용과 기술력 등을 평가해 은행 대출에 대한 보증을 제공하고, 중소벤처기업진흥공단은 '창업초기자금'이나 '청년창업자금'과 같은 제도를 통해 직접 자금을 지원하고 있다. 이러한 정책 금융의 개입은 창업자가 자금을 확보할 수 있도록 도와주는 동시에, 민간 금융 기관이 과도한 리스크를 부담하지 않도록 조절하는 완충 장치 역할을 한다고 볼 수 있다.

정책 금융은 기업 성장 단계별로 자금 지원을 설계한다

정책 금융은 단순히 한 번의 자금 지원에 그치는 것이 아니라, 기업의 성장 단계 전반을 고려한 자금 설계를 특징으로 한다.

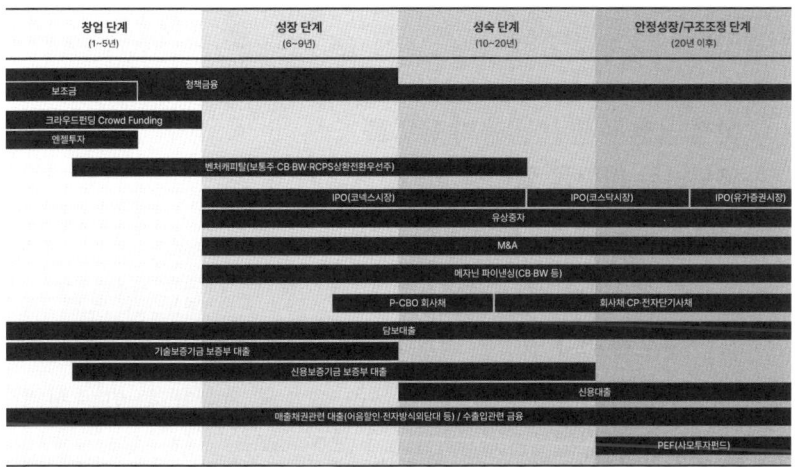

그림 1.9 기업의 성장 단계별 자금 조달 수단
출처: FINANCIALIST

    기업은 창업 초기, 성장기, 확장기, 해외 진출 등 각 단계마다 필요한 자금의 성격과 규모가 달라지기 때문에, 그에 맞춘 맞춤형 금융 지원이 중요하다. 예를 들어, 예비 창업자에게는 사업 아이디어를 실제로 구현해 볼 수 있도록 사업화 자금을 지원하고, 초기 창업자에게는 직원 급여나 임대료, 재료비 등 운영 자금을 제공한다. 기업이 일정 궤도에 올라 성장 단계에 접어들면, 공장 증설을 위한 시설 자금, 수출 활동을 위한 수출 금융, 신사업 확장을 위한 스케일업 자금 등 보다 큰 규모의 자금이 필요해진다.

    정책 금융은 이러한 흐름을 반영하여 단계별로 적절한 자금과 제도를 연계함으로써 자금 단절 없이 기업이 지속적으로 성장할 수 있도록 지원하는 역할을 한다. 이처럼 기업 생애주기에 따라 유기적으로 연결된 자금 흐름을 만들어 주는 것이 바로 정책 금융의 핵심 기능이다.

정책 금융은 민간 금융의 유입을 유도하는 마중물 역할을 한다

정책 금융은 단독으로 자금을 공급하는 기능도 있지만, 보다 중요한 역할은 민간 자본이 시장에 유입될 수 있도록 이끄는 '마중물' 역할이다. 정부가 먼저 위험을 일부 부담하거나, 신호를 주는 방식으로 개입함으로써 민간 투자자들이 보다 적극적으로 참여할 수 있는 환경을 조성하는 것이다.

대표적인 예가 TIPS(민간 투자 주도형 기술 창업 지원) 프로그램이다. 이 제도는 민간 투자자가 먼저 유망한 스타트업에 자금을 투자하면, 정부가 그 기업에 대해 최대 5억~17억 원까지 R&D 자금을 매칭 형태로 추가 지원하는 구조로 설계되어 있다. 즉, 정부가 민간의 투자 판단을 신뢰하고, 그 결정을 기반으로 후속 자금을 투입하는 방식이다. 이는 민간의 선별 능력을 활용하면서도, 창업 기업의 초기 자금 부담을 크게 줄여 주는 좋은 사례이다.

또 다른 예로는 모태 펀드, 성장사다리 펀드 등이 있다. 이들 펀드는 정부가 일정 재원을 출자하고, 전문성 있는 민간 벤처 캐피탈(VC) 운용사에게 자금 운용을 맡기는 방식으로 구성된다. 정부가 먼저 출자함으로써 펀드의 초기 자금을 안정적으로 확보하고, 민간 투자자들도 함께 자금을 출자하도록 유도하는 효과가 있다.

이처럼 정책 금융은 민간 자본의 시장 참여를 촉진하고, 리스크를 분산시키는 중요한 연결고리로 작용한다. 결국 이는 시장 전체의 자금 흐름을 확대시키고, 창업·벤처 생태계를 더욱 역동적으로 만드는 기반이 된다.

정책 금융은 창업 생태계의 지속 가능성을 높인다

정책 금융은 단기적 자금 지원을 넘어, 지속 가능한 창업 생태계를 조성하는 데 중요한 역할을 수행한다. 단기적 성과에 집중하는 것이 아니라, 창업자가 장기적으로 성장하고 시장에서 자리를 잡을 수 있도록 돕는 데 초점을 둔다는 점에서 차별성이 있다.

정책 금융은 단순히 자금을 빌려 주는 것에서 끝나지 않는다. 경영 컨설팅, 멘토링, 기술 평가, ESG 진단, 판로 개척 지원 등 비금융적 지원까지 포함하여, 창업 기업의 전반적인 역량을 강화하는 데 집중한다. 이러한 비금융 서비스는 자금보다 더 중요한 '지속 가능한 경영 기반'을 마련하는 데 기여한다.

예를 들어, 신용보증기금이나 기술보증기금에서는 ESG 컨설팅과 기술 평가를 함께 제공하여 기업이 미래 경쟁력을 갖출 수 있도록 지원하고 있으며, 중소벤처기업진흥공단은 수출 마케팅, 해외 진출 컨설팅, 인력 지원 프로그램까지 연계하여 기업의 성장을 다방면으로 돕고 있다.

결국, 정책 금융은 단순한 금융 상품이 아니다. 스타트업이 첫걸음을 떼고, 위기를 극복하며, 시장에서 성장해 나가기 위한 시스템적 뒷받침을 제공하는 '국가 전략 금융 형태'이다. 정책 금융은 위험을 줄이고 기회를 확대시키는 지렛대 역할을 하며, 창업자에게 도전과 성장을 가능하게 하는 환경을 만들어 준다. 이러한 정책 금융의 역할을 제대로 이해하고, 자신의 기업에 맞게 전략적으로 활용할 수 있다면, 창업자는 자금의 한계를 넘어서는 것은 물론, 더 큰 성과와 지속 가능한 성장을 이룰 수 있는 기반을 마련할 수 있다.

그림 1.10 스타트업 생태계

출처: 국정 과제 자료

1장 핵심 포인트

구분	주요 내용	핵심 포인트
창업 생태계 현실	• 창업은 청년층의 생존 전략, 장년층의 제2의 인생 전략 • 창업 기업 수 증가('24년 약 11.8만 개) • 생존율 5년 기준 30% 초반 수준	양적 증가 ≠ 성공적 창업 생태계
창업 주요 애로	• 자금 부족 • 인력 확보 어려움 • 판로 개척 한계	자금 부족이 최대 애로 사항
정보 비대칭	• 지원 기관·제도가 다양하나 분산됨 • 창업자는 제도 파악·활용 어려움 • 정보 접근성 및 제도 연계 부족	제도가 있어도 활용 어려움
수도권 VS 지방	• 수도권에 창업 인프라 집중 • 지방은 네트워크, 멘토링 부족	지역 격차 심화
스타트업 자금 조달 문제	• 자금 수요·공급의 시차 발생(죽음의 계곡) • 민간 투자(VC, AC 등) 유치 어려움 • 정보의 비대칭: 자금 연속성 부족(스케일업의 벽) • 창업자의 금융 역량 부족	죽음의 계곡 극복이 핵심 과제
정책 금융의 개념·역할	• 민간 금융의 공백 보완: 창업 초기 위험 흡수 • 성장 단계별 맞춤형 자금 지원 • 민간 투자 유도(마중물 역할) • 지속 가능한 생태계 구축(비금융 지원 포함)	시장 실패 보완 및 성장 촉진 장치

스타트업 정책 금융 칼럼

"정책 자금, 접근할 수 있어야 의미가 있다"

정부는 해마다 막대한 예산을 투입해 R&D부터 시제품 개발, 판로, 마케팅까지 창업과 성장 전 과정을 아우르는 다양한 정책 자금 지원 체계를 운영하고 있다. 그러나 현장에서는 "어디서 찾아야 할지 모르겠다", "신청이 너무 복잡하다"는 목소리가 여전하다. 정부의 노력에 비해 창업자가 체감하는 현실은 아직 큰 차이가 있다.

정책 자금은 분명 존재한다. 그러나 창업자가 그 존재를 몰라 접근하지 못한다면, 사실상 없는 것이나 다름없다. 특히 창업 초기에는 정보 탐색이나 외부 전문가의 도움을 받을 여유조차 없어 정책 자금 활용이 더욱 어렵다. 이로 인해 우수한 아이디어와 기술을 가진 기업이 자금난으로 성장 기회를 놓치는 일이 반복되고 있다.

그렇기에 정책 자금의 존재를 알고 제때 활용한 사례는 더욱 주목할 만하다.

대표적으로, '배달의민족' 김봉진 대표는 창업 초기 신용보증기금의 청년 창업 특례 보증 3,000만 원을 활용해 첫 자금을 조달했다. 이 자금은 사업 모델의 실행을 가능케 한 밑거름이 되었고, 이후 유니콘 기업으로 성장하는 데 중요한 발판이 되었다. 이처럼 정책 자금은 단순한 금전적 지원을 넘어, 기업의 미래를 바꾸는 촉매제가 될 수 있다.

하지만 정책 자금은 여전히 수요자보다 공급자 중심에 머물러 있다. 정보는 여러 기관에 흩어져 있고, 신청 자격과 절차도 복잡하다. 특히 초기 창업자일수록 경험과 정보가 부족해 더 큰 어려움을 겪는다. 그래서 현장에서는 "기회를 몰라서, 혹은 알아도 포기했다"는 말이 낯설지 않다.

정책 자금의 실효성을 높이기 위해 필요한 변화는 분명하다. 첫째, 여러 부처와 기관에 흩어진 정보를 통합 제공하는 플랫폼이 필요하다. 사업 단계와 업종, 자금 목적을 입력하면 적합한 자금과 제도를 한눈에 확인할 수 있도록 체계를 재정비해야 한다.

둘째, 신청 과정은 더 직관적이고 간소화되어야 한다. 온라인 기반 간편 신청 시스템, AI 상담, 지역 창업지원센터와의 연계 상담 기능 등을 통해 창업자의 심리적·행정적 장벽을 낮출 수 있어야 한다.

정책 자금은 준비된 창업자에게 주어지는 '기회의 사다리'다. 그러나 그 사다리는 누구나 쉽게 발을 디딜 수 있어야 의미가 있다. 창업자들의 역량만큼이나, 정책의 전달 방식에도 혁신이 필요하다. 창업이 성장의 동력이 되기 위해서는, 정책 자금이 실제 창업자의 손에 닿을 수 있도록 접근성과 활용도를 높이는 구조적 개선이 시급하다.

출처: 오경상

"

창업 아이템은 있는데
창업을 하려면 무엇부터 해야 할지 모르겠어요.

예비 창업 단계에서는 바로 돈을 빌리기보다
'교육→멘토링→자금→후속 투자'로 이어지는
지원 제도를 활용하는 게 좋아요.
예비창업패키지나 창업선도대학, 청년창업사관
학교 같은 제도를 통해 아이템을 다듬고, 정책 자금
을 통해 초기 실행력을 확보할 수 있습니다.

"

제2장

창업 전 준비 단계
예비 창업자를 위한 정책 금융 가이드

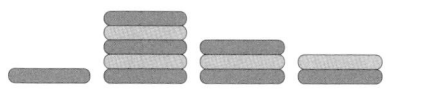

1. 창업 교육 및 멘토링 프로그램

　창업을 준비하는 예비 창업자에게 있어 우선적으로 필요한 것은 '기초 체력'이다. 기초 체력은 단순히 아이디어나 자금이 아니라, 창업이라는 여정에 필요한 올바른 마인드와 기본 역량을 갖추는 것을 의미한다. 이를 위해 정부는 다양한 창업 교육과 멘토링 프로그램을 통해 예비 창업자들이 실질적으로 준비할 수 있도록 돕고 있다.

창업 교육은 왜 필요한가?

　많은 예비 창업자들이 "좋은 아이디어만 있으면 창업은 된다"고 생각하지만, 실제 창업은 훨씬 복잡하고 다양한 역량을 요구한다. 창업자는 제품을 개발하고, 고객을 만나고, 자금을 유치하고, 팀을 꾸리고, 법인을 운영하는 등 '만능 플레이어'가 되어야 한다. 이러한 전방위 역량은 체계적 교육 없이는 갖추기 어렵다. 따라서 창업 교육은 단순한 정보 전달이 아니라, 창업자의 사고방식과 실행력을 강화하는 핵심 과정이다.

주요 창업 교육 프로그램 소개

○ 예비창업패키지(창업진흥원 주관)

1년 이내 창업을 목표로 하는 예비 창업자를 대상으로 창업 교육과 최대 1억 원의 사업화 자금을 지원하는 대표적인 정부 사업이다. 이 사업에 선정되면 40시간 이상의 창업 교육을 필수 이수해야 한다. 커리큘럼은 시장 검증, 비즈니스 모델 설계, 재무 계획, IR 전략 등 실무 중심으로 구성되어 있다.

○ 창업사관학교(중소벤처기업진흥공단 운영)

기술 기반 창업자를 대상으로 사업화 자금과 더불어, 전담 멘토 배정, 창업 공간, 실증 테스트, 후속 투자 연계 등 종합적인 지원을 제공한다. 입교 후에는 정규 창업 교육과 프로젝트 기반 학습(PBL)이 함께 진행된다.

그림 2.1 스타트업 생태계
출처: KOSME 청년창업사관학교

○ K-Startup 창업 강좌('창업에듀' 온라인 교육)

시간과 장소의 제약 없이 예비 창업자가 스스로 학습할 수 있도록 온라인으로 제공되는 무료 창업 교육 플랫폼이다. 창업 절차, 사업 계획서 작성, 마케팅 전략, 지식재산권 등 다양한 주제의 강좌로 구성되어 있다.

○ 대학 창업 강좌 및 창업센터 프로그램

국내 주요 대학에서는 교내 창업 강좌와 더불어 '창업지원단' 또는 '창업교육센터'를 통해 창업 교육과 멘토링을 제공하고 있다. 예를 들어, 서울대학교, 카이스트, 연세대학교, 성균관대학교 등은 창업 전공 강좌뿐 아니라 외부 전문가 특강, 모의 IR, 시제품 제작 지원, 스타트업 캠프 등 다양한 실전형 프로그램을 운영한다. 대학생 예비 창업자는 물론 졸업생, 교수, 지역 청년까지 대상이 확대되는 추세다.

○ **서울창업허브·경기창업허브 등 지자체 창업 지원 기관 프로그램**

서울창업허브(서울경제진흥원 운영), 경기창업허브(경기도경제과학진흥원 운영) 등 광역 지자체 산하 기관에서도 창업자를 위한 다양한 교육 과정을 운영하고 있다. 입주 기업뿐 아니라 일반 예비 창업자도 신청할 수 있는 기본 교육, 심화 교육, 글로벌 창업 특화 교육이 정기적으로 열리고 있으며, 현직 창업자 대상 커뮤니티 연계 프로그램도 많다.

○ **지역 창조경제혁신센터 프로그램**

전국 19개 시·도에 설치된 창조경제혁신센터는 지역 맞춤형 창업 교육과 보육을 제공한다. '실전 창업 교육', '리빙랩 기반 문제 해결형 교육', '로컬 크리에이터 양성' 등 지역 특성과 산업에 맞는 실무형 교육이 많고, 로컬 멘토와 연결되는 기회도 제공된다.

그림 2.2 서울창업허브. 왼쪽 상단부터 시계 방향으로 서울창업허브 공덕, 서울창업허브 M+, 서울창업허브 성수, 서울창업허브 창동 전경

출처: 서울창업허브 https://hubgongdeok.startup-plus.kr

○ 한국생산성본부 • 창업진흥원 등 공공 기관 교육 과정

한국생산성본부(KPC)는 '창업보육전문매니저' 등 실무형 민간 자격 기반 교육을 개설하고 있으며, 창업진흥원도 오프라인 연수 외에 K-Startup 온라인 강의 플랫폼을 통해 매년 수백 편의 창업 교육 콘텐츠를 공개하고 있다.

창업 멘토링의 중요성

창업 교육이 기본기를 다지는 과정이라면, 멘토링은 실전 감각을 키우는 훈련이다. 창업 멘토는 창업자의 아이템을 점검해 주고, 시행착오를 줄일 수 있도록 조언하며, 사업 전반에 대한 전략적 방향을 제시해 준다. 특히, 유사 분야의 창업 경험이 있는 멘토를 만나면 현장에서 바로 써먹을 수 있는 실질적인 팁과 네트워크를 얻을 수 있다.

정부는 예비창업패키지, 초기창업패키지, 창업도약패키지, 청년창업사관학교 등 주요 창업 지원 사업에 전담 멘토를 배정하거나, 창업 기업과 멘토 간 자율 매칭을 통해 멘토링을 지원하고 있다. 또한 K-Startup 홈페이지나 지역 창조경제혁신센터를 통해 멘토와의 연계가 가능하다.

실전형 창업 준비의 첫걸음

창업 교육은 단순히 강의실에서 수업을 듣는 것만으로는 충분하지 않다. 실제 창업 현장에서 마주치는 문제들을 미리 체험하고, 그에 대한 해결 방법을 고민해 보는 '실전 중심 교육'이 중요하다.

정부가 운영하는 창업 프로그램들에서는 이를 위해 다양한 실습

형 과정을 포함하고 있다. 예를 들어, 팀을 구성해 아이템을 함께 기획해 보는 팀 프로젝트, 투자자를 상대로 사업 아이디어를 발표하는 피칭(Pitching) 훈련, 사업 계획서 작성 실습 등이 대표적이다. 이러한 과정을 통해 예비 창업자는 다음과 같은 실질적인 역량을 키울 수 있다.

① **시장성 점검**
　고객은 누구이며, 그들의 실제 수요는 무엇인지 확인
② **비즈니스 모델 검증**
　내가 생각한 수익 구조가 실제로 가능한지 분석
③ **자금 조달 전략 수립**
　어떤 경로로 얼마의 자금이 필요하고, 어떻게 조달할지 계획
④ **현실적 리스크 파악**
　초기 자금 부족, 인력 확보 문제, 법적 리스크 등을 사전에 확인

이런 경험은 단순히 창업 아이디어의 좋고 나쁨을 판단하는 수준을 넘어, 실제 '창업을 할 수 있는 사람'으로서 자신을 단련시키는 과정이 된다. 특히 발표와 피드백 과정에서 멘토와 동료 예비 창업자들로부터 다양한 시각을 접할 수 있다는 것도 큰 장점이다.

창업 교육의 성과와 주의점

창업 교육의 가장 큰 성과는 예비 창업자가 '막연한 기대'에서 벗어나 '현실적인 준비'를 하게 만든다는 데 있다. 많은 사람들이 좋은 아이디어만 있으면 사업을 할 수 있을 것이라 생각하지만, 실제 교육

을 통해 창업은 생각보다 훨씬 더 복잡하고 철저한 준비가 필요하다는 점을 깨닫게 된다. 이러한 교육을 통해 얻을 수 있는 주요 효과는 다음과 같다.

① **창업에 대한 환상 탈피**
   창업이 단순히 자유롭고 멋진 일이 아니라, 현실적 어려움이 많다는 것을 인식
② **실행력 강화**
   교육과 실습을 통해 머릿속 아이디어를 실제 행동으로 옮기는 힘을 기름
③ **생존 가능성 제고**
   창업 초기 실패 확률을 낮추고, 사업화 성공 가능성을 높임

출처: 한국대학신문

하지만 여기서 중요한 점이 있다. 아무리 좋은 교육을 들어도 창업자가 스스로 움직이지 않으면 아무 소용이 없다는 점이다. 교육은

기초 체력을 길러 주는 역할일 뿐, 실제 창업이라는 마라톤은 본인이 직접 뛰어야 한다. 강의를 듣고, 교재를 정리하는 것으로 끝나지 않고, 내가 가진 아이템을 직접 실험하고 고객을 만나 피드백을 받는 '행동 중심'의 태도가 반드시 필요하다. 또한 교육 과정 중 만난 멘토나 동료들과의 인맥을 적극적으로 활용하고, 프로그램 이후에도 지속적으로 학습하고 시도해 보는 자세가 중요하다.

2. 예비창업패키지, 창업선도대학 등 지원 제도

예비 창업자에게는 단순한 교육을 넘어 실제로 창업을 실행에 옮길 수 있도록 돕는 정부의 다양한 지원 제도가 마련되어 있다. 이 장에서는 특히 대표적인 두 가지 제도인 예비창업패키지와 창업선도대학 사업을 중심으로 소개하고, 이외에도 실효성 높은 다른 지원 제도들을 함께 알아본다.

예비창업패키지(창업진흥원 주관)

예비창업패키지는 창업을 준비 중이거나 아직 법인을 설립하지 않은 개인을 대상으로, 창업 교육부터 사업화 자금까지 종합적으로 지원하는 대표적인 정부 프로그램이다.

이 제도는 매년 정기적으로 공고되며, K-Startup 플랫폼(www.k-startup.go.kr)을 통해 온라인 신청이 가능하다.

표 2.1 예비창업패키지 지원 프로그램

항목	내용
지원 대상	공고일 기준 창업 경험이 없는 예비 창업자
주요 혜택	① 최대 1억 원 이내의 사업화 자금 지원(시제품 제작, 마케팅 등) ② 40시간 이상의 창업 교육 이수 필수 ③ 전담 멘토 매칭을 통한 실무 자문 ④ 정부 창업 지원 프로그램에 대한 후속 연계 기회 제공
신청 시 팁	① 창업 아이템의 시장성, 기술성, 실현 가능성을 명확히 제시 ② 단순 아이디어보다는 고객 문제 해결형 솔루션으로 접근 ③ 창업 의지와 실행 계획이 구체적일수록 신징 가능성 높음

출처: 창업진흥원

창업 중심 대학 육성 사업(창업진흥원 주관)

창업선도대학은 창업 친화적 인프라를 갖춘 전국의 주요 대학을 거점으로, 예비 창업자와 초기 창업자를 발굴하고 육성하는 사업이다. 대학이 중심이 되어 실무 교육, 전문가 멘토링, 자금 지원, 공간 제공 등을 종합적으로 제공한다.

표 2.2 창업선도대학 지원 프로그램

항목	내용
지원 대상	• 대학 졸업 예정자, 청년층 예비 창업자, 기술 창업을 준비하는 일반인 등
운영 방식	• 전국 30개 내외의 창업선도대학이 각 창업보육센터 또는 캠퍼스를 통해 프로그램 운영 • 사업화 자금(최대 수천만 원 수준), 교육, 창업 공간 제공 • 산학 협력을 기반으로 교수진, 졸업 선배, 지역 기업인과의 네트워크 연계
장점	• 대학 캠퍼스 내에서 진행되어 청년 창업자에게 접근성이 높음 • 실험실 기반 아이디어의 기술 창업에 적합 • 지역 특화 산업과의 연계가 용이

출처: 창업진흥원

이외의 주요 기관 연계 예비 창업 지원 사업

○ **청년창업사관학교(중소벤처기업진흥공단)**

청년 예비 창업자를 위한 1년간의 집중 교육, 사업화 자금(최대 1억 원), 창업 공간 제공, 후속 투자 연계 등 종합적인 지원을 제공함. 전국 각지에 캠퍼스형 교육 기관이 마련되어 있음.

○ **신사업 창업사관학교(소상공인시장진흥공단)**

창의적 아이디어와 기술을 보유한 예비 창업자를 대상으로 교육, 창업 자금, 후속 프로그램 연계 등 종합 창업 지원을 제공하는 제도. 성별·연령 제한 없이 중장년층도 참여 가능하며, '꿈이룸 프로그램',

'드림스퀘어' 등 실전 중심 프로그램을 통해 기업가형 소상공인 육성을 목표로 함.

○ **창조경제혁신센터(중소벤처기업부 및 민간 대기업 공동 운영)**

전국 19개 센터에서 로컬 창업자 맞춤형 지원을 제공. 입주 공간, 전문가 멘토링, 시제품 제작 공간, 크라우드펀딩 및 민간 투자 연계 등 지역과 연계된 창업 지원의 거점 역할 수행.

○ **지자체 창업 지원 프로그램**

서울창업허브, 부산창업카페, 경기창업허브 등 지자체별 특화된 창업 보육 기관을 통해 지역 청년 및 일반인을 위한 창업 교육, 입주 공간, 자금 및 판로 연계 지원을 진행하고 있음.

○ **대학 창업 동아리 및 LINC 3.0 사업**

많은 대학이 창업 동아리 활동 및 LINC 3.0(산학 협력 선도 대학 육성 사업)을 통해 학생 창업자를 지원하고 있음. 창업 캠프, 시제품 제작비, 시드 자금 지원 등이 가능하며, 교수진의 멘토링과 연계됨.

이처럼 예비 창업자를 위한 정부 및 지자체의 제도는 단순한 자금 지원을 넘어 교육 → 멘토링 → 사업화 → 후속 투자로 이어지는 창업 생태계 진입의 사다리 역할을 하고 있다. 창업을 막 시작하는 단계에서는 어떤 제도가 있는지를 아는 것 자체가 중요한 경쟁력이 된다. 이제 중요한 것은 자신의 상황과 아이템에 맞는 제도를 정확히 선택하고, 철저히 준비하는 것이다.

예비 창업자를 위한 정책 자금 제도

창업을 준비하는 과정에서 예비 창업자가 가장 많이 부딪히는 현실 장벽 중 하나는 바로 '자금 조달'이다. 아무리 훌륭한 아이디어와 강한 실행 의지를 갖고 있다 하더라도 자금이 부족하면 그 모든 계획은 책상 위에 머무를 수밖에 없다. 특히 담보 자산이 없거나 신용도가 낮은 청년 창업자, 사회 초년생, 그리고 기술 기반 창업을 준비 중인 예비 창업자들에게는 은행에서 대출을 받는 일조차 어렵다. 결국 이들에게 창업은 '하고 싶지만 시작하기 어려운 일'이 되고 마는 것이다.

이러한 문제를 해결하기 위해 정부는 다양한 정책 자금 제도를 마련해 운영 중에 있다. 이러한 제도들은 예비 창업자가 사업 초기 단계에서 자금 부담을 덜고, 사업을 안정적으로 시작할 수 있도록 돕는 것이 주된 목적이다. 정책 자금 제도는 크게 세 가지 유형으로 나뉜다. 첫째, 보증 기관을 통한 대출 연계형 자금 조달 방식, 둘째, 정부나 공공 기관이 직접 자금을 지원하는 방식, 셋째, 창업 교육, 멘토링, 사업화 자금 지원이 함께 이루어지는 융합형 제도이다.

우선, 신용보증기금(이하 신보), 기술보증기금(이하 기보), 신용보증재단은 보증 기관으로서, 예비 창업자나 창업 초기 기업이 은행에서 대출을 받을 수 있도록 보증서를 발급해 준다. 이 보증서가 신용을 보완해 줌으로써, 창업자가 담보 없이도 금융 기관으로부터 자금을 조달할 수 있게 해 준다.

표 2.3 신보의 예비 창업 보증

항목	내용
상품명	• 예비창업보증
신청 시기	• 사업자 등록 전 신청 필수
지원 대상	• 창업을 준비 중인 개인(개업 전 상태)
보증 한도	• 최대 5억 원(평균 1~3억, 업종·계획에 따라 상이)
주요 용도	• 임차 보증금, 인테리어비, 장비 구입 등 초기 사업에 필요한 자금
특징	• 사업 계획서 기반 사전 심사 • 청년 창업자 우대 제도, 비대면 간편 보증, 스타트업 네스트 등 연계 가능 • 보증 비율 100%, 보증료 0.5~1.0% 수준으로 은행 이자 부담 완화

출처: 신용보증기금

특히 신용보증기금의 '예비창업보증' 제도는 아직 사업자 등록을 하지 않은 예비 창업자를 대상으로 사전 심사를 거쳐 보증을 약속하고, 실제 사업자 등록 후 보증 실행을 가능하게 하는 제도다. 이 제도를 통해 최대 5억 원 이내의 보증이 가능하며 기술력, 사업성, 자금 계획의 타당성 등을 종합적으로 평가한다. 보증 비율은 최대 100%까지 적용될 수 있어 시중 은행 입장에서도 대출에 대한 리스크가 크게 낮아진다. 결과적으로 창업자는 부담 없는 이자율로 자금을 확보할 수 있고, 은행도 안심하고 대출을 실행할 수 있다.

신보 예비 창업 보증 활용 사례

서울 소재 푸드테크 스타트업 A사

서울의 한 대학에 재학 중이던 김 대표는 평소 음식과 기술을 결합한 서비스에 관심이 많았다. 그는 "공유 주방을 기반으로 한 푸드 플랫폼"이라는 아이디어로 전국 대학생 창업 공모전에 참가했고, 치열한 경쟁을 뚫고 우수상을 수상하게 되었다. 하지만 상을 받았다고 당장 창업으로 이어지는 건 아니었다.

김 대표는 아이디어를 현실화하려 했지만, 사업자 등록조차 하지 않은 예비 창업자로서 은행에서 자금을 빌리기는 어려운 상황이었다. 특히 그는 담보도 없었고, 신용 등급도 높지 않았기 때문에 대부분의 금융 기관에서는 지원을 꺼렸다. 실제로 몇몇 은행에서는 "매출 실적이 없어 어렵다"는 답변을 받기도 했다.

그러던 중 김 대표는 대학 창업지원단의 안내로 신용보증기금의 '예비창업보증' 제도를 알게 되었다. 해당 제도는 창업 전 단계에서 자금이 필요한 사람들에게 사업 계획서와 아이디어, 대표자의 창업 역량을 기준으로 보증을 지원해 주는 제도였다. 특히 사업자 등록을 하기 전에 신청해야 한다는 점이 중요했다.

김 대표는 공모전 수상 경력, 대학에서 이수한 창업 교육 프로그램, 준비해 온 사업 계획서 등을 바탕으로 신보에 신청서를 접수했다. 신보 측에서는 그의 아이디어의 시장성, 비즈니스 모델의 실현 가능성, 그리고 대표자의 실행 의지를 긍정적으로 평가했고, 총 1억 원 규모의 보증서 발급을 승인했다.

보증서 발급이 성공리에 이루어져 김 대표는 제휴 은행에서 보증서를 담보로 창업 자금을 대출받을 수 있었다. 대출금은 주로 공유 주방 플랫폼의 프로토타입 개발, 외주 개발팀 구성, 초기 베타 서비스 론칭 준비에 활용되었다. 앱이 베타로 출시된 뒤에는 대학생, 소상공인을 중심으로 시범 운영을 시작했고, 사용자 피드백을 빠르게 반영해 기능도 개선해 나갔다.

그 결과, 서비스 론칭 1년 만에 사용자 3,000명을 돌파하고, 지역 기반 셰프들과의 제휴도 확대되면서 투자자들의 관심을 받기 시작했다. 김 대표는 결국 창업 2년 차에 초기 엔젤 투자 유치에도 성공해 본격적인 시장 진입에 탄력을 얻게 되었다.

김 대표는 말한다.

"솔직히 말하면, 신보의 예비 창업 보증이 없었다면 제 아이디어는 아직도 제 노트북 속 PPT에서 잠자고 있었을 거예요. 특히 제가 준비했던 공모전 수상 이력과 창업 교육 수료증이 큰 도움이 되었고, 평가 과정에서도 꼼꼼하게 봐 주시더라고요. 저는 지금도 창업을 고민하는 친구들에게 '신보 예비창업보증, 꼭 알아 보라'고 말하고 있어요."

이 사례는 예비 창업자가 매출이나 담보가 없더라도 아이디어와 실행 계획만으로 창업 기회를 만들 수 있는 길이 열려 있다는 것을 여실히 보여 준다. 신용보증기금의 예비창업보증 제도는 단순히 돈을 빌려 주는 제도가 아니라, 잠재력 있는 창업자의 첫걸음을 뒷받침하는 마중물 역할을 하고 있는 것이다.

위의 사례에서 살펴본 바와 같이 예비 창업 보증은 단순한 자금 지원을 넘어, 현실적인 창업 실행을 가능하게 하는 핵심 도구로 기능하고 있다.

창업 아이템이 기술 중심일수록 초기 자금 부담은 더 커진다. 시제품을 제작해야 하고, 연구 개발(R&D)도 필요하며, 전문 인력도 확보해야 한다. 하지만 이러한 기술 창업의 경우, 일반적으로 초기 매출이 없을 뿐 아니라 담보 자산도 부족한 경우가 많아 은행 대출을 받기가 쉽지 않다. 이럴 때 기술 창업자에게 가장 필요한 지원이 바로 기술을 보는 눈과 그 기술을 믿고 자금을 연결해 줄 수 있는 기관이다. 기보는 바로 그런 역할을 수행하는 기술 특화 보증 기관이다. 단순히 재무제표나 담보를 보고 판단하는 것이 아니라, 창업자의 기술력과 성장 가능성을 중심으로 평가한다는 점이 가장 큰 특징이다. 특히 예비 창업자나 창업 후 7년 이내의 기술 창업 기업을 대상으로 다양한 보증 제도를 통해 창업 초기의 기술 기반 스타트업을 적극 지원하고 있다.

표 2.4 기보의 예비 창업자 기술창업기업보증

항목	내용
상품명	• 예비 창업자 기술창업보증
신청 시기	• 사업자 등록 전 신청 가능(개업 전 기술 기반 창업 준비자)
지원 대상	• 기술 기반 창업을 준비 중인 개인
보증 한도	• 최대 10억 원(평균 1~3억 수준)
주요 용도	• 기술 개발비, 시제품 제작비, 장비 구입 등
특징	• 기술성 중심 평가 및 보증: 추후 창업 성장 보증, 창업 R&D 연계 등으로 후속 지원 가능, 기술 역량 우수 시 고신용 불필요

출처: 기술보증기금

기보는 예비 창업자를 대상으로 '기술창업기업보증'이라는 이름의 보증 상품을 운영한다. 이 보증 제도는 창업자의 기술력이나 개발 아이템의 가능성을 평가한 후, 그에 상응하는 보증서를 발급해 주는 방식이다. 이 보증서를 통해 창업자는 은행에서 대출을 받을 수 있으며, R&D 자금, 시제품 개발비, 인건비 등 기술 창업에 필요한 자금을 확보할 수 있게 된다.

기보 예비 창업자 기술창업기업보증 활용 사례

헬스케어 스타트업 B사의 창업 스토리

B사의 박 대표는 대전에서 컴퓨터공학을 전공한 후, 건강 관리와 인공지능(AI)을 결합한 스마트 헬스케어 앱을 개발하고자 창업을 준비하고 있었다. 그가 구상한 서비스는 사용자의 식습관, 운동량, 수면 패턴, 스트레스 지수 등을 앱으로 수집하고, 이를 기반으로 개인 맞춤형 건강 개선 전략을 제안해 주는 AI 기반 건강 분석 솔루션이었다. 말하자면, 누구나 스마트폰 하나로 개인 건강 코치를 두는 것과 같은 아이디어였다.

기술에 대한 자신감은 있었지만, 박 대표에게는 창업 경험도, 자금 여력도 부족했다. 특히 이 앱은 정식 서비스까지 수개월의 개발, 시제품 테스트, UI/UX 검토, 베타 사용자 피드백 수집 등 복잡한 단계를 거쳐야 했기 때문에 초기 개발 인력 확보와 운영 자금이 절실했다. 하지만 아직 법인을 설립하지 않은 예비 창업자인 박 대표에게 은행은 대출을 꺼렸고, 투자사 문을 두드려도 매출이 없다는 이유로 관심을 얻지 못했다.

이때 박 대표는 온라인 창업 포럼을 통해 기술보증기금(기보)의 '기술창업기업보증' 제도를 알게 되었고, 곧바로 대전 지역에 소재한 지점에 상담을 신청했다. 기보는 박 대표의 기술 아이템이 시장의 필요성과 기술적 구현 가능성이 충분하다고 보고, 기술 평가를 정식으로 진행했다. 평가 과정에서는 앱의 알고리즘 구조, 데이터 수집 방식, 기술 차별성, 향후 확장성 등을 종합적으로 검토했고, 우수한 기술력이라는 판정을 내렸다.

그 결과 박 대표는 총 3억 원 규모의 보증 승인을 받을 수 있었다. 이 보증서를 기반으로 그는 거래 은행에서 필요한 자금을 무담보로 대출받았고, 이 자금을 바탕으로 개발 인력을 2명 더 충원하고 시제품(프로토타입) 개발에 집중할 수 있었다. 또한 UX 전문 디자이너와 협업해 사용자 친화적인 화면 구성도 빠르게 마무리할 수 있었다.

몇 달 뒤, 앱은 베타 버전으로 출시되었고 SNS와 건강 관련 커뮤니티를 통해 입소문이 퍼지기 시작했다. 출시 3개월 만에 다운로드 수 1만 회 돌파, 사용자 평점 4.8을 기록하며 유의미한 성과를 거두었다. 박 대표는 그 성과를 바탕으로 벤처 캐피탈로부터 프리 시리즈 A 투자도 유치할 수 있었다. 현재는 병원, 약국, 피트니스 센터와 연계한 B2B 모델로의 확장을 계획하고 있다. 박 대표는 말한다.

"기보처럼 기술을 기술답게 평가해 주는 기관이 있다는 게 정말 든든했어요. 사업 계획서만 보고는 아무도 저를 믿어 주지 않았는데, 기보는 제가 가진 기술력에 가능성을 봐 줬고, 그게 결국 저의 첫 번째 투자였다고 생각해요."

이 사례는 아이디어와 실행력을 갖고 있음에도 자금이 부족해 주저하고 있는 기술 기반 예비 창업자에게 기보가 현실적 대안이 될 수 있다는 점을 잘 보여 준다. 기술보증기금은 단순히 돈을 빌려 주는 기관이 아니라, 기술이라는 무형 자산을 눈에 보이는 금융 자산으로 전환시켜 주는 시스템을 갖춘 '기술 창업의 징검다리'다. 🌙

한편, 청년 창업자, 영세 소상공인, 생애 첫 창업에 도전하는 예비 창업자들 역시 담보가 없거나 거래 실적이 부족하다 보니 시중 은행에서의 대출이 매우 어렵다. 이럴 때 '보증'을 통해 금융 접근성을 높여 주는 역할을 하는 기관이 바로 지역신용보증재단(이하 '지역신보') 이다.

신용보증재단은 각 광역시·도 단위로 운영되며, 지역 내 창업자들이 은행에서 대출을 받을 수 있도록 보증서를 발급해 주는 기관이다. 중앙 정부의 지원과 더불어 지방 자치 단체와의 협약을 통해 지역 맞춤형 금융 지원 프로그램을 제공한다. 특히 예비 창업자, 청년층, 소상공인을 대상으로 한 보증 프로그램이 잘 갖춰져 있어, 지역 기반의 소규모 창업자에게 매우 실질적인 도움이 된다(서울신용보증재단, 경기 신용보증재단 등 광역 단위로 소재).

표 2.5 신용보증재단의 예비창업자보증

항목	내용
상품명	• 예비창업자보증(지역별로 명칭 상이)
신청 시기	• 사업자 등록 전 신청 가능
지원 대상	• 창업 예정인 청년, 소상공인, 자치단체 창업 교육 수료자 등
보증 한도	• 3천만 ~ 1억 원 내외 (지역별 차이 존재)
주요 용도	• 점포 임대료, 장비 구입, 초기 운영 자금 등
특징	• 지역별 이차 보전 연계로 실질 금리 1~2%대 • 신청 절차 간편, 신속 보증 제도 운영 • 청년 창업자에 대해 우대 심사 및 보증료 감면 가능

출처: 서울신용보증재단

보증 한도는 일반적으로 3,000만 원에서 1억 원 내외이며, 이자 일부를 지자체가 대신 부담해 주는 '이차 보전' 프로그램을 함께 운영하는 경우가 많다. 이 경우 창업자는 실제로 1~2%대의 낮은 금리로 대출을 받을 수 있게 되어 금융 비용 부담을 대폭 줄일 수 있다.

신용보증재단 예비창업보증 활용 사례

인천 청년 창업자 C씨 이야기

인천에 거주하던 청년 C씨는 대학에서 식품영양학을 전공하며 늘 건강한 먹거리와 지속 가능한 식습관에 관심이 많았다. 졸업 후 그는 자신만의 철학을 담은 유기농 디저트 카페를 창업하겠다는 꿈을 품었다. 메뉴는 무설탕 쿠키, 글루텐프리 빵, 유기농 원두를 사용한 커피로 구성된 '작은 착한 카페'였다.

그러나 현실은 쉽지 않았다. 창업을 위해 필요한 상가 임대 보증금, 인테리어, 주방 기기, 초기 인건비 등을 계산해 보니 최소 6,000만 원이 필요했지만, 담보도 없고 소득 이력도 부족했다. 몇 군데 은행에 문의했지만, "예비 창업자는 대출이 어렵다"는 말만 돌아왔다. 그는 "아이디어는 있는데, 자금이 없어 시작도 못하겠더라"고 회상했다.

이때, 지자체에서 운영하는 '청년 창업 준비 과정' 교육 프로그램에 참여하게 되었다. 6주간의 교육을 들으며 그는 사업 계획서 작성법, 고객 타깃 설정, 매출 시뮬레이션 작성법 등을 체계적으로 익혔고, 마지막 주에는 창업 아이디어 발표회에도 참가해 멘토들에게 긍정적인 평가를 받았다.

교육 수료 후, 멘토는 그에게 인천신용보증재단의 청년 창업자 보증 프로그램을 추천했다. 예비 창업자도 신청할 수 있고, 교육 수료자에게 가산점이 주어져 심사에서 유리하다는 설명이었다. 그는 즉시 사업 계획서, 교육 수료증, 임대차 계약서 등을 제출해 신청했고, 재단의 실사와 심사를 거쳐 총 5,000만 원의 보증 승인을 받을 수 있었다.

이 보증서를 들고 C씨는 제휴 은행에 대출을 신청했고, 인천시에서 연 1.5% 이자를 대신 내 주는 '이차 보전 제도' 덕분에 시중 금리보다 훨씬 낮은 금리로 창업 자금을 조달할 수 있었다.

결국 그는 인천의 주택가 골목에 소형 디저트 카페를 개업했고, 건강한 식단에 관심이 많은 인근 초등학교 학부모들과 30~40대 여성 고객들을 중심으로 입소문이 나기 시작했다. SNS 마케팅도 병행하며, 카페는 개업 6개월 만에 월 500만 원 이상의 매출을 기록하게 되었고, 운영이 점점 안정 궤도에 접어들었다. 그는 말한다.

"이 프로그램들을 만나지 못했으면, 아직도 창업을 꿈만 꾸고 있었을 거예요. 보증 덕분에 은행 대출도 가능했고, 무엇보다 교육 과정에서 배운 기초 지식이 사업 초기 실수를 줄이는 데 정말 도움이 됐어요. 지금은 2호점도 준비 중이고, 온라인 판매로도 확장하려고 해요."

이 사례는 신용보증재단이 단순히 돈을 빌려 주는 기관이 아니라, 예비 창업자에게 맞춤형 자금 지원과 지자체 연계 혜택까지 제공하는 중요한 창업 파트너임을 보여 준다. 특히 지자체 교육 수료와 연계된 보증, 그리고 이차 보전 제도는 창업 초기에 자금 부담이 큰 예비 창업자에게 실질적인 도움이 된다.

이와 함께, 중소벤처기업진흥공단은 보증 없이도 직접 창업자에게 자금을 지원하는 정책을 운영하고 있다. 많은 예비 창업자는 자금이 필요할 때 신보나 기보와 같은 보증 기관을 반드시 거쳐야만 대출을 받을 수 있다고 생각한다. 그러나 보증 없이도 정부가 직접 자금을 지원해 주는 제도가 존재하며, 그 대표적인 예가 바로 중소벤처기업진흥공단(중진공)의 '청년창업자금'이다. 이 제도는 만 39세 이하의 예비 창업자 또는 창업 3년 이내의 초기 창업자를 대상으로, 심사를 거쳐 수천만 원에서 많게는 1억 원 이상의 자금을 직접 대출해 주는 정책자금 제도이다. 특히 담보가 없어도 신청 가능하다는 점에서 큰 장점이 있다.

신청자는 사업 계획서를 제출한 뒤, 중진공의 평가 담당자와 면담을 통해 사업 타당성과 창업자의 역량에 대한 종합 평가를 받게 된다. 중진공은 예비 창업자의 창업 이해도를 높이기 위해 사전 교육이나 컨설팅 연계 프로그램도 운영하고 있어 창업 경험이 부족한 경우에도 준비가 용이하다.

지원받은 자금은 실제 창업에 필요한 사업장 임대료, 생산 설비 구입비, 인건비, 마케팅비 등으로 사용할 수 있다. 또한 상환 조건에 일정 기간 동안 원금 상환을 유예할 수 있는 거치 기간 제도가 적용되므로, 창업 초기의 자금 부담을 완화할 수 있다. 예를 들어, 2년 거치 후 3년 분할 상환 조건을 적용받는다면, 처음 2년 동안은 상환 부담 없이 사업에 집중할 수 있는 구조이다.

중진공 청년창업자금 활용 사례

디지털 콘텐츠 디자이너 출신 D씨의 창업 스토리

D씨는 37세의 디지털 콘텐츠 디자이너 출신으로, 교육용 인터랙티브 영상 콘텐츠 플랫폼을 기획하고 있었다. 그는 창의적인 아이디어와 콘텐츠 기획 역량은 충분했지만, 정작 초기 개발비와 인건비, 서버 비용 등 자금 확보 문제로 창업을 망설이고 있는 상황이었다.

기존 은행에서는 담보 부족과 매출 실적 부재로 대출이 어려웠고, 보증 기관을 거쳐도 보증 심사 자체에 부담을 느끼고 있었다. 이때 중진공의 '청년창업자금' 제도를 알게 되었고, 가까운 중진공 지역 센터를 통해 상담을 받았다.

그는 사업 계획서와 영상 콘텐츠 시연 자료, 시장 조사 자료 등을 준비하여 신청을 진행했으며, 사업 아이템의 창의성과 공공 교육 시장 내 확장 가능성에서 높은 평가를 받아 총 8,000만 원의 정책 자금을 승인받을 수 있었다. 자금은 1년 거치 후 4년 분할 상환 조건으로 제공되어 초기 부담을 크게 줄일 수 있었으며, D씨는 이를 바탕으로 개발 인력을 충원하고 서버를 확보하여 플랫폼의 MVP(최소기능제품)를 개발하는 데 성공하였다.

플랫폼은 정식 출시 이후 전국 초·중등학교 대상 교사 커뮤니티를 중심으로 입소문을 타기 시작했고, 현재는 지방 교육청과의 납품 계약도 추진 중이며, 플랫폼 고도화와 함께 후속 투자도 계획 중이다. 그는 말한다.

"창업을 결심하고 나서 가장 막막했던 건 단순한 자금 부족에 있었던 게 아니라, '누가 내 사업 가능성을 믿어 줄까?'라는 두려움이었어요. 중진공의 상담과 심사를 받으며, 내 아이템이 단순한 아이디어가 아니라 가능성 있는 사업이 될 수 있다는 확신을 얻었고, 무엇보다 '무담보 정책 자금'이라는 점이 큰 도움이 됐습니다. 지금도 창업을 고민 중인 후배들에게 꼭 소개해 주고 싶어요."

예비 창업자에게 정책 자금은 단순히 돈을 빌리는 수단만은 아니다. 그 이상으로 창업의 시작을 실현 가능하게 만들어 주는 디딤돌이며, 때로는 창업 이후 성장을 가속화시켜 주는 전략적 자원이다.

앞서 언급한 바와 같이 담보가 부족한 창업자가 신용보증기금, 기술보증기금, 신용보증재단 등의 보증 제도를 활용하면, 은행에서 직접 대출을 받기 어려운 경우에도 보증서를 통해 자금을 유치할 수 있다. 특히 예비창업자보증 제도는 사업자 등록 전 신청이 가능하므로, 창업 준비 단계에서 자금을 먼저 확보할 수 있는 좋은 방법이다. 또한, 중진공의 청년창업자금이나 창업진흥원의 예비창업패키지처럼 보증 없이 정부가 직접 자금을 지원하는 제도도 있다. 이러한 제도는 일정 요건을 충족하면 심사를 거쳐 수천만 원의 사업 자금이 무담보로 지원되며, 거치 기간이 주어져 초기 사업 운영에 실질적으로 도움을 받을 수 있다. 여기에 더해, 창업선도대학 육성 사업, 예비창업패키지, 지자체 창업 교육과 연계된 프로그램은 교육, 멘토링, 자금 지원, 공간 제공까지 종합적으로 제공하는 연계형 제도이다. 단순히 자금을 넘어서, 실전 준비, 네트워크 형성, 후속 투자 연계까지 가능하게 만든다.

[표 2.6]은 예비 창업자가 활용할 수 있는 주요 정책 자금 제도와 그 특징을 정리한 것이다. 이처럼 예비 창업자가 활용할 수 있는 정책 자금은 형태도 다양하고, 지원 방식도 각기 다르다. 자신의 사업 아이템 특성과 현재 상황을 고려하여 적절한 제도를 선택하고, 타이밍을

놓치지 않고 신청하는 것이 가장 중요하다.

표 2.6 예비 창업자가 활용 가능한 주요 정책 자금

구분	제도명	특징	유의사항
보증	신보/기보 지역 신보 보증	은행 대출 유도, 보증 비율 100%도 가능	사업자 등록 '전' 신청 필(예비 창업 보증)
직접 지원	중진공 청년창업자금(융자), 예비창업패키지(보조금)	보증 없이 직접 자금 지원	경쟁률 높음, 철저한 사업 계획서 필수
연계 제도	협약 상품, 창업선도대학	교육 + 자금 + 멘토링 연계	지역 또는 대학별 신청 요건 확인 필요

막연히 "창업은 자금이 없어서 못 한다"고 생각할 수 있지만, 실제로는 다양한 정책 자금의 문이 열려 있다. 이 장에서 소개한 제도들을 잘 이해하고 선택적·전략적으로 활용한다면, 창업이라는 도전이 훨씬 더 현실적인 목표가 될 수 있다.

2장 핵심 포인트

구분	주요 내용	핵심 포인트
창업 준비의 필요성	• 아이디어만으로는 창업 불가 • 제품 개발, 고객 발굴, 자금 조달, 팀 빌딩 등 전방위 역량 필요 • 교육·멘토링을 통한 기초 체력 강화 필수	단순 아이디어 → 실행 역량 강화 필요
창업 교육 프로그램	• 예비창업패키지(교육+자금+멘토링) • 청년창업사관학교(중진공 운영) • 창업에듀(K-STARTUP 온라인) • 대학 창업 강좌, 창업센터 • 지자체 창업허브, 창조경제혁신센터 • 공공 기관 과정(KPC, 창진원 등)	실전형·맞춤형 교육 다양화, 접근성 확대
창업 멘토링	• 전담 멘토 배정, 자율 매칭 지원 • 유사 경험 가진 멘토 연결 • 현장 노하우, 네트워크 제공	창업자의 시행착오 최소화, 실행력 제고
실전 창업 준비	• 팀 프로젝트, 피칭 훈련, 사업 계획서 작성 실습 • 시장성·BM 검증, 자금 조달 전략 수립 • 리스크 사전 점검	'실습 기반 학습'이 창업 역량 강화에 핵심
교육 효과와 주의점	• 창업에 대한 환상 탈피 • 실행력 강화, 생존 가능성 제고 • 단, 창업자 스스로 실행 태도 없으면 무의미	교육은 기초 체력, 창업은 본인의 실행이 관건
예비 창업 지원 제도	• 예비창업패키지(교육+최대 1억 지원) • 창업 선도 대학 사업(멘토링·공간 제공) • 청년창업사관학교(집중 교육+자금) • 창조경제혁신센터·지자체 프로그램 • 대학 창업 동아리·LINC 3.0 등	교육→멘토링→자금→ 후속 투자 연계의 '사다리 구조'
예비 창업자 정책 자금	• 보증 연계형: 신보·기보·지역 신보 (예비창업보증, 기술창업보증 등) • 직접 지원형: 중진공 청년창업자금(융자), 예비창업패키지(보조금) • 융합형: 교육+멘토링+자금 지원 연계형	자금 접근성 확대, 무담보 지원, 실행력 강화

스타트업 정책 금융 칼럼

**"저성장 시대의 해법,
 창업 경제로 제2의 부흥을 꿈꾸다."**

최근 글로벌 경제는 기존 대기업 중심의 관리 경제에서 벗어나, 지식과 혁신을 기반으로 한 창업 경제 패러다임으로 빠르게 전환되고 있다. 관리 경제가 토지, 노동, 자본에 경영을 더한 구조였다면, 창업 경제는 창의성과 기술 혁신을 기반으로 창업을 촉진하여 지속 가능한 성장을 도모하는 경제 모델이다. 현재 대한민국은 성장률 둔화와 생산 인구 감소로 경제 성장 동력이 약화되고 있으며, 이러한 상황에서 제2의 경제 부흥을 위해 창업 경제로의 신속한 전환이 필요하다.

창업 경제는 우리 경제에 새로운 활로와 성장 가능성을 제시한다. 기존 대기업 중심 경제 구조가 성장의 한계에 부딪힌 상황에서, 지식과 혁신을 바탕으로 한 창업 활성화가 경제 재도약과 성장 동력 확보의 핵심 열쇠가 될 것이다. 창업을 통해 경제에 활력을 불어넣고, 지속 가능한 성장을 이루는 것이야말로 대한민국이 미래 경제를 선도할 중요한 기회가 될 수 있다.

창업 선진국이라 할 수 있는 미국, 이스라엘, 핀란드 등은 혁신 창업을 통해 경제의 활로를 개척해 왔다. 미국은 실리콘밸리를 통해 글로벌 혁신 기업을 육성했고, 이스라엘은 기술력으로 '스타트업 국가'라는 명성을 얻으며 경제 성장을 이루었다. 핀란드는 창업 생태계를 조성해 스타트업을 지원하며 자국 경제의 활력을 높여 왔다. 이처럼 창업을 통해 경제 패러다임을 바꾼 성공 사례들은 우리에게 다음과 같은 방향을 제시한다.

첫째, 창업 자금 지원을 확대해야 한다. 초기 창업 단계에서 안정적으로 성장하도록 창업 자금을 적극적으로 지원하고, 투자 환경을 개선해 민간 자본 유입을 원활히 해야 한다.

둘째, 창업가들이 실질적 역량을 키울 수 있도록, 미국 스탠포드대학교의 'd-school'처럼 창업 교육과 전문 컨설팅을 제공해 성공적인 창업을 돕는 체계가 필요하다.

셋째, 창업 실패 후에도 재도전할 수 있는 환경을 조성해야 한다. 실패에 대한 두려움이 창업의 장벽이 되지 않도록 재창업 지원과 실패 리스크 완화 정책을 마련해 창업가들이 자유롭게 혁신할 수 있도록 해야 한다.

창업 경제로의 패러다임 전환을 위해 정부와 민간의 다각적이고 적극적인 노력이 필수적이며, 이러한 노력이 뒷받침될 때 현재의 경제 위기를 극복하고 재도약의 발판을 마련할 수 있을 것이다. 창업 경제가 대한민국이 나아갈 새로운 경제 활로임을 인식하고, 이를 국가적 과제로 삼아 정책적 지원과 창업 생태계 촉진 노력이 지속되어야 할 것이다.

출처: 오경상

참고 사이트
신용보증기금 https://www.kodit.co.kr/index.do
기술보증기금 https://www.kibo.or.kr/main/index.do
서울신용보증재단 https://www.seoulshinbo.co.kr/
K-Startup 창업지원포털 https://www.k-startup.go.kr/

"

"창업 준비는 마쳤는데,
이제 막 시작하려니 운영 자금이 부족해서 걱정이에요. 어디서부터 자금을 마련해야 할까요?"

창업 초기에는 정책 자금이 가장 좋은 출발점이에요. 신용보증기금이나 기술보증기금은 업종·기술 특성에 맞춰 보증을 지원하고, 중진공은 보증 없이 직접 대출도 가능합니다. 또, 창업진흥원 예비·초기창업패키지나 여성 대표님의 경우 여성기업종합지원센터 프로그램도 활용하면 자금 공백을 메우는 데 도움이 됩니다.

"

제3장

기업 설립과 초기 자금 조달전략

아이템을 구체화하고 창업 의지를 다진 예비 창업자는 이제 본격적인 실행 단계에 들어선다. 이 시점에서 가장 먼저 고민해야 할 것은 바로 '어떤 형태로 사업을 시작할 것인가'이다. 창업은 반드시 법인을 설립해야만 가능한 것은 아니다. 사업 성격과 창업자의 자금 상황에 따라, 개인 사업자로 먼저 시작해 시장 반응을 테스트한 후에 법인으로 전환하는 전략도 가능하고, 초기부터 법인 형태로 창업해 외부 투자나 정책 자금 확보를 본격적으로 추진하는 방식도 있다. 중요한 것은 창업자가 어떤 방향으로 사업을 확장해 나가고 싶은지에 따라 사업 형태를 신중히 선택하는 것이다.

이 장에서는 개인 사업자와 법인 사업자의 개념과 차이를 이해하고, 각각의 장단점은 무엇인지, 그리고 사업 초기 어떤 자금 지원 제도를 활용할 수 있는지를 구체적으로 살펴보고자 한다. 특히 기업 설립과 동시에 자금 조달이 필요한 경우, 어떤 제도를 먼저 검토해야 하는지, 자주 발생하는 실무상 오류는 무엇인지도 함께 짚어 본다. 아울러 신용보증기금, 신용보증재단, 중소벤처기업진흥공단 등 다양한 정책 금융 기관이 제공하는 초기 창업 자금의 특징과 활용 전략도 단계별로 소개할 예정이다.

이 장은 창업자가 본격적인 시장 진입 전, 기업 설립이라는 공식적 틀을 갖추고 자금이라는 실행 수단을 확보하는 데 필요한 실질 정보와 통찰을 제공할 것이다. 사업의 형태를 어떻게 설정하느냐, 자금을 어떤 순서로 준비하느냐에 따라 창업의 첫해 성패가 결정될 수 있는 만큼, 이 장에서 다루는 내용은 이후 단계의 정책 금융 활용에도 핵심적인 기반이 된다.

1. 창업 형태 선택: 개인 사업자 VS 법인 사업자

창업을 준비할 때 가장 먼저 고민해야 할 중요한 결정 중 하나는 바로 어떤 형태로 사업을 시작할 것인지에 대한 선택이다. 일반적으로 예비 창업자는 두 가지 중 하나를 선택하게 된다. 바로 개인 사업자 형태로 시작할지, 아니면 처음부터 법인을 설립할지다. 이 결정은 단순히 사업자 등록 절차만의 차원이 아니라 향후 세금, 책임, 자금 조달, 사업 확장성 등 전반적인 사업 운영에 큰 영향을 미치기 때문에 충분한 정보와 숙고가 필요하다.

먼저 개인 사업자는 가장 간단하게 창업할 수 있는 형태다. 세무서에 사업자 등록만 하면 바로 영업이 가능하며, 별도의 설립 비용이 거의 들지 않는다. 예를 들어, 1인 유튜버로 활동하는 사람이나 동네에서 작은 디저트 가게를 여는 창업자들은 대부분 개인 사업자로 시작하는 경우가 많다. 회계 처리나 세금 신고도 비교적 단순하며, 초기 비용이 적고 운영도 유연하다. 하지만 단점도 분명하다. 사업 도중 생긴 모든 채무와 손실에 대해 대표자가 무한 책임을 지게 되기 때문에, 개인 자산이 위험에 노출될 수 있다. 예를 들어, 빵집을 운영하던 개인 사업자가 경영상 실수로 수천만 원의 손해를 입었을 경우, 그 빚은 대표자의 개인 재산으로 갚아야 한다.

그림 3.1 개인 사업자 VS 법인 사업자
출처: 서울지방변호사회보(http://news.seoulbar.or.kr)

반면 법인 사업자는 상법에 따라 설립된 독립된 법인격을 가진 사업체다. 가장 대표적인 형태는 주식회사이고, 그 외에도 유한회사, 합자회사 등이 있다. 법인은 회사 자체가 하나의 인격체로 인정받기 때문에 사업 중 발생한 채무에 대해서는 대표자가 아니라 법인 자체가 책임을 진다. 즉, 대표자의 개인 자산이 법적 책임에서 분리될 수 있다는 점이 크나큰 장점이다. 또한, 외부 투자 유치가 용이하고, 사업 신뢰도가 높아져 공공 기관 납품, 벤처 기업 인증, 정책 자금 신청 등에서 유리하다.

예를 들어, IT 기반의 서비스를 기획한 29세의 예비 창업자 김 씨는 AI 기반 채팅봇 플랫폼을 만들고 싶었지만, 초기부터 투자 유치와 정부 지원을 받을 생각이었다. 이 경우 개인 사업자보다는 법인 설립이 더 유리하다. 왜냐하면 TIPS 프로그램, 벤처 확인 제도, 기술보증기금 보증 프로그램 등은 대부분 법인 사업자를 전제로 운영되기 때문이다. 또한 김 씨는 향후 공동 창업자와 지분을 나누고 싶었는데, 이 역시 법인을 설립해야 가능한 구조였다.

다만 법인 설립은 등기 절차, 주주 구성, 자본금 납입 등 다소 복잡하고 설립 비용이 발생한다. 게다가 법인의 회계와 세무 처리는 개인 사업자보다 훨씬 더 엄격하고 복잡하기 때문에, 회계사나 세무사의 도움이 필요한 경우도 많다.

정책 자금 활용 관점에서 보면, 초기 소상공인 대상의 지원 사업이나 창업 교육, 소액 대출은 개인 사업자도 참여 가능하지만, 기술 창업이나 R&D 자금, 고성장 기업 육성 사업 등은 법인 중심으로 설계되어 있는 경우가 많다. 따라서 창업자가 단순한 생계형 창업을 계획하고 있다면 개인 사업자로 시작해도 무방하지만, 기술 기반 스타트업이나 외부 자금 유치 계획이 있다면 처음부터 법인을 설립하는 것이 유리하다.

그렇다면 법인 전환은 언제 고려해야 할까?

처음에는 시장 테스트를 위해 개인 사업자로 시작한 뒤, 일정 매출을 달성하거나, 정책 자금이나 투자 유치의 필요성이 커지는 시점에 맞춰 법인 전환을 고려할 수 있다. 일반적으로 연 매출이 1억~2억 원을 넘기기 시작하면 종합소득세율보다 법인세율(최소 10%)이 더 낮아 세제상 유리해지고, 이 시점이 법인 전환의 적기라고 볼 수 있다.

또한, 고용 인원이 늘고 인건비 처리가 복잡해지는 경우, 계약 상대방이 '개인 사업자'보다 '법인'을 신뢰하는 경우 등도 법인 전환을 고려할 만한 시점이다.

표 3.1 법인 전환의 적절한 시점

고려 시점	설명
정책 자금 중 '법인만 신청 가능'한 사업에 참여하고자 할 때	TIPS, 창업성장기술개발사업, 벤처 확인 등은 법인 사업자만 신청 가능하므로, 지원 사업 참여를 위해 법인 전환이 필요함
외부 투자자(엔젤, VC 등)와 협업하거나 투자 유치를 검토할 때	지분 구조 명확화, 계약 체결, 경영권 분리 등을 위해 법인 형태가 필수적이며, 투자자의 신뢰도도 높아짐
매출이 일정 수준 이상으로 증가해 종합소득세 부담이 커졌을 때	연 매출 약 1억~2억 원 이상이면, 개인 사업자의 누진세보다 법인의 단일 세율(최저 10%)이 세제 측면에서 유리할 수 있음
고용 인원이 증가하면서 인건비 처리나 4대 보험 등 사업 구조가 복잡해질 때	급여 지급, 세무 처리, 근로 계약 관리 등이 체계화되어야 하므로, 회계 투명성이 높은 법인 형태가 적합함
사업 리스크(채무 등) 분리를 통해 개인 자산을 보호할 필요가 있을 때	법인은 대표와 법인이 분리된 책임을 지므로 사업 실패 시 개인 자산 보호에 유리함

정책 자금 활용 관점에서도 두 사업자 형태는 차이를 보인다. 개인 사업자도 창업 초기 보증이나 소상공인 대상 지원 사업에 참여할 수 있지만 기술 기반 창업 자금, R&D 지원, 벤처 인증 등은 대부분 법인을 전제로 한다. 따라서 기술 창업이나 스타트업을 계획하고 있다

면, 처음부터 법인 설립을 고려하는 것이 향후 자금 조달이나 투자 유치 면에서 유리할 수 있다.

또한, 세제 측면에서도 사업 소득이 일정 수준을 넘어서게 되면 개인의 종합소득세율(최대 45%)보다 법인의 법인세율(기본 9~24%)이 유리한 경우가 생기기 때문에, 일정 매출 이상이 예상된다면 법인 전환을 검토하는 것이 좋다.

창업을 시작할 때, 모든 것을 완벽하게 계획하고 시작하는 사람은 드물다. 특히 자금이나 인력, 경험이 제한적인 예비 창업자의 입장에서는 '작게 시작해 보는 것'이 중요한 전략이 될 수 있다. 이러한 맥락에서 초기에는 개인 사업자로 창업해 간단한 절차로 빠르게 시장에 진입하고, 고객 반응을 살피는 방식이 현실적인 선택이 된다.

정책 자금 활용 Tip

"개인 사업자로 시작해 법인으로 전환한 1인 창업자의 성장 전략"

디자인 전공을 살려 1인 온라인 굿즈 쇼핑몰을 창업한 김 대표는, 초기에는 사업자 등록만으로 손쉽게 개인 사업자로 시작했다. 온라인 플랫폼을 통해 소규모로 굿즈를 제작·판매하며 고객 피드백을 수집했고, 별도의 사무실이나 직원 없이도 일정 매출을 달성할 수 있었다. 이처럼 개인 사업자는 진입 장벽이 낮고 세무·회계 부담도 상대적으로 적기 때문에 빠르게 실험을 해 보고 싶은 창업자에게 적합하다.

그러나 1년 후, 굿즈 브랜드의 인지도가 올라가면서 월 매출이 2,000만 원을 넘기기 시작했고, 자체 제작 상품 확대와 마케팅을 위해 김 대표는 외부 투자 유치를 고민하게 되었다. 이 과정에서 엔젤투자자와 미팅을 진행했지만, 상대방은 "법인이 아닌 개인 사업자라면 투자 계약이 어렵다"는 입장을 밝혔다. 또한 종합소득세 부담도 점점 커지고, 직원 채용으로 인한 급여 관리, 4대 보험 등 행정 처리가 복잡해지면서 경영 효율에도 한계를 느끼기 시작했다.

결국 김 대표는 법무사와 세무사의 도움을 받아 법인 전환 절차를 밟았고, 이후 법인 명의로 TIPS 추천을 받을 수 있는 액셀러레이터 프로그램에 지원할 수 있었다. 또한, 법인 사업자로 변경된 이후에는 정책 자금의 활용 폭도 넓어지고, 세무상 투명성과 대외 신뢰도도 향상되어 본격적인 성장을 위한 기반을 갖출 수 있었다.

위 사례에서처럼 개인 사업자로 가볍게 시작하되, 시장 반응과 성장을 기반으로 '필요할 때' 법인으로 전환하는 전략이 매우 유효할 수 있다. 중요한 것은 창업자의 현재 지원과 성장 단계, 그리고 향후의 비즈니스 모델을 종합적으로 고려해 '내게 지금 필요한 형태는 무엇인가'를 유연하게 판단하는 것이다.

2. 기업 설립 절차와 창업 준비 실무

창업을 실행에 옮기기 위한 마지막 관문은 바로 '기업 설립'이다. 단순히 아이디어를 구체화하고 시장을 조사하는 것을 넘어, 이제는 실제로 사업체를 등록하고 운영 기반을 갖추는 실무 단계로 넘어가야 한다. 이 절에서는 개인 사업자와 법인 사업자 각각의 설립 절차를 비교 설명하고, 실제 현장에서 창업자들이 마주하는 주요 이슈와 행정 처리 절차를 사례 중심으로 소개한다.

개인 사업자 설립 절차

○ 인허가 사항 확인 및 취득

창업 아이템에 따라 사전에 관련 인허가가 필요한 경우가 있다. 예를 들어, 카페, 음식점, 숙박업은 위생 관련 인허가가 필요하고, 자동차 정비소나 운수업의 경우에는 국토교통부 또는 지방 자치 단체의 별도 등록이 요구된다. 예비 창업자는 관련 법령을 확인한 후 인허가 여부를 점검하고, 필요하다면 미리 신청해야 한다.

표 3.2 사업 인허가의 유형

구분	정의	주요 예시 업종
허가	국민의 생명·안전·공공복리 등을 위해 원칙적으로 금지된 행위에 대해 일정 요건을 갖춘 경우 예외적으로 허용	식품 제조업, 의약품 제조업, 농약 제조업 등
등록	일정한 사실이나 자격을 행정 기관에 등록하여 효력을 발생시키는 절차(허가적 성격 포함 가능)	정화조 제조업, 출판업, 비디오물 제조업 등
신고	법령에 따라 특정 사실을 행정 기관에 알리는 절차·요건을 충족하면 수리 여부와 관계없이 효력 발생	식품 영업, 장난감 제조업, 세척제 제조업 등

○ 사업자 등록 신청

사업자는 사업 개시일로부터 20일 이내에 사업장 관할 세무서에 사업자 등록을 신청해야 한다. 준비 서류로는 신분증, 임대차 계약서(사업장을 임대한 경우), 사업 허가증 또는 신고 확인서(허가 업종일 경우), 업종에 따라 필요한 추가 서류가 요구된다.

최근에는 국세청 홈택스를 통한 온라인 사업자 등록도 가능해져 창업자가 직접 세무서를 방문하지 않고도 사업자 등록을 완료할 수 있다. 단, 실제 사업 개시 전이더라도 사전 등록은 가능하나, 허위로 등록할 경우 불이익이 발생할 수 있으므로 주의해야 한다.

그림 3.2 국세청 홈택스 서비스

출처: 국세청 홈택스 서비스

○ 창업 초기 세무 전략: 간이 과세자 vs 일반 과세자

사업자 등록을 완료한 후 창업자가 가장 먼저 마주하는 세무 관련 의사 결정 중 하나는 바로 '간이 과세자'로 등록할지, '일반 과세자'로 등록할지를 선택하는 것이다. 이는 부가가치세의 신고 및 납부 방식과 관련된 사항으로, 연 매출 규모와 업종에 따라 등록 가능 여부가 달라진다.

우선, 대부분의 소규모 사업자는 연 매출 1억 400만 원(2024. 7 개정) 미만일 경우 간이 과세자로 등록할 수 있다. 이 기준은 도소매업, 제조업, 숙박업, 음식점업, 일반 서비스업 등에 적용된다. 단, 부동산 임대업이나 과세 유흥 장소를 경영하는 사업자처럼 특정 업종의 경우 간이과세 기준이 보다 엄격하게 적용되어, 직전 연도 매출이 4,800만 원 미만이어야 간이 과세자로 등록할 수 있다.

간이 과세자로 등록하면 부가세 신고가 간단하고, 납부 세액도 일정 부분 감면되거나 면제될 수 있어 초기 창업자에게는 유리할 수 있다. 특히 소규모 점포, 1인 창업, 프리랜서 중심 업종이라면 세무 부담을 줄이는 데 도움이 된다. 그러나 간이 과세자는 세금 계산서를 발행할 수 없다는 제한이 있으며, 이는 기업 간 거래(B2B)를 필요로 하는 업종이나 정책 자금 활용, 인증 제도 참여를 계획하고 있는 창업자에게는 불리하게 작용할 수 있다.

더불어 변호사, 회계사, 의사 등 전문직을 포함한 일부 업종은 매출 규모와 관계없이 간이 과세자로 등록할 수 없으며, 무조건 일반 과세자로 분류된다. 또한 일반 과세자로부터 사업을 포괄 양수받은 경우에도 간이과세 등록이 제한된다. 따라서 업종에 따라 간이과세 가능 여부를 사전에 꼼꼼히 검토할 필요가 있다.

이처럼 간이 과세자와 일반 과세자 중 어떤 형태로 등록할지는 단순한 세금 차이만이 아니라, 향후 사업 운영 전략과 성장 계획에 따라 달라진다. 국세청 홈택스에서는 업종별 매출 기준과 과세 유형에 대한 자세한 가이드를 제공하고 있으며, 불확실할 경우 세무 전문가의 조언을 받는 것이 중요하다. 사업 초기에는 간이 과세자로 시작하되, 일정 매출 이상이 되거나 외부 거래와 자금 활용이 활발해질 경우 일반 과세자로 전환하는 전략도 고려해 볼 수 있다.

정책 자금 활용 Tip

개인 사업자 창업 실무 예시:
'디저트 카페 창업자 윤 대표의 창업 준비 과정'

디저트를 좋아하던 윤 대표는 평소 만들던 수제 쿠키와 케이크를 기반으로, 서울 마포구에 소형 디저트 카페를 창업하기로 결심했다. 하지만 단순히 '좋아하는 일'을 넘어 실제 매장을 운영하기 위해서는 어떤 절차를 밟아야 하는지 막막함을 느꼈다.

우선 윤 대표는 위생 관련 인허가가 필요하다는 사실을 알게 되었고, 식품 위생 교육을 이수한 후 마포구청에 '식품접객업' 허가를 신청했다. 이를 위해 본인이 임대한 매장의 임대차 계약서와 평면도, 주방 설비 확인서, 위생 교육 수료증 등을 제출해야 했다. 현장 실사를 거쳐 약 1주일 후 위생 허가가 승인되었다.

그 다음은 세무 행정 절차였다. 윤 대표는 사업 개시일 기준으로 20일 이내에 관할 세무서인 마포세무서를 방문해 사업자 등록을 신청했다. 제출 서류로 신분증, 임대차 계약서, 식품접객업 허가증, 사업장 도면 등을 준비했다.

세무서 직원의 안내에 따라 윤 대표는 부가가치세 간이 과세자 제도를 선택했다. 예상 연 매출이 8,000만 원 이하였고, 간편하게 부가세를 신고할 수 있는 장점이 있었기 때문이다. 동시에 홈택스를 활용해 현금영수증 가맹점 등록과 신용카드 단말기 연결 신청도 함께 진행했다.

이후 윤 대표는 거래가 시작되기 전, 회계 및 세금 문제에 미리 대비하기 위해 동네 세무사 사무실을 찾아갔다. 세무사와 상담을 통해 간이 과세자에 맞는 매출 관리 방식, 현금 영수증 발급, 신용카드 매출 관리 방법 등을 확인했다. 또한 인건비 신고 방식, 4대 보험 가입 기준, 향후 종합소득세 신고 준비 등 기본적인 실무 내용을 정리했다.

이러한 준비 과정을 통해 윤 대표는 단순한 '가게 오픈'이 아니라, 실질적으로 법적·행정적 기반이 갖춰진 창업을 이뤄 냈고, 이후 매장 운영도 보다 안정적으로 진행할 수 있었다.

법인 사업자 설립 절차

○ **법인 형태 선택 및 정관 작성**

사업 아이템의 성장 가능성이 높고, 외부 투자나 공동 창업, 지분 구조의 명확한 설정이 중요한 경우라면, 개인 사업자보다 법인 형태의 창업이 훨씬 적합하다. 법인은 법적으로 독립된 '법인격'을 가지므로, 대표자의 개인 자산과 사업 리스크를 분리할 수 있는 점에서 책임 구조가 명확해지고, 대외 신뢰도도 높아진다.

우리나라의 법인 형태는 크게 주식회사, 유한회사, 합자회사, 합명회사로 나뉘지만, 일반 창업자와 스타트업이 선택하는 대부분의 형태는 주식회사이다. 이는 투자자와의 계약이 용이하고, 지분 구조와 이사회, 주주 총회 운영 방식 등 체계적인 조직 구조를 갖추기 쉬우며, 이후 벤처 캐피탈(VC)이나 액셀러레이터로부터의 투자 유치와 기업가치 산정에 유리하기 때문이다.

 정책 자금 활용 Tip

법인 설립을 위한 핵심 준비 절차

1. 발기인 구성

발기인은 애초에 법인을 설립하기 위해 계약과 준비를 주도하는 사람들이다. 대부분은 창업자 자신이 발기인이며, 1인 법인도 가능하다. 공동 창업일 경우, 창업자 간의 역할, 지분율, 책임 분담 등을 미리 합의하고 문서화하는 것이 중요하다.

2. 정관 작성

정관은 법인의 운영과 조직에 대한 기본 규칙을 정한 문서로, 일종의 '회사 헌법'이라 볼 수 있다.

정관에는 다음과 같은 항목들이 반드시 포함되어야 한다.

① 회사의 목적(예: IT 소프트웨어 개발 및 판매)

② 상호 및 본점 소재지

③ 자본금 및 주식 수

④ 주식 양도 제한 여부

⑤ 발기인의 인적 사항

⑥ 이사·감사의 구성과 역할

⑦ 주주 총회와 이사회 개최 절차

특히 '회사 목적'은 향후 사업 영역을 확장하거나 정책 자금·인증 등을 신청할 때 중요한 기준이 되므로, 가능하면 향후 확장 가능성까지 감안하여 포괄적으로 기재하는 것이 좋다.

3. 자본금 납입

법인을 설립하기 위해서는 최소 자본금을 정해 납입해야 한다. 1인 주식회사라도 100만 원 이상의 자본금을 납입하고, 은행에서 법인 명의로 자본금 계좌를 개설하여 자금을 입금한 뒤 자본금 납입 증명서를 받아야 한다. 이는 이후 등기 과정에서 필수 서류로 제출된다.

창업 초기에 자본금이 작을 경우 외부 신뢰도나 정책 자금 심사에서 책임 경영 평가에서 불리할 수 있으므로, 납입 자본금은 최소 3,000~5,000만 원 이상 수준으로 설정하는 것이 유리하다(부채 비율 등의 문제).

4. 주주 명부 작성 및 임원 구성
설립 시점에서 주주 명부를 작성하여 누가 몇 주를 가지고 있는지를 명확히 해야 하며, 대표이사, 이사, 감사 등의 임원을 구성해 정관에 명시해야 한다. 1인 법인의 경우에도 대표이사 1명과 감사 1인을 선임할 수 있으며, 일부는 가족을 임시 감사로 등록하기도 한다. 다만, 외부 투자 시에는 감사의 독립성 등을 요구받을 수 있다.

◎ 법인 설립 실무 팁 및 유의 사항

① 법무사 또는 창업지원센터 활용: 법인 설립은 관련 서류가 많고 절차가 복잡할 수 있기 때문에 법무사에게 위임하거나 중소기업지원센터, 창업진흥원 등의 '법인 설립 지원 프로그램'을 활용하면 수월하게 진행할 수 있다.

② Start-Biz 시스템 이용: 정부에서 운영하는 온라인 법인설립시스템(https://www.startbiz.go.kr)을 활용하면 정관 작성부터 인감 등록, 사업자 등록까지 한 번에 신청할 수 있어 편리하다.

③ 정관 샘플 검토: 업종에 따라 정관에 들어갈 주요 항목이 다를 수 있기 때문에 유사 업종의 정관 예시를 참고하거나 전문가 자문을 받는 것이 바람직하다.

○ 법인 설립 등기 신청

법인의 설립은 단순히 정관을 작성하고 자본금을 납입하는 것으로 끝나지 않는다. 법적 효력을 가지기 위해서는 반드시 법인 설립 등기를 완료해야 하며, 이는 창업자가 실질적으로 '법인'이라는 존재를 사회적으로 공식화하는 핵심 절차다.

그림 3.3 온라인 법인설립시스템
출처: 온라인법인설립시스템(https://www.startbiz.go.kr)

    일반적으로 등기는 '회사 본점 소재지를 관할하는 등기소(법원)'에 신청하게 된다. 예를 들어, 서울 강남구에 본점을 둘 경우, 강남등기소에 등기 신청을 하게 된다. 등기 신청은 대표자 또는 대리인이 방문하여 직접 접수할 수도 있고, 최근에는 정부가 운영하는 온라인 법인설립 통합시스템(https://www.startbiz.go.kr)을 통해 전자 등기 방식으로 간편하게 신청하는 것도 가능해졌다.

 정책 자금 활용 Tip

법인 설립 등기 시 필요한 주요 서류

① 정관 원본(공증 불필요-비상장 주식회사의 경우)

② 발기인 및 임원(이사, 감사)의 인감 증명서
    (발급일 기준 3개월 이내여야 하며, 본인 서명이 들어간 동의서도 함께 제출)

③ 주금 납입 증명서: 발기인이 개설한 은행 계좌에 자본금을 입금하고,

은행으로부터 '납입 확인서'를 발급받아 제출

④ 주주 명부 및 출자 내역서

⑤ 창립 총회 의사록(1인 법인은 생략 가능)

⑥ 임원 취임 승낙서 및 인감 날인서

⑦ 등록세 및 수수료 납부 확인서

⑧ 설립 등기 시 관할 구청에 납부하는 등록면허세 및 교육세, 그리고 수입인지 첨부

⑨ 회사 인감 도장 및 인감 신고서

※ 서류는 원본 또는 공증본 기준으로 제출되어야 하며 오기재, 서명 누락 등이 발생하면 반려되므로 사전 검토가 중요

○ 법인 사업자 등록 및 실무 준비

　법인 설립 등기를 완료했다고 해서 모든 창업 준비가 끝난 것은 아니다. 등기가 완료된 후 20일 이내에는 관할 세무서에 반드시 '법인 사업자 등록'을 신청해야 하며, 이는 법인이 정상적인 경제 활동을 시작하기 위한 첫 행정 절차다.

　사업자 등록 신청 시에는 등기부등본, 임대차 계약서(사업장 주소가 자택이 아닌 경우), 법인 인감 증명서, 주주 명부, 정관 등의 서류가 필요하며, 일부 서류는 전자 등기 시 자동 연동되기도 한다. 신청은 세무서를 직접 방문하거나 국세청 홈택스(Hometax)를 통해 온라인으로도 가능하다. 법인 사업자 등록이 완료되면 곧바로 다음과 같은 실무 절차를 진행해야 한다.

표 3.3 법인 설립 후 필수 후속 절차

구 분	주요 내용	비 고
① 법인 통장 개설	법인 명의로 은행 계좌 개설	사업자 등록증, 법인 인감 증명서 필요
② 법인 인감 등록	법인 인감을 관할 법원 및 등기소에 등록	공문, 계약 체결 시 활용
③ 4대 보험 사업장 가입	국민연금, 건강·고용·산재 보험 신고	근로자 고용 시 필수
④ 원천징수의무자 등록	급여 지급 시 세금 원천 징수 신고	홈택스에서 신청 가능
⑤ 회계·세무 체계 구축	회계 장부 작성, 세무 대리인 계약 등	재무제표 작성 및 법인세 신고 대비

정책 자금 활용 Tip

법인 설립 사례

IT 개발자 출신인 박 대표와 김 이사는 6년간 같은 회사에서 일하며 함께 다양한 프로젝트를 수행해 온 동료였다. 이들은 '우리만의 소프트웨어 솔루션을 만들어 보자'는 오랜 꿈을 갖고 퇴사 후 공동 창업을 결심하게 된다. 특히 둘은 스마트 물류 관리 시스템을 클라우드 기반 SaaS(Software as a Service) 형태로 개발하여, 중소 물류 기업의 운영 효율성을 높이는 것을 목표로 했다.

창업 초기, 가장 먼저 고민한 것은 사업자의 형태였다. 개인 사업자로 시작할 수도 있었지만, 두 사람 모두 외부 투자 유치와 기업 신뢰도 확보를 고려해 법인 형태의 주식회사로 시작하기로 했다. 박 대표는 "서비스 출시 전부터 기술보증기금의 보증이나, 벤처 인증 같은 정책 자금 활용을 고려하고 있었기에 법인 설립이 더 유리하다고 판단했어요"라고 말한다.

이들은 온라인 법인설립시스템(startbiz.go.kr)을 활용해 설립 절차를 진행했다.

먼저 1,000만 원의 자본금을 공동 출자하고, 발기인 명부와 정관을 작성했다. 이어서 정관에는 사업 목적, 자본금 규모, 임원 구성 등을 상세히 명시했다. 온라인 등기를 통해 등기소에 제출한 지 약 4일 만에, 주식회사 형태의 '주식회사 OO시스템'의 법인 등기가 완료되었다.

등기가 완료되자마자 법인 명의 은행 계좌를 개설하고, 인감 도장을 제작하여 법인 인감을 등기소에 등록하였다. 이어서 마포세무서에 법인 사업자 등록을 마친 후, 곧바로 국민연금공단과 건강보험공단에 4대 보험 사업장 가입 신고도 진행했다. 이 과정에서 두 공동 창업자는 실질적인 행정 업무의 양과 복잡함을 체감했지만, 온라인 시스템과 세무사의 도움으로 큰 어려움 없이 마무리할 수 있었다.

창업 직후 두 사람은 기술보증기금의 기술평가보증 상담을 예약했다. 설립 초기라 매출이 없었지만, 두 창업자는 과거 프로젝트 경험과 개발 이력을 정리한 기술 자료집, MVP(최소기능제품) 수준의 시연 영상을 함께 제출하여 초기 신용 평가를 통과할 수 있었다. 이후 5,000만 원 규모의 운전 자금 보증을 받아 시제품 개발비와 첫 번째 고객사 확보에 성공했다.

박 대표는 이 경험을 돌아보며 이렇게 말한다. "법인 설립 초기에 해야 할 일이 정말 많았지만, 그 과정을 거치며 우리가 진짜 '사업체'를 꾸려 가고 있다는 실감이 들었어요. 특히 법인이 되면서 정책 자금 활용 폭이 넓어졌고, 외부 파트너들에게도 신뢰를 줄 수 있었던 것이 큰 전환점이었습니다."

3. 초기 자금 조달 전략: 정책 금융의 첫 단추

창업을 실행에 옮기기로 결심했다면, 다음으로 부딪히게 되는 현실적인 질문은 "자금을 어디서, 어떻게 마련할 것인가?"이다. 아무리 좋은 아이디어와 탄탄한 기획서를 갖추었더라도 현실에서는 제품을 만들고, 사람을 고용하고, 마케팅을 시작하는 데 돈이 필요하다. 특히 창업 초기에는 자금 여력이 거의 없는 경우가 많고, 민간 금융 기관에서는 담보나 매출 실적이 부족하다는 이유로 자금 조달이 쉽지 않다.

이럴 때 '정책 금융'이 중요한 역할을 한다. 신용보증기금, 기술보증기금, 신용보증재단, 중소벤처기업진흥공단 등 다양한 기관들은 예비 창업자나 초기 기업을 위해 맞춤형 금융 프로그램을 운영하고 있다. 그러나 많은 창업자들이 이 제도들을 제대로 알지 못해 시작 단계에서부터 자금난으로 고전하거나, 지원을 받지 못하는 경우도 많다.

이 절에서는 창업자들이 사업 초기 단계에서 활용할 수 있는 주요 정책 금융 기관과 그들의 제도를 소개하고, 실제 활용 전략과 주의사항까지 함께 정리하고자 한다. 실전에서 통하는 정책 자금의 접근법을 알고 있다면, 창업의 무게는 훨씬 가벼워질 수 있다.

왜 '정책 자금'인가?

창업 자금의 조달 방식은 크게 민간 자금과 정책 자금으로 나눌 수 있다. 민간 자금에는 본인의 자본금, 가족과 지인으로부터의 차입, 또는 초기 투자(엔젤투자 등)가 있고, 금융 기관을 통한 대출도 포함된다. 하지만 창업 초기 단계에서는 신용 등급, 담보, 매출 이력 등의 부족으로 인해 민간 자금만으로 사업을 시작하기란 쉽지 않다.

반면 정책 자금은 정부 또는 공공 기관이 주도하여 창업 기업의 성장 가능성을 보고 지원하는 자금이다. 일정 요건만 충족하면 무담보로 자금을 지원받거나, 저금리로 장기 상환 조건의 자금을 받을 수 있는 장점이 있다. 특히 예비 창업자나 창업 1~3년차 기업에게는 이 정책 자금이 거의 유일한 자금줄이 될 수 있다.

예를 들어, 막 창업한 기업이 MVP(최소기능제품)를 개발하거나, 시제품 제작 후 인증 및 시험을 거치는 단계에서는 아직 매출이 거의 없기 때문에 민간 투자나 대출이 사실상 불가능하다. 이런 기업에게 신용보증기금이나 기술보증기금의 보증서를 바탕으로 은행 자금을 유치할 수 있게 해 주는 제도는 '시장 진입 전 준비 단계'에서 매우 유용하다. 또한 중소벤처기업진흥공단의 청년창업자금은 예비 창업자도 자금 심사를 통해 직접 정책 자금을 대출받을 수 있도록 설계되어 있어, 창업 실행력을 높이는 데 중요한 수단이 된다.

정책 자금은 단순히 돈을 빌려주는 것을 넘어, 창업자의 아이디어와 사업 모델에 대해 제3자의 시선을 통해 객관적인 피드백을 받을 수 있는 기회이기도 하다. 많은 창업자가 정책 자금 신청을 준비하면서 처음으로 사업 계획서를 써 보고, 시장 조사와 자금 계획을 정리하며 '진짜 사업'으로 나아가는 계기를 마련하게 된다.

무엇보다 정책 자금은 보증 또는 직접 대출 방식으로 이루어지기 때문에 창업자가 부담해야 할 금리가 대체로 낮고, 보증료에 대한 일부 감면 혜택도 주어진다. 상환 조건 또한 일반 대출보다 유리한 경우가 많아, 자금 유동성이 약한 초기 기업에게 매우 적합한 자금 공급 방식이다.

이렇듯 정책 자금은 창업자에게 '기회를 마련해 주는 자금'이다. 자금 자체도 중요하지만, 이 제도를 활용할 수 있는 자격 요건과 시기, 그리고 기관별 특성을 이해한다면 창업의 첫 단추를 더욱 단단하게 채울 수 있다.

정책 금융 기관별 주요 특징과 활용 전략

○ **신용보증기금: 창업 기업의 든든한 첫 금융 파트너**

창업 초기에는 매출 실적이나 담보 자산의 부족으로 은행 대출이 쉽지 않다. 이때 신용보증기금(이하 신보)은 은행 대신 창업자의 '신용'을 바탕으로 보증서를 발급해 주고, 그 보증서를 담보로 은행이 자금을 대출해 주는 구조를 만든다. 즉, 창업자가 민간 금융 시장에 진입할 수 있도록 다리를 놓아 주는 역할을 한다.

신보는 기술보증기금(기보)과 함께 대표적인 정책 금융 기관 중 하나지만, 보다 넓은 업종 범위를 지원하고, 연간 보증 예산도 더 크기 때문에 정책 자금 접근성 측면에서 강점을 가진다. 기술보증기금은 주로 첨단 기술, 특허, 연구·개발 중심의 기업을 대상으로 하는 반면, 신보는 일반 중소기업부터 기술 스타트업, 소상공인, 비제조 서비스업까지 다양한 분야의 창업자를 지원한다.

또한, 신보는 창업 단계별로 특화된 프로그램을 운영하고 있다. 예를 들어 '뉴본펭귄 보증'은 유망한 예비 창업자나 창업 초기 기업이 시장에서 첫발을 내디딜 수 있도록, 최대 10억 원 한도 내에서 3년간 단계별로 자금을 공급하는 제도다. 특히 기술과 시장 가능성은 있으나 아직 투자나 매출 실적이 없는 기업에게도 첫해 최대 6억 원까지 지원이 가능하다. 이 자금을 바탕으로 시제품 개발, 시장 테스트, 인증 절차 등에 사용할 수 있어, 스타트업에게는 사실상 초기 생존을 위한 마중물이 된다.

이 외에도 신보는 기술력과 혁신성을 갖춘 창업 기업에게 '퍼스트 펭귄 보증'을 통해 최대 40억 원 규모의 자금을 지원하고, 창업자가 보증과 투자를 연계해 성장할 수 있도록 돕는 '스타트업 네스트' 같은 프로그램도 운영한다. 이들 제도는 단순히 자금을 공급하는 데 그치지 않고, 멘토링, 네트워킹, 후속 투자 유치까지 염두에 둔 '패키지형 지원'을 지향한다는 점에서 주목할 만하다.

신보 보증을 잘 활용하면, 은행 대출의 문턱을 넘을 수 있을 뿐 아니라, 정책 자금의 초기 관문을 통과했다는 신뢰도까지 얻게 된다. 실제로 많은 창업 기업들은 뉴본펭귄 보증으로 시작해 제품 상용화에 성공한 후, 시리즈 A 투자 유치로 이어지는 성공적인 성장 사례를 보여 주고 있다.

정책 자금(신보) 활용 Tip

① 신용보증기금은 시장성 기반 평가를 위주로 하므로 기술보증기금보다 보다 다양한 업종 기업들이 접근하기에 용이하다. 특히 도소매업, 서비스업, 일반 제조업 등 기술 집약도가 낮은 업종도 보증 대상이 될 수 있다. 따라서 자신의 사업이 기술 기반이 아니더라도 충분한 시장 타당성과 매출 전망이 있다면 적극적으로 활용할 수 있다.

② 보증을 신청하기 전에 신보 영업점에서 사전 상담을 받는 것이 매우 중요하다. 상담을 통해 현재 기업의 상황에 적합한 보증 상품을 안내받을 수 있고, 보증 심사에 필요한 사업 계획서, 시제품 여부, 창업자의 이력, 자금 사용 계획, 향후 매출 예상 등의 내용을 어떻게 준비해야 하는지 구체적인 가이드를 받을 수 있다. 특히, 예비 창업자일 경우 사업자 등록 전 상담도 가능하므로 창업 초기부터 신보를 파트너로 삼는 것이 유리하다.

③ 신보의 보증은 은행 대출과 연계되어 진행되므로 사전에 거래 은행(또는 거래 희망 은행)과 협의하여 예상 보증 금액, 금리, 상환 조건 등을 검토해 두면 절차가 훨씬 수월하다. 예를 들어, 은행에서 "신보에서 보증서가 발급된다면 ○○

조건으로 대출이 가능하다"는 식의 사전 대출 조건 협의를 받아 두면, 신보 심사 시 신뢰도가 높아지고 보증 승인 후에도 신속하게 자금을 확보할 수 있다.

④ 최근에는 청년 창업, ESG, 스마트 공장, 여성 기업, 소셜 벤처 등 대상별 특화 보증 상품도 다양하게 마련되어 있으므로 사업 유형에 따라 맞춤형 보증 프로그램을 찾는 것이 좋다. 예를 들어, 3년 미만 창업 기업은 '스타트업 네스트', 소셜 임팩트 창업자는 '소셜벤처 보증', 기술 창업자는 '뉴본펭귄 보증' 등을 활용할 수 있다.

○ **기술보증기금: 기술 중심 스타트업의 성장사다리**

신용보증기금이 전 업종을 포괄하는 '넓은 그물망'이라면, 기술보증기금(이하 기보)은 기술력을 기반으로 한 스타트업과 중소기업만을 선별해 지원하는 정밀 조준형 보증 기관이라 할 수 있다. 특히 특허, 연구·개발(R&D) 역량, 원천 기술 등을 보유한 기업에게는 신보보다 기보가 더 적합한 파트너가 될 수 있다.

기보의 가장 큰 특징은 자금 지원 여부를 '기술 평가' 기반으로 결정한다는 점이다. 즉, 매출 실적이 없거나 담보가 없어도, 보유 기술의 우수성과 사업화 가능성만 입증되면 정책 자금 보증이 가능하다는 의미다. 이 때문에 소위 '딥테크' 기반 스타트업들이 창업 초기 가장 먼저 접촉하는 정책 금융 기관이 바로 기술보증기금이다. 기보의 대표적인 보증 제도는 [표 3.4]와 같다.

표 3.4 기술보증기금의 대표적인 창업 보증 제도

보증 제도명	지원 대상	주요 특징	보증 한도 및 혜택
스타트업 보증	창업 5년 이내 기술 기업	기술성 평가 통과 시 보증 가능. 기술 이전, 특허, R&D 실적 중심 평가	최대 8억 원 보증
벤처 확인 기업 보증 우대	벤처 확인 기업	보증 한도 확대 + 보증료율 인하. TIPS 등 연계 사업 진입에 유리	보증 한도 상향, 보증료 인하

　스타트업 보증은 창업 5년 이내 기업 중 기술성 평가를 통과한 경우 보증을 받을 수 있다. 신보와 달리 기술 우수성 중심으로 평가되며, 과거 기술 이전 실적, 특허 등록, 연구·개발 실적 등이 주요 기준이 된다. 그리고 벤처 확인 기업 보증 우대 보증이 있는데, 벤처 확인을 받은 기업은 보증 한도가 넓어지고, 보증료율도 인하된다. 이는 향후 투자 유치 및 TIPS 등 연계 사업에 매우 긍정적인 영향을 준다.

　기보는 단순히 '보증만 해 주는 기관'이 아니다. 기업의 기술 성장을 진단하고, R&D 전략 수립 및 사업화 로드맵 수립까지 지원하는 컨설팅 기능도 강화하고 있다. 특히 최근에는 K-Startup 기술 평가 연계 보증, ESG 기반 보증 평가 등 시대적 흐름을 반영한 보증 평가 항목을 확대하면서 기술 중심 스타트업의 성장 전반을 관리하는 파트너로 진화하고 있다.

정책 자금(기보) 활용 Tip

① 기술보증기금의 보증은 단순한 사업 계획서만으로는 승인받기 어렵다. '기술력' 중심 평가가 핵심이므로 반드시 기술 설명서, 기술 자료집, 시제품 이미지나 개발 공정 설명 자료, 특허 및 지식재산권 등록증 사본 등을 함께 준비해야 한다. 특히 기술 요약서는 평가 담당자가 가장 먼저 보는 문서이므로 핵심 기술의 차별성과 활용 가능성을 명확하게 드러내는 것이 중요하다.

② 대학, 연구 기관, 공공 R&D 과제를 통해 기술을 이전받은 경우, 기술보증기금에서는 해당 기술에 대한 가점을 부여한다. 예를 들어 대학교 또는 출연 연구 기관을 통해 이전받은 원천 기술이나 공동 특허, 기술료 계약 등의 자료는 기보 평가위원들에게 기술의 신뢰도를 입증하는 강력한 증거가 된다. 이때 기술 이전 계약서, 기술 설명서, 원천 기술 개발 보고서 등을 빠짐없이 제출해야 한다.

③ 기보의 예비 창업자 보증 제도는 사업자 등록 이전 단계에서도 신청이 가능하지만, 통과 기준은 일반 창업자보다 훨씬 까다롭다. 사업 계획서 외에도 기술 검증 자료와 시장성 분석 자료, 창업자의 기술 배경(예: 석·박사 학위, R&D 이력) 등을 종합적으로 평가한다. 따라서 승인률은 낮지만, 심사를 통과할 경우 기술 창업자로서의 대외 신뢰도를 크게 높일 수 있으며, 이후 엔젤 투자나 TIPS 추천, 기술 특례 상장 준비 등에도 긍정적 영향을 미친다.

○ 신용보증재단:
창업 초기 소상공인의 '생활 밀착형 금융 파트너'

신용보증재단은 각 지역별로 설치된 비영리 공공 기관으로, 주로 소상공인, 자영업자, 청년 창업자 등을 대상으로 소규모 보증 지원을 제공하는 기관이다. 중앙정부의 정책 방향에 따라 '신용보증재단중앙회'를 통해 공통된 제도를 운영하지만, 각 지역별 재단의 운영 방침과 예산 규모에 따라 일부 차별화된 지원이 이루어지기도 한다.

신용보증재단의 가장 큰 특징은 소액 보증 중심의 운영이라는 점이다. 일반적으로 5,000만 원 이하의 소규모 정책 자금 대출에 대한 보증을 지원하며, 신용도나 담보력이 부족한 영세 창업자에게 매우 유용한 창구 역할을 해 준다. 특히, 신용보증재단의 청년창업자금, 희망플러스 특례 보증, 일자리 창출 특별 보증 등은 실질적인 자금 조달 수단으로 활용되고 있다.

지원 대상은 대부분 사업자 등록을 완료한 창업 7년 이내 기업 또는 소상공인에 해당하며, 신용 등급이 낮더라도 사업 계획의 실행 가능성과 지역 경제 기여도 등을 평가해 보증이 이뤄진다. 절차는 관할 지역의 재단을 방문하거나 '신용보증재단중앙회'의 통합 시스템을 통해 온라인 신청이 가능하다. 다만, 지자체와 연계된 보증은 신청 시기에 따라 예산 소진 여부를 사전에 확인하는 것이 중요하다.

신용보증재단은 신용보증기금이나 기술보증기금과 달리 기술 평가 중심이 아니라 상권 기반의 생계형 사업자에 초점을 맞추고 있어, 기술 스타트업보다는 프랜차이즈 창업, 음식점, 미용실, 온라인 쇼핑몰 등 일반 소비업종 창업자에게 더욱 적합하다.

이처럼 신용보증재단은 창업 초기 자금이 절대적으로 부족한 소상공인에게 가장 먼저 활용할 수 있는 현실적인 금융 지원 수단이라 할 수 있다. 특히 신용 등급이 낮거나 담보가 부족한 창업자라도 일정한 요건만 충족하면 보증을 통해 금융 기관의 대출을 연계할 수 있기 때문에 '정책 자금의 시작점'으로 활용하는 것이 전략적이다.

정책 자금(신용보증재단) 활용 Tip

① 지자체 특례 보증 활용하기
   창업 지역의 지자체와 재단이 연계한 보증 상품(청년, 소상공인 등)을 확인하면 이자 감면 보증료 혜택을 받을 수 있다.

② 사업 계획서는 간단하게, 실질 위주로 작성하기
   기술보다 운영 가능성, 수익 모델, 상권 분석 등 실질 위주의 내용을 강조하자.

③ 소액 보증부터 시작
   초기에는 2,000~5,000만 원 수준으로 시작하고, 추후 신용과 매출 기반으로 한도 확대를 노리자.

④ 신용 관리 선제적 점검
   연체나 과도한 채무 이력은 보증 심사에 불리할 수 있으므로 사전 점검이 중요하다.

⑤ 지역 창업 지원 프로그램과 연계
   소상공인시장진흥공단(소진공) 교육, 상공회의소 프로그램 등과 연계하면 심사 시 가점을 받을 수 있다.

○ 중소벤처진흥공단:
창업 기업의 스케일업을 위한 '직접 대출형 정책 자금 파트너'

중소벤처진흥공단(이하 '중진공')은 중소벤처기업부 산하 정책 금융기관으로, 신용보증기금이나 기술보증기금처럼 보증서를 발급해 주는 방식이 아닌 직접 자금을 대출해 주는 방식으로 정책 자금을 운영한다는 점에서 차별화된다. 창업 초기부터 성장기까지 기업의 단계별 수요에 맞춰 다양한 자금 지원 프로그램을 운영하고 있으며, 특히 제조업 기반, 기술 중심의 사업 모델에 강점을 가진 기업에게 유리하다.

중진공의 대표적인 제도는 청년창업자금으로, 만 39세 이하의 창업 3년 이내 기업을 대상으로 최대 1억 원까지 지원된다. 이 외에도 창업 7년 이내 기업을 위한 창업기업자금, 청년창업사관학교 졸업자를 대상으로 하는 청년전용창업자금, 그리고 재도전지원자금, 스마트공장전용자금 등 업종 및 사업 목적에 따라 다양한 맞춤형 자금을 운영하고 있다.

중진공의 정책 자금은 보증 기관을 거치지 않고 직접 심사 후 대출을 실행한다는 점에서, 상대적으로 자금 집행 속도가 빠르고 보증료가 발생하지 않는 장점이 있다. 다만, 신청을 위해서는 반드시 중진공 지역 본부를 통해 사전 상담을 받아야 하며, 기술성·시장성 중심의 평가를 통과해야 한다. 단순 서비스업이나 업력 7년 이상 기업은 신청이 어렵거나 제한을 받을 수 있으므로 사전에 자격 요건을 잘 검토할 필요가 있다.

예를 들어, 영상 콘텐츠 기반의 교육 플랫폼을 개발한 D 대표는, 플랫폼 개발 초기 자금 확보에 어려움을 겪던 중 중진공의 청년창업자금 제도를 활용하여 8,000만 원의 자금을 조달했다. 해당 자금으로 개발 인력을 확충하고, 서버 인프라를 구축하여 MVP(최소기능제품)를 완성할 수 있었고, 이후에는 전국 초·중등학교 커뮤니티를 기반으로 시장 진입에 성공했다. 현재는 후속 투자도 유치 중이며, 중진공 자금이 단순한 금융 지원을 넘어 시장 진입과 스케일업의 발판이 되었다는 점에서 의미 있는 사례로 평가된다.

정책 자금(중진공) 활용 Tip

① 직접 대출 방식이라는 점을 이해하고 접근하자. 중진공은 보증 기관을 거치지 않기 때문에 보증료가 없지만, 그만큼 자체 심사 기준이 까다롭고 사업 계획서 완성도가 중요하다.

② 청년창업자금이나 창업기업자금을 신청하려면 중진공 지역 본부에 사전 방문 상담이 필수다. 상담 시 필요한 서류(사업 계획서, 재무제표, 임대차 계약서 등)를 준비하고, 온라인 정책 자금 신청 시스템을 사전 숙지해 두면 효율적이다.

③ 단순 유통·서비스 업종은 자금 승인 가능성이 낮다. 특히 기술 기반 창업, 제조업, 디지털·플랫폼 기반 모델 등 스케일업 가능성이 있는 모델이 유리하다.

④ 중진공 자금은 연계 지원도 풍부하다. 창업 교육, 글로벌 진출, 시설 자금, 스마트 공장, 온라인 판로 지원 등과 함께 전략적으로 활용하면 자금 이상 효과를 기대할 수 있다.

⑤ 중진공 자금은 대부분 '융자 후 사후 관리'를 실시한다. 자금 집행 이후에도 목적 외 사용이나 미이행 시 불이익이 있을 수 있으므로 계획한 자금 사용 계획서를 충실히 이행하는 것이 중요하다.

중진공은 단순히 자금만 지원하는 것이 아니라, 정책 자금과 연계한 창업 컨설팅, 교육, 클러스터 입주 지원 등 다양한 후속 지원도 병행하고 있어 창업자가 자금 지원과 함께 성장 기반을 다질 수 있도록 돕는다. 창업자가 성장 단계에서 신속하고 전략적인 자금 조달이 필요할 경우, 중진공은 매우 유용한 정책 금융 파트너가 될 수 있다.

○ 기타 정책 금융 기관 활용

① 창업진흥원

창업진흥원은 중소벤처기업부 산하 창업 지원 전담 기관으로, 예비 창업자와 창업 7년 이내 창업 기업을 대상으로 무상 지원 방식의 사업화 자금을 제공하는 대표 기관이다. 융자나 보증이 아닌 정부 보조금 방식으로 지원되며, 창업 초기 자금이 부족한 창업자에게 매우 유용한 정책 금융 수단이다.

대표적인 사업으로는 '예비창업패키지'와 '초기창업패키지'가 있으며, 각각 예비 창업자와 창업 3년 이내 기업을 대상으로 평균 5,000만 원 내외의 사업화 자금을 지원하고 있다. 이외에도 창업도약패키지, TIPS 연계, 창업 리그 등 성장 단계별 연계 프로그램이 체계적으로 운영되고 있다.

창업진흥원의 사업은 일반적으로 경쟁형 공모 형태로 진행되며, 선정 이후에는 사업비 집행, 정산, 성과 관리까지 정부 보조금 사업의 일련 절차를 따른다. 창업자의 시장성 검증 능력, 계획의 구체성, 실행 역량이 평가의 핵심 요소이다.

창업진흥원은 창업 초기 단계에서 무상 지원금을 받을 수 있는 가장 대표적인 기관으로, 향후 신용보증기금, 기술보증기금, 중소벤처진흥공단 등에 연계되는 정책 금융 활용의 출발점이 될 수 있다.

💡 정책 자금(창업진흥원) 활용 Tip

① 무상 지원금이라도 경쟁률이 높고 서류·발표 평가가 중요하므로 시장성 검증 자료(수요 조사, 시제품 영상 등)를 함께 준비하면 유리하다.

② 창업 교육(온라인 포함)은 필수 조건인 경우가 많으므로 미리 이수해 두면 지원 준비 시간을 줄일 수 있다.

③ 선정 이후에는 사업비 사용 항목이 제한되므로 자금 계획을 명확히 세우는 것이 중요하다.

④ 창업진흥원은 사업화 초기 자금의 '디딤돌' 역할을 하므로 이후 신보, 기보, 중진공 등의 연계 지원 흐름을 미리 고려해 준비하자.

② 여성기업종합지원센터

여성 창업자를 위한 전용 금융 및 컨설팅 지원 기관이다. 여성기업종합지원센터는 여성 창업자를 대상으로 창업 교육, 정책 자금 연계, 창업 공간 제공, 마케팅 지원 등 다양한 지원 프로그램을 운영하는 전담 기관이다. 이 외에도 여성벤처협회, YWCA 등 민간 창업 지원 네트워크와 함께 여성 창업자의 초기 정착을 돕고 있다.

여성 기업 확인을 받은 창업자는 신용보증기금, 기술보증기금, 중소벤처기업진흥공단 등의 정책 자금 신청 시 가점 혜택을 받을 수 있으며, 일부 사업에서는 여성 기업 전용 자금이나 창업경진대회 연계형 소액 사업화 자금도 지원받을 수 있다.

여성 창업자는 초기 단계에서 이러한 전용 기관을 통해 교육, 멘토링, IR 피칭 등을 지원받고, 타 기관의 정책 자금 연계 시에도 유리한 입지를 가질 수 있다. 여성기업종합지원센터는 여성 창업자의 정책 금융 활용 전략을 보완해 주는 중요한 파트너라 할 수 있다.

💡 정책 자금(여성기업종합지원센터) 활용 Tip

① 여성 대표라면 '여성 기업 확인'을 빠르게 받고, 창진원/신보/기보 등 지원기관에 가점 대상 여부를 확인하자.

② 창업진흥원 등 다른 기관과의 중복 참여가 가능한 경우도 많으니, 일정과 조건을 사전에 파악해 두는 것이 좋다.

③ 여성 기업 간 커뮤니티를 통해 멘토링이나 정보 공유를 받는 것도 자금 활용 전략의 중요한 수단이 될 수 있다.

정부 지원 자금인 보조금과 출연 자금에 대한 이해도 있어야 자금을 효율적으로 운영할 수 있다. 스타트업은 보통 성장 단계에서 정부 자금을 지원받는다. 정부 지원 자금은 보조금과 출연 자금으로 크게 나눌 수 있다. 보조금은 정부로부터 지원받은 후 일체의 상환 의무가 발생되지 않는 순수한 지원 자금 성격이라 이해하면 된다.

스타트업 단계에서 지원하는 창업진흥원의 사업을 예를 들어 보자. '예비창업패키지(예비 창업 단계 사업화 자금)-초기창업패키지(스타트업 설립 만 3년 이내 사업화 자금)-창업도약패키지(스타트업 설립 만 3년 이상, 만 7년 이내 기업을 지원하는 사업화 자금)'로 이어지는 창업 지원 사업 패키지가 있다. 사업에 선정되면 일정 규모의 현금이 기업에 지원된다. 기업은 사업 목적에 맞게 사업 자금을 집행하면 된다. 사업이 완료된 이후, 지원 자금에 대한 상환 의무는 전혀 발생하지 않는다. 이러한 성격의 자금이 바로 정부 지원 보조금이다.

출연 자금은 주로 정부의 연구·개발 사업에 투입되는 정부 자금을 말한다. 창업 단계에서 지원되는 창업 성장 과제를 예를 들어 보

자. 중소벤처기업부(중소기업기술정보진흥원)에서는 '디딤돌-전략형-팁스'로 이어지는 창업 성장 과제를 지원한다. 이는 기술 개발에 투입되는 스타트업의 비용을 정부에서 지원하는 사업이다. 통상적으로 정부의 R&D(연구·개발) 사업의 경우, 성공 판정을 받았을 때 정부에 상환하는 비율은 10% 정도 된다. 예컨대 팁스 과제에 선정되어 2년간 5억 원의 정부 자금을 지원받은 과제가 성공으로 판정되면 5억 원의 10%인 5,000만 원을 몇 년에 걸쳐 상환해야 한다. 이와 같이 정부 출연 자금은 일부 상환의 의무가 발생한다. 물론 보증(대출)과 같이 원금을 전액 상환하는 자금보다는 매우 유리한 성격의 자금임에는 틀림없다.

 스타트업의 경우, 정부에서 지원하는 보조금과 출연 자금을 최우선 순위로 고려할 필요가 있다. 이후 부족한 자금은 우선 보증과 대출, 그리고 투자금 순으로 조달하는 것을 명심하여 자금 조달 계획 및 원칙을 수립하는 것이 좋다.

3장 핵심 포인트

구분	주요 내용	핵심 포인트
사업자 형태 선택	• 개인 사업자: 설립 절차 간단, 초기 비용 적음, 운영 유연 • 단점: 무한 책임 구조, 개인 자산 위험 노출 • 법인 사업자: 법적 책임 분리, 신뢰도·투자 유치 유리, 세제 혜택 • 단점: 설립 절차 복잡, 회계·세무 관리 부담	창업 성격·확장 계획에 따라 사업자 형태 신중히 결정
법인 전환 시점	• 정책 자금·벤처 인증·투자 유치 필요 시 • 매출 1~2억 이상으로 종합소득세 부담이 커질 때 • 고용 인원 증가로 인건비·4대 보험 관리 복잡할 때 • 거래처가 법인을 선호할 때	성장 단계 맞춰 법인 전환 고려
개인 사업자 설립 절차	• 인허가 취득(식품·위생·운송업 등) • 사업자 등록(20일 이내 세무서 신고) • 세무 유형 선택(간이 과세 vs 일반 과세) • 홈택스 온라인 등록 가능	간이 과세자는 초기 세무 부담 경감, 단 B2B·정책 자금 활용에는 불리
법인 설립 절차	• 정관 작성, 자본금 납입, 주주 명부·임원 구성 • 법인 설립 등기(온라인 가능, Start-biz 활용) • 법인 사업자 등록, 통장 개설, 인감 등록, 4대 보험 가입 • 회계·세무 체계 구축 필수	법인은 책임·신뢰·투자 유치 측면에서 유리
창업 초기 정책 자금 활용	• 신용보증기금: 일반 업종까지 폭넓게 지원 (뉴본펭귄, 퍼스트펭귄, 스타트업 네스트) • 기술보증기금: 기술·특허 기반 스타트업 특화 지원 • 신용보증재단: 소상공인·영세사업자 대상 소액 보증 • 중소벤처진흥공단: 보증 없는 직접 대출(청년창업자금 등) • 창업진흥원: 무상 지원(예비·초기창업패키지) • 여성기업종합지원센터: 여성 창업자 전용 프로그램	정책 자금은 창업 초기 자금 공백 해소의 첫 단추

스타트업 정책 금융 칼럼

"창업가 정신으로 더 나은 세상을 만들다"

창업은 단순한 경제 활동을 넘어 국가 경제와 사회 발전을 이끄는 핵심 동력이다. 혁신적인 창업가들은 새로운 가치를 창출하며 시장을 변화시키고, 생산성을 극대화하며, 고용 기회를 창출한다. 이들이 창업에 성공하기 위해서는 단순히 아이디어 개발뿐만 아니라 철저한 시장 조사, 비즈니스 모델 수립, 팀워크 구축 등 다각적인 노력이 필수적이다. 그리고 시장의 요구를 이해하고 혁신적 아이디어로 해결책을 제시해야 한다. 또한, 비즈니스 모델 캔버스나 린 스타트업 같은 도구를 활용해 시장의 요구를 빠르게 반영하고 지속 가능한 성장을 도모해야 한다. 변화하는 환경에 적응하기 위해 끊임없는 학습과 성장이 필요한 이유이다.

그러나 성공적인 창업은 이러한 열정만으로 이루어지지 않는다. 창업가 정신과 철저한 준비가 더해질 때 비로소 실현할 수 있다. 창업가 정신은 새로운 기회를 포착하고, 불확실한 상황에서도 과감히 도전하며, 창의적 혁신을 통해 시장과 사회를 변화시키는 핵심적인 역할을 수행할 수 있게 한다. 이를 잘 보여 주는 사례로 '스티브 잡스'와 '일론 머스크'를 들 수 있다.

스티브 잡스는 애플 창업자로서 디자인과 기술을 융합해 스마트폰, 태블릿, PC 등 소비자 전자 기기의 새로운 기준을 제시했다. 그의 대표작인 아이폰은 기존의 통신과 컴퓨팅 방식을 혁신적으로 재정의하며 글로벌 산업 전반에 변화를 가져왔다. 일론 머스크는 테슬라와 스페이스X를 통해 친환경 전기차와 우주 탐사라는 전혀 다른 두 영역에서 혁신을 이뤄냈다. 그의 도전은 기존 산업의 한계를 넘어 인류의 가능성을 확장하는 창업가 정신의 상징이다. 이들의 공통점은 기존의 틀을 벗어난 혁신적 사고와 과감한 실행력에 있다. 그들은 불확실성과 위험을 감수하며 창업가 정신을 실현했고, 이를 통해 새로운 시장을 창출하며 우리의 삶에 큰 영향을 미쳤다. 스티브 잡스와 일론 머스크의 사례는 창업이 개인의 성취를 넘어 국가와 세계 경제에 얼마나 긍정적인 영향을 미칠 수 있는지 잘 보여 준다. 그들의 혁신은 산업을 발전시켰을 뿐만 아니라 새로운 일자리와 경제 성장을 끌어내는 중요한 역할을 했다.

창업은 도전이지만, 동시에 기회이다. 창업가 정신으로 무장한 예비 창업가들은 과거의 사례에서 영감을 받아 새로운 도전에 나서야 한다. 창업은 더 나은 세상을 만드는 길이자, 개인과 국가의 미래를 창조하는 여정이다. 혁신적인 창업가 정신이 널리 퍼져 세상을 변화시키는 또 다른 신화가 탄생하기를 기대한다.

출처: 오경상

"

아이템을 제품으로 만들긴 했는데,
고객 반응이 어떤지 검증할 자금이 부족해요.
매출이 발생하기 전이라
투자나 대출도 쉽지 않네요.

이 단계에서는 정부의 시장 검증 자금을 활용하는 게 좋아요. 예비창업패키지, 초기창업패키지, Seed TIPS 같은 프로그램을 통해 제품·서비스를 시험하고 고객 반응을 확인할 수 있습니다. 또, 기보와 신보의 기술력 기반 보증이나 중진공 청년창업자금 같은 정책 자금을 이용하면 R&D와 시장 검증을 동시에 추진할 수 있죠."

"

제4장

사업 아이템 검증 및 초기 시장 진입

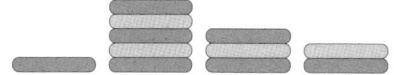

1. 시장 검증 단계의 자금 지원

창업을 준비하는 과정에서 많은 예비 창업자들은 좋은 아이디어를 갖고 있음에도 불구하고, 이 아이디어가 실제로 시장에서 통할 수 있을지 제대로 검증하지 못한 채 창업에 나서는 경우가 많다. 그러나 오늘날과 같이 경쟁이 치열한 시장 환경에서는 아이디어만으로 성공하기 어렵다. 초기 단계에서 반드시 거쳐야 하는 과정이 바로 '시장 검증 단계'이다.

시장 검증 단계란, 창업자가 보유한 아이디어나 기술 기반의 사업 아이템을 실제 고객에게 시제품(MVP: Minimum Viable Product) 형태로 제공해 시장 반응을 확인하고, 고객 피드백을 바탕으로 사업 모델을 수정하거나 보완하는 시기를 말한다. 이 과정에서 제품을 소규모로 생산하거나 간이 마케팅을 해보고, 베타 버전을 운영하거나 고객 반응을 테스트하는 등 다양한 활동이 필요하다.

문제는 이 시기에는 아직 본격적인 매출이 발생하지 않으므로 민간 투자 유치가 어렵고, 은행에서의 대출도 거의 불가능하다는 데 있다. 특히 예비 창업자나 청년 창업자의 담보나 신용의 부족은 자금 조달의 가장 큰 장벽으로 작용하곤 한다.

이를 해결하기 위해 정부는 이른바 '시장 진입 전 자금 사각지대'를 메우기 위한 시장 검증 단계 특화 정책 자금 프로그램을 운영한다. 이들 프로그램은 주로 시제품(MVP) 개발, 고객 반응 실험, 초기 프로토타입 제작, 피벗을 위한 실험 등 자금 사용처가 유연하게 인정되며, 창업자로 하여금 실질적인 사업 준비를 할 수 있게 지원하는 특징을 갖는다.

또한 창업자의 성장 단계에 따라 자금 지원 기관과 방식도 다르다. 창업 이전 단계에서는 창업진흥원의 '예비창업패키지'가 대표적이며, 창업 직후 1~3년 이내에는 초기창업패키지나 Seed TIPS, 중소벤처기업진흥공단의 청년창업자금과 같은 제도가 활용될 수 있다. 기술 기반의 경우, 기술보증기금의 기술창업성장보증 프로그램을 통해 시장 반응 검증을 위한 자금 조달이 가능하다. 신용보증기금은 스타트업 네스트 보증, 청년창업 우대보증 등의 지원 상품이 있다. 이외에도 각 지역 신용보증재단에서는 소규모 보증 연계 자금을 통해 소상공인의 시장 테스트 비용을 지원하고 있다.

이처럼 시장 검증 단계의 정책 자금은 단순한 자금 조달의 의미를 넘어 실제 고객과 시장을 만나는 데 필요한 최소한의 실험 비용을 마련하고, 나아가 사업의 방향성과 생존 가능성을 조기에 확인할 수 있는 기회를 제공한다.

이러한 정책 자금이 구체적으로 어떤 기관을 통해, 어떤 방식으로 지원되고 있는지를 기관별로 구분해 살펴보자.

창업진흥원(KISED): 초기창업패키지

창업진흥원의 초기창업패키지는 창업 후 3년 이내의 기업을 대상으로 사업화 자금을 지원하는 대표적인 프로그램이다. 최대 1억 원 규모의 자금이 제공되며, 시제품 고도화, 시장 반응 분석, 초기 마케팅 실험과 같은 시장 검증 단계 활동에 유용하다. 또한, 창업선도대학, 창조경제혁신센터 등 전담 주관 기관과의 연계를 통해 멘토링, 교육, 비즈니스 네트워크 지원이 함께 이루어진다.

초기창업패키지 활용 Tip

e스포츠 코칭 플랫폼 '게임PT'

'게임PT'는 프로게이머 출신인 홍 대표가 설립한 e스포츠 코칭 플랫폼이다. '게임'이 아닌 '게이머'에 집중한 서비스로, 초등학생부터 성인 게이머까지 대상 맞춤형 코칭을 제공한다.

- 2022년 5월 예비창업패키지 선정
- 2022년 11월 게임PT 베타 서비스 론칭
- 2023년 5월 초기창업패키지 선정(1억 지원)

초기창업패키지, 이렇게 받는다-게임PT의 실제 경험

① 서류 준비와 차별화 요소 구성

게임PT 홍 대표는 먼저 예비창업패키지에서 얻은 성과와 데이터를 활용해 문서를 정리했다. 기존에는 아이디어만 있었지만, '얼마나 됐다'를 보여 주는 '베타 테스트 지표(조회 수, 가입자 수 등)'와 향후 예상 지표를 숫자로 예측한 계획서를 준비했다. 이처럼 경쟁률 높은 지원서에서 중요한 것은 구체적 사실과 예측 숫자였다.

② 1차 합격-서류 심사 통과

이렇게 준비된 사업 계획서는 창업진흥원의 1차 서류 전형을 통과했다. 서류 기반으로 창업 아이템의 완성도, 실행력, 시장성 등을 평가받은 결과, 게임PT는 2023년 초기창업패키지에 공식 선정되었다.

③ 2차 발표 및 인터뷰 심사

서류 심사 이후에는 '창업 선도 대학이 주관하는 발표 심사(IR 피칭)'가 진행됐다. 홍 대표는 '얼마나 됐다'와 '얼마나 될 것이다'를 명확히 담은 프레젠테이션으로 참가 심사위원들의 이해도를 높였다. 그 결과, 초기창업패키지 우수 기업으로 선발되어 IR 피칭에서 수상의 영예도 얻었다.

④ 실행 협약 및 자금 수령

선정된 기업들은 최대 1억 원의 사업화 자금을 받게 된다. 게임PT는 이 자금을 통해 프로토타입 고도화, 인력 채용, 레벨PT 도구 개발, 베타 고객 모집과 초기 마케팅 실행 등을 수행했다.

⑤ 연계 서비스 및 네트워크 활용

초기창업패키지는 자금만 주는 것이 아니다. 창업 선도 대학의 멘토링 프로그램, 창업 지원 기관 연계, IR 데모 데이 참여 기회 등을 함께 제공한다. 게임PT는 이를 적극 활용해 '투자 유치(시드 투자)'와 크래프톤 공식 e스포츠 파트너 연계, 신보 '리틀펭귄' 선정 등 추가 지원을 받았다.

출처: FOUNDERS

중소벤처기업부/창업진흥원: Seed TIPS (시드팁스)

민간 액셀러레이터(AC)의 추천을 받은 유망 기술 창업팀을 대상으로, 정부가 최대 1억 원의 자금을 매칭해 주는 대표적인 투자 연계형 시장 검증 지원 프로그램이다. 민간이 먼저 선투자(보통 수천만 원)를 한 유망팀을 발굴하면, 정부가 이를 근거로 시장성, 기술성, 사업화를 검증하기 위한 자금을 지원하는 구조다(시드팁스 기본 구조, 운용사 1억 원 이상 투자, 정부 매칭 사업화 자금 5,000만 원).

기술 기반 스타트업을 준비하고 있고, 이미 소규모 민간 투자를 유치했거나, 액셀러레이터(AC)로부터 추천을 받을 수 있는 역량을 갖춘 팀이라면 Seed TIPS는 유리한 선택이다. 단순한 지원금이 아닌, 시장 반응 검증 → 제품 고도화 → 초기 고객 확보 → 후속 투자 유치까지 이어지는 스타트업의 성장 흐름을 염두에 둔 창업자에게 적합하다.

 정책 자금(Seed TIPS) 활용 Tip

① 민간 액셀러레이터(AC)의 선발 및 투자

기술 기반 스타트업 E사는 AI 기반 외국어 발음 코칭 솔루션을 개발 중이었다. 자체 개발한 시제품(MVP)으로 베타 테스트를 진행한 결과, 사용자 반응이 긍정적이었고, 이를 근거로 스타트업 액셀러레이터 A사에 IR 피칭을 진행했다.

A사는 1억 원 규모의 시드 투자를 결정하고, Seed TIPS 추천서를 발급했다.

② 창업진흥원에 Seed TIPS 신청

E사는 추천서를 바탕으로 Seed TIPS 신청서를 창업진흥원에 제출했다. 이 과정에서는 기술력과 시장성, 팀 구성, 비즈니스 모델의 확장 가능성 등이 종합적으로 평가된다.

③ 선정 및 자금 지원

Seed TIPS에 선정된 E사는 정부로부터 5,000만 원 규모의 기술 검증 및 시장 검증 자금을 지원받았다. 이 자금은 개발 인력 인건비, 베타 서비스 운영, 고객 피드백 수집 및 개선 작업 등에 활용되었다.

④ 후속 투자 및 사업 확장
시장 검증을 마친 이후, E사는 사용자 수 3만 명 돌파, 언론 보도, 긍정적 피드백 등을 기반으로 시리즈 A 투자 유치에도 성공하였다. 현재는 영어뿐만 아니라 스페인어, 프랑스어 등으로 서비스를 확대 중이다.

기술보증기금: 기술창업성장지원 프로그램 (창업 R&D 연계 보증 등)

기술 기반 예비 및 초기 창업자가 MVP(최소기능제품)나 시제품을 개발하고, 실제 시장 반응을 실험할 수 있도록 돕는 기술 평가 기반 보증 제도다.

보통 3억 원 내외의 보증서를 발급하며, 이를 통해 시중 은행에서 자금 대출을 연계받을 수 있다. 단순 자금 공급이 아닌 기술성+사업성+시장성을 함께 평가하는 구조로, 시장 진입 초기 단계의 기술 창업자에게 매우 실용적인 금융 지원 수단으로 다음과 같은 창업자에게 유리하다.

① 기술 기반 아이템을 가지고 있지만 아직 시장 출시 전 단계에 있는 예비 또는 초기 창업자
② 민간 투자 유치보다는 기술 평가 기반의 보증 지원을 통해 MVP 개발 및 시장 검증을 하고자 하는 경우

신용보증기금: 스타트업 네스트, 청년창업자 우대보증

신용보증기금은 창업 아이템의 시장성이나 창업자의 경력 및 공모전 수상 이력 등을 기반으로, 아이디어 수준에서의 창업을 가능하게 해 주는 보증 제도를 다수 운영하고 있다.

특히 시장 검증 초기 단계에서는 예비창업자보증을 통해 최대 1억 원 내외의 보증을 제공하며, 보증 비율 100%, 보증료율 0.5~1.0% 수준으로 초기 부담을 낮춘다. 신보의 프로그램은 시장 검증·BM 구축 단계 스타트업(스타트업 네스트를 통해 보증+컨설팅·투자 연계까지 한 번에 지원 가능), 담보 부족 초기 기업(무담보 보증으로 자금 조달 가능, 창업 초기 부담 완화) 등의 창업자에게 유리하다.

신보 스타트업 네스트 활용 Tip

주거용 부동산 디지털 플랫폼 '내방니방'

'내방니방'은 스타트업 네스트 15기로 최종 선정된 스타트업이다. 이 기업은 주거용 부동산 위탁 관리 및 공간 브랜딩을 디지털화하는 플랫폼을 개발했다.

① 선정 배경

내방니방은 '공간 브랜딩과 운영 관리의 디지털 SaaS 솔루션'으로, 틈새시장을 정밀하게 공략할 수 있는 사업 모델을 보유하고 있었다.

② 지원 내용

스타트업 네스트에 선정되면서 맞춤형 신용 보증, 민간 투자 유치 연계, 해외 진출 지원, 그리고 광고·마케팅·IR 컨설팅 등 융·복합 성장 패키지를 받게 되었다.

③ 지원 효과

이 프로그램을 활용하여 내방니방은 프리 A 단계 투자 유치 성공, 플랫폼 고도화, 제휴 확대, 글로벌 진출 발판 마련 등에 속도를 붙일 수 있었다.

※ 왜 스타트업 네스트인가?
- 비즈니스 모델을 사업화로 전환하려는 초기 성장 스타트업에 적합
- 단순 금융 지원이 아닌, 금융(신용 보증), 투자, 글로벌 진출, 마케팅, 네트워킹 등 원스톱 지원 패키지 제공
- 경쟁률이 높지만 AC 추천이나 기술력을 보유한 혁신 기업에게는 확실한 도약 기회 ♪

기타 초기 창업자 활용 정책 자금

○ **중소벤처기업진흥공단**
(청년창업자금-시장 진입 초기 지원 포함)

청년 예비 창업자 또는 창업 초기 3년 이내 기업에 대해 보증 없이도 직접 자금(수천만 원~1억 원 내외)을 대출해 주는 제도다. 특히 시장 진입 전 단계의 개발비, 마케팅 실험, 고객 인터뷰, 외주 개발 등에 자금을 활용할 수 있으며, 1~2년 거치 후 분할 상환할 수 있어 현금 흐름 확보에 유리하다.

○ **신용보증재단(예비창업자/청년창업 보증)**

신용보증재단이 중기부와 지자체와 협력하여 제공되는 보증 제도로, 창업 전 단계 또는 창업 초기 소규모 사업자에게 3,000만~1억 원 규모의 창업 자금 대출 연계 보증을 제공한다. 시장 검증용 시제품 제작비, 인테리어, 간이 마케팅 활동 등에 유용하며, 일부 지역은 '이차보전(이자 지원)'도 함께 제공된다.

2. 비즈니스 모델 고도화와 R&D 지원 제도

창업자는 시장 검증 과정을 거쳐 일정 수준의 고객 반응과 실행 가능성을 확보한 뒤, 다음 단계로 '비즈니스 모델 고도화'에 진입하게 된다. 이 단계는 단순히 아이디어를 검증하는 수준을 넘어 기술력, 제품 완성도, 생산 체계, 서비스 품질, 마케팅 전략 등 전반적인 사업 구조를 정비하는 과정이다. 특히 기술 기반 창업자의 경우, '제품 고도화를 위한 기술 개발(R&D)'과 지식재산(IP) 확보, 조직 내 시스템화, 후속 투자 연계가 동시에 필요하다. 하지만 이런 과정은 대부분 높은 비용과 시간을 요구하므로 정부는 창업 기업의 고도화 단계를 지원하기 위한 다양한 정책 자금과 R&D 프로그램을 마련하고 있다.

비즈니스 모델 고도화 및 기술 개발(R&D) 단계에서 활용할 수 있는 주요 제도들에 대해 구체적으로 살펴보자.

창업성장기술개발사업
(중소기업기술정보진흥원, 약칭 기정원)

시장에 첫발을 내디딘 창업 기업이 본격적으로 성장하기 위해서는 단순히 제품이나 서비스를 출시하는 데 그치지 않고, 기술력 고도화와 제품 경쟁력 강화라는 과제가 반드시 따른다. 특히 기술 기반 창업의 경우, 개발 초기에는 시장 반응을 확인하기 위한 MVP(최소기능제품) 수준에 머무는 경우가 많다. 하지만 실제 매출을 발생시키고 투자자를 설득하기 위해서는 제품을 더 정교하게 다듬고, 양산 가능성을 검토하고, 고객이 체감할 수 있는 기능 향상까지 이뤄야 하는데, 이 과정에서 막대한 시간과 자금이 필요하다.

이를 위해 정부는 중소벤처기업부를 통해 '창업성장기술개발사업'이라는 대표적인 R&D 자금 지원을 운영하고 있다. 이 사업은 창업 7년 이내의 기술 창업 기업을 대상으로 연간 최대 2억~3억 원 규모의 R&D 자금을 지원하며(단, 실제 사업은 여러 세부 과제(예: 디딤돌, 전략형 등)로 나뉘어 시행), 기술 개발과 제품 고도화를 통해 실험실 수준의 아이디어를 실제 시장에 유통 가능한 제품으로 전환할 수 있도록 도와주는 프로그램이다. 지원 분야는 다양하다.

예컨대, 프로토타입을 양산 가능한 시제품 수준으로 끌어올리기 위한 성능 개선, 디자인 정비, 기능 추가, 제조 공정 설계 등 제품 설계 고도화 전반에 활용할 수 있다. 또한 기술력을 바탕으로 한 마케팅 실험, 시험 인증 절차, 품질 안정화까지도 지원 범위에 포함되어 있어, 스타트업이 제품의 '완성도'를 높이고 다음 투자 단계로 나아가는 데 실질적인 디딤돌이 된다.

이 사업은 창업진흥원 또는 K-startup 홈페이지에서 연 1~2회 공고하며, 중소기업기술개발사업 종합관리시스템(www.smtech.go.kr)에서 신청할 수 있다. 1차 서면 심사 후 2차 발표 평가로 진행된다.

 창업성장기술개발사업 활용 Tip

서울에서 창업한 'A펫케어'는 반려동물의 건강을 관리할 수 있는 웨어러블 헬스케어 디바이스를 개발하고 있던 초기 스타트업이었다. 창업 초기에는 '초기창업패키지'를 통해 자금을 마련해 프로토타입을 제작했고, 이를 기반으로 시장 반응 테스트도 진행했다. 하지만 A펫케어가 직면한 문제는 바로 제품의 정확도에 있었다. 센서를 통한 건강 데이터 수집의 정확도가 낮으면, 반려동물의 건강 이상 신호를 조기에 감지하는 데 한계가 있었고, 소비자 신뢰 확보에도 걸림돌이 되었다.

이때 A펫케어는 '창업성장기술개발사업'에 도전하기로 했다. 제품 성능 고도화를 목표로 한 R&D 과제를 제출했고, 센서 정확도 향상, 분석 알고리즘 개선, 무선 통신 최적화 등을 개발 목표로 제시하였다. 심사에서는 "시장 검증을 이미 완료했고, 고객 수요가 명확하다"는 점과 "기술 개발 목표가 구체적이며, 실현 가능성이 높다"는 점이 높게 평가되었다. 결과적으로 약 2억 5,000만 원 규모의 R&D 자금을 확보할 수 있었고, 이 자금을 통해 센서 정확도를 30% 이상 개선하는 데 성공하였다.

제품 고도화 이후, A펫케어는 반려동물 전문 쇼핑몰, 동물병원 프랜차이즈 등과 제휴를 체결했고, 전국 유통망을 확보하며 월 매출 1억 원 이상을 기록하는 성장 궤도에 진입하였다. 또한, 제품 기능이 명확해진 덕분에 국내 벤처 캐피탈로부터 시리즈 A 투자도 유치할 수 있었다.

신용보증기금 뉴본펭귄 보증

창업 후 일정 수준의 시장 검증을 마친 기술 기반 창업자들이 다음 단계로 도약하기 위해서는 제품·서비스의 기술 완성도를 높이고, 이를 통해 본격적인 시장 진입을 준비하는 과정이 필수적이다. 특히 시제품(MVP) 개발 이후 기능 고도화, 현장 테스트, 품질 안정성 확보 등의 R&D 활동에는 상당한 자금이 소요되지만, 이 시기는 수익이 충분히 발생하지 않는 만큼 민간 투자를 받기 어렵고 일반 대출도 쉽지 않다.

이러한 '투자 전 공백 구간'을 채우기 위해 신용보증기금은 '뉴본펭귄 보증'이라는 정책 금융 상품을 도입했다. 이 보증 제도는 창업 5년 이내의 기술 창업 기업을 대상으로 최대 10억 원 이내의 자금을 은행 대출을 통해 조달할 수 있도록 보증을 제공한다. 보증 비율은 100%

이며, 보증료율도 0.5% 내외로 낮게 책정되어 있어 자금 조달에 대한 부담을 최소화할 수 있다.

'뉴본펭귄(Newborn Penguin)'이라는 이름은 신보의 대표 스타트업 지원 프로그램인 '퍼스트펭귄 보증'에서 비롯된 개념이다. '퍼스트 펭귄'은 무리 중 가장 먼저 물속에 뛰어드는 펭귄처럼 과감하게 도전하는 창업자를 의미하며, 신보가 기술력과 성장 가능성이 탁월한 창업자에게 최대 40억 원까지 보증을 제공하는 대표 상품이다. 그런데 이 퍼스트펭귄 보증의 상징성과 브랜드 인지도가 높아지면서, 신보는 퍼스트펭귄이 되기 직전 단계에 있는 초기 창업자, 즉 '막 물속으로 뛰어들 준비를 하는 펭귄'에게도 특화된 지원이 필요하다고 판단해 '뉴본펭귄'이라는 이름의 상품을 새롭게 출시하였다.

뉴본펭귄 보증은 기술력은 있으나 민간 자금 조달까지 시간이 필요한 초기 스타트업이 R&D와 시장 진입을 병행할 수 있도록 실질적인 도약의 발판을 제공하는 제도다. 특히 퍼스트펭귄 보증의 전 단계이자, 기술 기반 스타트업의 '시장 진입 직전 고비'를 넘길 수 있는 안전망으로서 창업자들에게 매우 유용한 정책 금융 수단이라 할 수 있다.

그림 4.1 신용보증기금 보증 지원 절차

출처: 신용보증기금

표 4.2 신보 뉴본펭귄보증 주요 내용

항목	내용
지원 대상	창업 5년 이하, R&D 중심 기술 기업
보증 한도	최대 10억 원
주요 특징	연구 개발 중인 기술 창업자에게 100% 보증, 저보증료로 자금 확보 기회 제공
활용처	시제품 완성, 인증 준비, 내구성 테스트 등 성장 전 단계의 기술 완성
기타 장점	기술 완성 + 시장 진입 기반을 동시에 마련해야 하는 스타트업에 최적

 신보 뉴본펭귄 보증 활용 Tip

스마트 농업 로봇 기입 '그린봇'의 도전과 도약

대전 지역에서 농업 기술 분야에 몸담고 있던 이 대표는, 스마트팜에 최적화된 자율주행 농업 로봇을 개발하며 창업을 준비하고 있었다. 이 로봇은 병충해 감지 센서와 자동 급수 시스템, 경로 최적화를 기반으로 한 자율주행 기능을 갖춘 혁신적 제품이었지만, 시장에 출시하기 위해선 고도화된 기술 개발과 실증 테스트, 인증 비용 등 상당한 자금이 필요했다.

문제는 '초기 자금 조달'이었다. 창업 1년 차에 불과한 기업이었기에 매출 실적이 거의 없었고, 민간 투자 유치도 시기상조였다. 은행 대출 역시 담보가 없다는 이유로 거절당하자, 이 대표는 막막함을 느끼던 중 신용보증기금의 뉴본펭귄 보증 제도를 알게 되었다. 뉴본펭귄 보증은 퍼스트펭귄 창업 기업처럼 잠재력 있는 초기 기업을 대상으로 한 육성형 보증 프로그램으로, 최대 10억 원 한도 내에서 3년간 성과 로드맵에 따라 단계적으로 자금을 지원받을 수 있는 제도다. 특히 1년 차에는 최대 6억 원까지 보증 지원이 가능하여, 창업 초기에 큰 폭의 자금 투입이 필요한 기업에게 매우 유리한 구조였다.

이 대표는 대전에 소재한 신보 스타트업 지점에 사업 계획서와 기술 설명 자료, 시장 검증 결과 등을 제출하고 뉴본펭귄 보증을 신청했다. 신보는 기술성, 시장성, 성장성에 대한 평가를 바탕으로 1차 연도에 6억 원 규모의 보증을 승인했고, 이 대표는 해당 보증서를 활용해 시중 은행에서 무담보 자금을 확보할 수 있었다.

이 자금은 센서 정밀도 개선, 시제품 고도화, 농장 테스트, 제품 인증 등 실질적인 상용화를 위한 핵심 비용으로 사용되었고, 그 결과 제품의 완성도가 크게 향상되었다. 특히, 테스트에 참여한 충청권 스마트팜 농장들로부터 호평을 받아 20여 개 농장과의 납품 계약을 체결할 수 있었고, 농촌융복합산업 인증도 함께 확보할 수 있었다. 이후 이 대표는 뉴본펭귄 보증의 2년 차 후속 자금 지원과 동시에 프리 시리즈 A 투자도 유치하여 본격적인 성장 궤도에 진입하게 되었다.

"창업 초기에 이렇게까지 큰 자금을 보증받을 수 있으리라고는 상상도 못 했어요. 특히 신보가 연차별 성장 계획에 따라 단계적으로 자금을 지원해 주니, 단기 성과에 급급하지 않고 기술 고도화에 집중할 수 있었던 게 가장 큰 도움이 됐습니다."

'그린봇'의 사례는, 기술력은 있지만 매출과 담보가 부족한 초기 기업에게 뉴본펭귄 보증이 얼마나 실질적인 성장 발판이 될 수 있는지를 잘 보여 준다. 특히 뉴본펭귄 보증은 스타트업의 "탄생을 의미하는 첫걸음"이라는 상징성도 갖고 있어, 퍼스트펭귄 육성의 전초 단계로서 주목받고 있다.

○ 기술보증기금의 기술평가 기반 보증

기술 창업자들이 시장의 초기 반응을 확인한 이후 본격적인 사업화를 추진하려면, 무엇보다도 제품이나 서비스의 기술 완성도를 높이는 과정이 필요하다. 특히 기술 기반 스타트업에게 있어 이 단계는 단순한 기능 구현을 넘어 정밀도 개선, 성능 최적화, 안전성 확보, 사용자 환경(UI/UX) 개선 등 제품 상용화를 위한 마지막 고비라고 할 수 있다. 그러나 이처럼 기술 고도화에 필요한 자금은 일반적인 민간 투자로는 조달이 쉽지 않다. 수익 창출 이전의 R&D 단계는 외부 투자자 입장에서도 리스크가 크고, 담보나 실적이 부족한 창업자에게 금융 기관의 문턱은 여전히 높기 때문이다.

이러한 현실적 어려움을 해소하기 위해, 기술보증기금(기보)은 기술평가 기반 보증이라는 제도를 운영하고 있다. 이 제도는 창업 기업의 담보 능력이나 매출 실적보다는 기술 그 자체의 경쟁력과 성장 가능성을 평가해 자금 조달을 지원하는 구조다. 기보는 자체 개발한 정량·정성 기술 평가 시스템을 활용해 기업이 보유한 기술의 독창성, 사업 모델의 실현 가능성, 향후 시장 성장성 등을 종합적으로 판단한 후 보증 한도와 조건을 결정한다.

이 제도의 가장 큰 장점은, 기술력이 인정된다면 담보가 없어도 자금을 확보할 수 있다는 점이다. 실제로 보증 한도는 보통 3억 원 내외이며, 기업의 기술 수준과 자금 소요에 따라 탄력적으로 조정된다. 보증 비율 역시 최대 95%까지 가능하며, 기술보증기금이 중소기업을 대신해 은행에 지급 보증을 함으로써 시중 은행에서도 보다 적극적인 대출 실행이 가능해진다.

기보의 기술평가 기반 보증은 특히 다음과 같은 상황에 있는 창업 기업에게 적합하다. 제품/서비스의 시장 초기 반응은 긍정적이지만, 기술 완성도를 높여야 시장 확장을 본격화할 수 있는 경우, 민간 투자 유치까지는 시간이 걸리지만, 그 중간 단계에서 브릿지 자금이 필요한 경우, 기술력은 인정받았지만 담보나 자산이 부족해 일반 대출이 어려운 경우 등이다.

또한 이 제도는 기술보증기금의 창업성장지원보증, 창업 R&D 연계보증, 기술혁신형 보증 등 다양한 세부 프로그램과 연계되어, 기업의 단계별 기술 성장 경로에 맞춰 맞춤형 보증이 가능하다는 점에서도 매우 유용하다.

그림 4.2 기술보증기금 기술 창업 지원 체계도

출처: 기술보증기금

결국 기술보증기금의 기술평가 기반 보증은 단순한 자금 수단을 넘어 기술 창업자의 가능성에 투자하는 금융 시스템이라 할 수 있다. 기술 기반 스타트업들이 자신의 기술을 현실화하고, 시장에 진입하며, 투자자와 협업할 수 있는 기회를 마련하는 데 있어 매우 실질적인 도움이 되는 제도다.

표 4.2 기보 기술평가 기반 보증 주요 내용

구 분	내 용
지원 대상	창업 7년 이내의 기술 기반 창업 기업으로, 시장 검증 이후 기술 고도화 단계에 있는 기업
지원 방식	기업의 기술성·사업성·시장성에 대한 평가를 통해 보증을 제공하여 은행 대출을 연계
보증 한도	평균 3억 원 내외(기업 상황에 따라 조정 가능)
보증 비율	최대 95% 수준
기타 장점	창업성장지원보증, 창업 R&D 연계보증, R&D보증, IP-R&D보증, 기술 수요 정보(RFT) 구축 및 고도화 사업 등 다양한 기술보증기금 프로그램과 연계 가능

 기보 기술평가 기반 보증 활용 Tip

스마트 에너지 관리 솔루션 기업 'OO센스'

경기도 성남시에 본사를 둔 스타트업 'OO센스'는 창업 4년 차의 에너지 테크 기업이다. 이 회사는 IoT 센서를 활용해 건물 내 전력 사용을 실시간으로 분석하고, AI 알고리즘으로 에너지 소비를 최적화하는 솔루션을 개발해 왔다. 이미 몇몇 중소형 건물과 시범 사업을 진행하며 제품 가능성을 확인했지만, 더 넓은 시장 진출을 위해서는 제품의 정밀도 향상, 안정성 테스트, 인증 획득 등 추가 기술 개발이 필요한 상황이었다.

문제는 자금이었다. 매출이 일부 발생하고 있었지만 본격적인 시장 진입을 위한 기술 고도화에는 수억 원의 개발 자금이 요구되었다. 민간 투자자들은 실증 및 상용화 이후의 단계에 관심을 보였고, 은행 대출은 담보 부족과 수익성 부족으로 어려웠다.

이때 OO센스는 기술보증기금의 기술평가 기반 보증 프로그램을 활용했다. 기보는 에코센스의 기술성과 시장성을 종합 평가한 뒤, 총 3억 원 규모의 보증을 승인해 주었고, 이를 바탕으로 OO센스는 시중 은행에서 자금을 조달할 수 있었다.

확보한 자금은 AI 알고리즘 정밀도 개선, 대규모 데이터 수집 장비 구축, KS 인증 획득 등에 활용되었고, 그 결과 1년 만에 국내 대기업 계열 에너지 관리 기업과 20억 원 규모의 공급 계약을 체결하게 되었다. 이 과정에서 기술보증기금의 기술 보증이 기업의 성장 과정에서 브릿지 역할을 했다는 평가를 받는다. 대표자는 보증 지원을 받고 다음과 같이 이야기한다.

"시장에서 고객사들이 요구하는 수준의 기술 신뢰도를 확보하기까지는 많은 자금과 시간이 필요합니다. 기보의 기술평가 기반 보증 덕분에 중간 단계를 안정적으로 넘길 수 있었고, 이후 투자 유치에도 훨씬 유리해졌습니다."

4장 핵심 포인트

구분	주요 내용	핵심 포인트
시장 검증 단계 자금 지원	• 아이디어를 시제품(MVP)으로 만들어 고객 반응 확인 • 매출 발생 전이라 민간 투자·대출 어려움 • 정부는 시장 진입 전 사각지대 해소 위해 특화 자금 지원	'시장 검증'은 초기 창업의 필수 단계, 정책 자금이 마중물 역할
창업진흥원	• 예비창업패키지: 창업 전 단계 지원 • 초기창업패키지: 창업 1~3년 내 기업, 최대 1억 지원-SEED TIPS: 민간 AC 추천 기반, 정부 매칭 투자 • 멘토링·네트워크·데모데이 연계	창업 초기 맞춤형 '패키지형 지원'
기보/신보	• 기보: 기술창업 성장 보증, 기술평가 기반 보증 • 신보: 스타트업 네스트, 청년창업 우대보증, 뉴본펭귄 보증 • 무담보·저보증료 구조, 투자·컨설팅 연계	기술력 기반 보증, 무담보 지원으로 'R&D~시장 검증' 연결
중진공/ 신용보증재단	• 중진공: 청년창업자금, 보증 없는 직접 대출 • 신용보증재단: 소규모 보증, 시제품 제작·테스트 지원	지역·청년층에 특화된 창업 지원
비즈니스 모델 고도화 (R&D)	• 시장 검증 이후에는 기술·제품 고도화 필요 • 창업성장기술개발사업: 창업 7년 이내, 연간 2~3억 R&D 지원 • 구매조건부 기술개발사업: 납품·수요 기관 연계형 개발 • IP·R&D 연계, 품질 안정화, 인증 지원	'R&D → 시장 진입 → 후속 투자' 연계 구조 마련

스타트업 정책 금융 칼럼

'의대 쏠림 현상', 대한민국의 미래는 안전한가?

최근 수험생들이 의대 지원에 몰리는 현상이 두드러지고 있다. 안정적인 직업을 선호하는 경향으로 볼 수도 있지만, 이는 국가 차원에서 심각한 문제를 초래할 수 있다. 과학 기술 강국으로 도약해야 하는 대한민국이 이공계를 외면하고 의료계로 쏠리는 현상은 국가 경쟁력을 저하시킬 우려가 크다.

창의적인 연구와 혁신이 필요한 산업 분야에서 우수한 인재들이 줄어드는 현실은 우리 교육이 해결해야 할 중요한 과제다. 단순히 안정적인 직업을 갖는 것이 아니라, 사회적 가치를 창출하고 새로운 기회를 개척하는 인재들이 필요하다. 이를 위해 '창업가 정신(Entrepreneurship)' 교육이 강조되어야 한다.

창업가 정신은 단순한 창업 기술이 아니라, 변화와 혁신을 이끄는 핵심 요소다. 성취 욕구, 혁신성, 진취성, 위험 감수성과 같은 특성은 창업뿐만 아니라 모든 직업에서 필수적이다. 사회의 다양한 분야에서 창업가 정신을 갖춘 인재는 문제를 해결하고 새로운 가치를 창출할 수 있다.

미국의 '카우프만 재단(Kauffman Foundation)'은 창업가 정신 교육의 중요성을 인식하고, 이를 통해 미국의 프론티어 정신(Frontier Spirit)을 계승하는 데 집중해 왔다. 이곳에서는 창업가 정신 함양 교육 프로그램을 운영하며, 청소년과 대학생들에게 창업가적 사고방식을 키우는 다양한 지원을 제공한다. 특히, 스타트업 생태계 구축을 목표로 교육뿐만 아니라 연구, 정책 개발, 창업 지원까지 아우르는 포괄적 접근 방식을 취하고 있다. 이러한 노력 덕분에 미국은 글로벌 창업 강국으로 자리 잡았으며, 청년들이 단순 취업이 아닌 창의적 도전과 혁신을 꿈꿀 수 있게 되었다.

우리나라에서도 이러한 정책적 접근이 필요하다. 현재 일부 대학과 기관에서 창업 교육을 시행하고 있지만, 중·고등 교육 과정에서 체계적인 창업가 정신 교육은 부족한 실정이다. 정부와 교육계가 협력하여 창업가 정신을 필수 교육 요소로 포함하고, 창의적 문제 해결 능력과 도전 정신을 기를 수 있는 기회를 제공해야 한다.

청소년들이 높은 연봉만을 목표로 의대에 진학하는 것이 아니라, 더 큰 비전과 도전 정신을 품고 사회적 가치를 창출하는 길을 선택하도록 해야 한다. 창업가 정신을 갖춘 인재들이 많아질 때, 대한민국은 글로벌 혁신을 선도하는 국가로 자리매김할 수 있다. 지금이야말로 창업가 정신을 강화하여 국가 경쟁력을 높일 전략을 고민해야 할 때다.

출처: 오경상

제5장

초기 운영 자금과
매출확대 전략

> 막 매출이 생기려고 하는데, 운영 자금이 부족해서 걱정이에요. 앞으로 매출을 더 늘리려면 어떤 방법이 있을까요?

> 초기에는 정책 자금과 민간 투자를 적절히 조합하는 게 중요합니다. 중진공의 창업초기지원자금 같은 무담보 정책 자금으로 기본 운영 자금을 확보할 수 있고, Pre-Seed나 Seed 단계 투자를 통해 성장 자금을 마련할 수도 있죠. 또 와디즈 같은 크라우드 펀딩은 자금 조달과 동시에 소비자 반응을 확인하는 효과가 있어요. 여기에 정부 R&D 자금이나 클라우드 바우처를 활용하면 비용 절감과 기술 신뢰도 확보까지 가능해집니다.

1. 매출 발생 전: 자금 공백을 메우는 준비 단계

창업 초기 기업에 있어 가장 큰 어려움 중 하나는 '운영 자금의 공백'이다. 특히 제품 출시나 서비스 개시 이전, 매출이 발생하지 않는 시점에서 발생하는 고정비(임대료, 인건비, 시제품 제작비 등)는 자칫 자금난으로 연결될 수 있다. 따라서 매출이 본격적으로 발생하기 전, 단계별로 어떤 자금 조달 방식을 선택할지에 대한 전략적 접근이 필요하다.

창업 초기에 제품 출시 전까지는 매출이 거의 없거나 아예 없는 상태가 지속된다. 이 시기에 필요한 자금은 대부분 임대료, 인건비, 시제품 개선비, 법률·특허 출원비, 마케팅 초기 비용 등 '현금 유출 중심'이므로 이에 대응하는 전략이 필요하다.

창업 맞춤형 융자 제도 활용

제품이 아직 시장에 출시되지 않았고 매출 발생 전 단계에 있는 창업자라 하더라도, 정부는 일정 요건을 갖춘 경우 정책 자금을 통해 운전 자금 및 시설 자금을 지원하고 있다. 대표적인 제도가 중소벤처진흥공단의 '창업기업지원자금'이다. 이 자금은 창업 7년 이내의 기업을 대상으로 하며, 그중 '창업초기지원자금'은 특히 창업 3년 이내 기업의 사업화 준비, 마케팅 비용, 인건비 등 초기 운영 자금 확보에 효과적으로 활용될 수 있다.

이 자금은 사업 계획서와 대표자 인터뷰 등을 중심으로 사전 평가가 이루어지고, 필요시 현장 실사도 병행된다. 자금 신청 이후에는 자율 심사를 거쳐 무담보 상태로도 최대 1억 원 내외의 융자가 실행되며, 상환 조건도 일반 시중 은행 대출보다 유리한 편이다.

표 5.1 중소벤처기업진흥공단 창업초기지원자금

항목	내용
지원 대상	• 창업 7년 이내 기업 (※ '창업초기지원자금'은 창업 3년 이내 기업 대상)
심사 방식	• 사업 계획서, 대표자 인터뷰, 현장 실사 등을 통한 사전 평가 및 자율 심사
평가 기준	• 기술 타당성, 성장 가능성 중심 평가(특히 기술 기반 스타트업에 유리)
융자 조건	• 무담보 가능(조건 충족 시), 시중은행 대비 유리한 금리 및 상환 조건, 최대 1억 원 내외
자금 용도	• 시설 자금(기계, 장비, 시스템 구축 등), 운전자금 (인건비, 광고비, 재료비 등)

출처: 중소벤처기업진흥공단

특히 기술 기반 스타트업의 경우에는 단순한 신용 평가보다 기술 타당성, 성장 가능성 등을 중심으로 평가받기 때문에 일정 수준 이상의 계획서와 실행력을 갖춘 창업자라면 유리한 조건으로 자금 확보가 가능하다. 실제로 많은 창업자들이 이 자금을 활용해 법인 설립 직후의 공백기를 버티고, 시제품 제작 및 테스트 베드 확보, 초기 마케팅 집행 등의 자금으로 활용하고 있다.

중진공 스타트업 초기 운전 자금 활용 Tip

법인 설립과 사업자 등록을 성공적으로 마쳤다면, 이제 '중진공 정책 자금 통합관리시스템(www.smes.go.kr)'을 통해 자금 신청을 시작할 수 있다. 이곳은 초기 기업에게 든든한 버팀목이 되어줄 다양한 정책 자금을 제공하는 온라인 플랫폼이다.

정책 자금은 크게 두 가지 용도로 활용된다. 첫째는 시설 자금으로 기계 장비 구입, 시스템 구축, 사무 공간 리모델링 등 사업 운영에 필요한 물리적 기반을 마련하는 데 사용된다. 둘째는 운전 자금으로 재료비, 인건비, 광고비, 서비스 운영비 등 일상적인 사업 운영에 필요한 비용을 충당한다.

자금 신청 시 가장 중요한 것은 자금의 용도와 항목을 구체적으로 명시하는 것이다. 단순히 자금이 필요하다고 말하기보다는 "이 자금으로 어떤 장비를 구입하고, 어떤 시스템을 구축하며, 어떤 인력을 고용할 것이다"라고 상세히 설명되어야 한다. 이렇게 구체적인 계획을 제시하면 심사관들은 당신의 사업 계획을 더욱 신뢰하게 된다.

또한, 당신의 사업이 가진 비전과 자금의 필요성을 스토리텔링 방식으로 전달하는 것이 효과적이다. 예를 들어, 당신의 서비스가 어떤 문제를 해결하고, 이 자금이 투입되었을 때 어떤 긍정적인 변화를 가져올지 하나의 이야기처럼 풀어 낸다면, 심사관들의 공감을 얻어 자금 승인율을 높이는 데 큰 도움이 될 것이다. 막연한 기대보다는 명확한 계획과 설득력 있는 스토리가 당신의 사업을 한 단계 더 성장시킬 수 있는 열쇠가 된다.

IR 피칭 기반 민간 초기 투자 유치(Pre-Seed, Seed 단계)

창업 초기에 아직 매출이 발생하지 않았더라도, 뛰어난 사업 아이템과 팀의 역량을 중심으로 투자 유치에 도전할 수 있다. 특히 Pre-Seed 또는 Seed 단계에서는 재무 실적보다 창업자의 문제 인식 능력, 해결 방안, 실행력, 시장 성장성 등이 더욱 중요한 평가 기준이 된다.

대표적인 초기 투자 기관으로는 '디캠프(D.CAMP)', '프라이머', '블루포인트파트너스', '카카오벤처스' 등이 있다. 이들 기관은 MVP 수준의 서비스나 제품만 보유하고 있어도 투자 집행을 결정하는 경우가 많다. 따라서 창업 초기 기업은 사업 계획서뿐 아니라, 팀의 전문성과 시장 진입 전략, 경쟁 우위 요소 등을 담은 IR 자료(Investor Relations Deck)를 체계적으로 준비할 필요가 있다.

투자 유치를 위한 IR 피칭에서는 매출 수치보다 '시장 크기', '고객 문제에 대한 깊이 있는 이해', '제품의 확장 가능성', '비즈니스 모델의 전환 전략' 등을 중심으로 스토리텔링하는 것이 효과적이다. 또한 투자자는 제품의 완성도보다는 창업자의 실행력, 문제 해결 능력, 향후 성장성에 더 주목하므로 자신감 있고 논리적인 발표가 핵심이다.

스타트업 초기 투자 유치 활용 Tip

매출이 없는 초기 단계에서의 민간 투자 유치는 또 다른 중요한 자금 확보 전략이다. 특히 Pre-Seed, Seed 단계의 IR 피칭은 완성된 제품보다는 창업자의 문제 해결 접근법과 시장 기회 포착 능력을 강조하는 데 집중해야 한다. 투자자들은 당신이 어떤 문제를 어떻게 해결할 것인지, 그리고 그 해결책이 얼마나 큰 시장 기회를 가지고 있는지 궁금해 한다.

피칭을 준비할 때는 투자자가 가장 궁금해 하는 질문들을 미리 파악하고 대비해야 한다. 예를 들어, 시장 규모는 얼마나 큰지, 당신의 팀은 어떤 역량을 가지고 있는지, 그리고 제시한 아이디어를 어떻게 실행할 것인지에 대한 명확한 답변이 필요하다.

중요한 점은 '매출 없는 초기 단계'라는 사실을 단점으로 숨기려 하지 않고, 오히려 성장 가능성의 출발점으로 설득하는 것이다. 현재의 부족함이 미래의 폭발적 성장으로 이어질 잠재력을 보여 주는 기회임을 강조해야 한다. 당신의 아이디어가 가진 시장 파급력, 그리고 이를 실현할 당신 팀의 역량과 실행 의지를 강력하게 어필한다면, 초기 투자 유치에 성공할 수 있을 것이다.

크라우드펀딩 플랫폼을 통한 선주문 기반 자금 확보

제품이 MVP(Minimum Viable Product) 수준으로 개발된 상태라면, 초기 자금을 확보하는 한 가지 효과적인 방법이 리워드형 크라우드 펀딩이다. 대표적인 국내 플랫폼으로는 와디즈(Wadiz), 텀블벅(Tumblbug) 등이 있으며, 이들 플랫폼은 창업자가 제품을 사전에 공개하고 일정 기간 동안 소비자의 펀딩(선주문)을 받아 자금을 조달하는 구조를 갖는다.

이 방식은 아직 대량 생산을 하지 않은 상태에서 시장 반응을 실시간으로 확인할 수 있으며, 동시에 소액이지만 확정된 매출을 조기 확보할 수 있다는 점에서 초기 창업자에게 매우 유리한 방식이다. 특히 보증 기관의 보증 심사나 투자자의 까다로운 절차를 거치지 않고도, 브랜드의 스토리와 제품력만으로 자금 유치와 시장 검증을 동시에 진행할 수 있다는 장점이 있다. 또한, 크라우드 펀딩은 제품 론칭 전 고객층을 미리 확보하는 채널로도 활용되며, 성공적인 펀딩 이후 언론 노출 및 유통사와의 접점이 확대되는 등의 부가 효과도 기대할 수 있다.

정부 R&D 사업 및 지자체 지원과의 연계

기술 기반의 창업 기업이라면 제품 완성 전 단계에서도 정부의 연구·개발(R&D) 자금을 활용해 자금 공백을 메울 수 있다. 일반적으로 정부 R&D 지원 사업은 기술 고도화나 제품 상용화 단계에서만 참여할 수 있다고 오해하기 쉬우나, 실제로는 시제품 개발 및 기술 검증 단계에서 활용 가능한 사업도 매우 다양하다.

가장 대표적인 것이 중소벤처기업부와 중소기업기술정보진흥원(TIPA)이 운영하는 '창업성장기술개발사업'이다. 이 사업은 다시 '디딤돌 R&D'와 '팁스 R&D'로 나뉘며, 창업 7년 이내, 매출액 20억 이하인 스타트업을 대상으로 한다.

'디딤돌 R&D'는 기술 개발 초기 단계에 있는 창업 기업이 기술 아이디어를 구체화하고 시제품을 개발할 수 있도록 최대 2억(1년 6개월 지원)까지 무상 지원을 제공한다. 해당 자금은 인건비, 외주 개발비, 장비 구입비, 시제품 제작비 등으로 활용할 수 있다.

이러한 R&D 자금은 대출이 아니라 무상 지원 방식으로 제공되므로 창업자 입장에서는 매우 매력적인 자금 조달 수단이다. 또한, 해당 과제의 연구 성과는 향후 신용보증기금 스타트업 지원 프로그램, 기술보증기금의 기술 평가 가점, TIPS 연계, 민간 투자자와의 협업

시 중요한 기술 신뢰도를 확보하는 데 기여할 수 있다.

또 하나의 장점은 지방자치단체가 운영하는 창업 R&D 사업도 함께 고려할 수 있다는 점이다. 예를 들어, 서울특별시의 경우 '서울형 R&D 지원 사업'을 통해 창업 7년 이내 기업에 최대 1억 원까지 지역 기술 개발을 지원하며, 경기도 역시 '경기기술개발사업'을 통해 기술 검증 및 시제품 완성 비용을 지원하고 있다. 이는 중앙정부의 예산을 보완하는 성격으로, 지역 창업 생태계를 강화하기 위한 맞춤형 사업이라 할 수 있다.

클라우드 기반 인프라 바우처 등 활용

창업 초기에는 자금을 확보하는 것도 중요하지만, 현금 유출을 최소화하는 전략 역시 간과할 수 없는 자금 관리의 핵심이다. 특히 SaaS 기반 서비스나 플랫폼 중심의 스타트업이라면 클라우드 서버, 데이터 저장소, 협업 툴, 개발 툴 등 필수 인프라 도입에 많은 초기 비용이 들 수밖에 없다. 이때 정부와 민간이 제공하는 바우처 및 크레딧 프로그램을 적극적으로 활용하면 상당한 비용 절감 효과를 기대할 수 있다.

예를 들어, 중소벤처기업부 산하 K-Startup 플랫폼에서는 예비 창업자 및 초기 스타트업을 대상으로 다양한 클라우드 바우처 및 창업 공간 무상 지원, 법률·세무·노무 분야 자문 서비스 등을 연계 지원하고 있다. 바우처의 형태로 지원되는 이 자원들은 서버 구축, 개발 환경 구성, 업무 자동화 등 실질적인 서비스 운영 기반을 갖추는 데 큰 도움을 준다.

또한, 민간에서도 스타트업을 대상으로 클라우드 인프라를 일정 기간 무료 제공하는 프로그램이 활발히 운영되고 있다. 카카오엔터프라이즈는 자사의 클라우드 플랫폼을 활용하는 스타트업에 수천만 원 상당의 크레딧을 제공하며, 네이버 클라우드 플랫폼 역시 스타트업 제휴 프로그램을 통해 인프라, AI API, 보안 솔루션 등의 크레딧을 지원한다.

글로벌 기업 'AWS(아마존웹서비스)'는 'AWS Activate' 프로그램을 통해 창업 초기 스타트업에 최대 1억 원 상당의 클라우드 크레딧을 지원하고 있으며, 이 크레딧은 실제 서비스 운영비로 환산되기 때문에 자금 유출을 줄이는 데 매우 유용하다.

이러한 바우처 및 크레딧은 단순히 비용 절감 효과에 그치지 않고, 초기 고객 서비스 품질을 높이고 MVP의 시장 테스트를 안정적으로 진행할 수 있는 기술 기반을 제공한다는 점에서 자금 조달과 같은 수준의 중요성을 지닌다.

 정책 자금 활용 Tip

스타트업에게 비용 절감은 생존과 직결된 문제이다. 특히 클라우드 기반 인프라 비용은 초기 부담이 클 수 있다. 아래 팁들을 통해 비용을 효과적으로 줄이고 사업 성장에 집중할 수 있도록 돕는다.

1. **민간 클라우드 크레딧, 무조건 신청 대상이다.**
① 초기 스타트업 대상 크레딧 프로그램

AWS, Google Cloud, Microsoft Azure 등 주요 클라우드 제공사들은 창업

5년 미만 또는 초기 투자 단계 스타트업을 위한 클라우드 크레딧 프로그램을 운영한다.

② 비용 절감 효과

해당 크레딧은 수백에서 수천만 원 규모로, 서버, 스토리지 등 클라우드 인프라 비용을 크게 줄여 준다.

③ 실용 팁

- 주요 창업 공간 공고 주기적 확인: TIPS 타운, 마포프론트원, 경기창조경제혁신센터 등 주요 기관의 입주 공고를 꾸준히 확인한다.
- 신속한 서류 준비: 경쟁이 치열하므로 공고 확인 즉시 신청 서류를 준비한다.
- 지원 프로그램 적극 활용: 사무실 외 멘토링, 데모데이, 교육 등 프로그램 참여로 사업 성장 발판을 마련한다.
- 입주 기업 간 네트워킹 활용: 유사/보완 분야 스타트업과 교류하여 협력 기회를 창출한다.

2. 클라우드 바우처 활용은 투자 유치의 플러스 요인이다.

정부나 지자체에서 제공하는 클라우드 바우처 사업은 초기 인프라 구축 비용을 절감하는 좋은 기회이다. 단순한 비용 절감을 넘어 바우처 활용 경험은 사업 계획서나 IR 피칭 자료에 중요한 설득 포인트가 된다.

클라우드 바우처를 통해 초기 인프라 비용을 절감하여 핵심 기술 개발에 집중하고 있다는 내용을 사업 계획서에 구체적으로 언급하면, 심사위원이나 투자자에게 비용 효율적인 운영 능력과 정부 지원 사업 활용 역량을 보여 줄 수 있다.

투자자들은 스타트업의 자원 관리 능력을 중요시 한다. 바우처 활용은 "우리 팀은 주어진 자원을 현명하게 활용하여 효율을 극대화한다"는 메시지를 전달하는 효과적 방법인데, 이러한 내용을 IR 피칭 시 강조할 필요가 있다.

K-Startup 등 정부 지원 사업 통합 사이트를 통한 공고를 수시로 확인할 필요가 있다. 클라우드 바우처 사업은 매년 공고되며, 신청 기간이 정해져 있으므로 미리 준비하는 것이 중요하다.

3. 정부 및 지자체 창업 공간은 네트워킹과 기회의 장이다.

정부나 지자체에서 무상 또는 저렴하게 제공하는 창업 공간은 단순한 사무실 이상이다. '입주 기업' 자격으로 제공되는 경우가 많으며, 이곳에서 네트워킹, 멘토링, 투자 유치 연계 등 다양한 기회를 얻을 수 있다.

TIPS 타운, 마포프론트원, 경기창조경제혁신센터 등 주요 창업 지원 기관의 공고를 주기적으로 확인할 필요가 있다. 입주 경쟁이 치열하므로 공고가 뜨면 빠르게 서류를 준비해야 한다.

입주 전 해당 공간의 지원 프로그램을 파악한다. 입주 공간을 단순 사무실로만 사용하지 않고, 그곳에서 제공하는 멘토링, 데모 데이, 교육 프로그램 등에 적극적으로 참여하여 사업 성장의 발판으로 삼아야 한다.

입주 기업 간 네트워킹을 적극 활용한다. 유사 분야 혹은 보완적 기술을 가진 다른 스타트업들과 교류하며 새로운 협력 기회를 만들 수 있다.

지인 투자나 신용카드 자금 등 개인 신용 기반 조달 전략

창업 초기, 정부 지원금이나 기관 자금 외에도 개인의 신용 기반을 활용한 자금 조달이 중요한 수단이 될 수 있다. 특히 시제품(MVP) 개발 직전 단계나 사업자 등록 이전에는 외부 투자가 쉽지 않을 수 있으므로 현실적으로 가장 먼저 접근할 수 있는 자금원은 가족, 친구, 동료 등 '지인 투자'와 개인 신용을 활용한 카드 자금, 마이너스 통장 등이 될 수밖에 없다.

지인 투자(소위 FFF 투자: Family, Friends, Fools)는 창업자의 사람 중심 신뢰 자산을 기반으로 한 가장 빠른 투자 수단이다. 투자자 입장에서 리스크는 크지만, 창업자를 오래 알고 있는 관계를 통해 '아이템'보다는 '사람'에 대한 투자를 특징을 한다. 보통은 소액으로 시작되며, 향후 지분 전환 여부나 상환 조건에 대해 서면으로 정리해 두는 것이 분쟁을 예방하는 데 중요하다.

또한, 개인 신용카드 현금 서비스나 카드론, 혹은 마이너스 통장 개설을 통한 단기 자금 확보도 단기 운영 자금 수단이 될 수 있다. 이 방식은 빠르게 자금을 확보할 수 있다는 점에서 장점이 있으나, 이자율이 높고 신용 등급에 직접 영향을 줄 수 있다는 점에서 신중한 판단이 필요하다.

예컨대, 한 1인 창업자는 디지털 굿즈 제작을 위한 첫 시제품 제작 비용 300만 원을 카드 리볼빙 서비스로 확보했고, 이를 통해 완성한 시제품(MVP)을 와디즈 펀딩에 올려 약 1,500만 원의 펀딩을 달성했다. 이후 리워드 배송을 마친 후 펀딩 수익금으로 카드 대금을 상환해 신용을 유지하며 초기 사업을 무사히 넘겼다.

이처럼 개인 신용 기반 자금은 매우 민감한 수단이므로 단기성 운영 자금으로 활용하고, 반드시 중장기 자금 조달 계획(예: 정부 지원금, 보증 대출 등)과 연계해 상환 전략을 병행하는 것이 필요하다.

💡 창업 초기 개인 신용 활용 자금 조달 Tip

창업 초기 자금 조달은 어렵다. 창업 초기, 매출이 없을 때 개인 신용을 활용하는 실용적인 팁은 다음과 같다.

1. 지인 투자, 문서화로 신뢰와 관계를 명확히 해야 한다.
지인 투자는 신속하지만, 관계가 얽혀 복잡해질 수 있다.

• 명확한 계약서 필수: 반드시 '차용증' 또는 '지분 투자 계약서' 형태로 관계를 명확히 해야 한다. 구두 합의는 피하고, 투자 금액, 상환 조건 또는 지분율 등 핵심 내용을 상세히 명시해야 한다.

• 공증 고려: 가능하다면 공증을 받아 법적 효력을 강화하고 신뢰를 높여야 한다.

- 사업 계획 공유: 지인에게 사업 계획과 예상 성과를 구체적으로 공유하여 신뢰를 얻는 것이 중요하다.

2. 신용카드 활용, 단기 유동성 확보에만 집중해야 한다.

신용카드는 비상 시 유용하지만, 장기적인 운영 자금으로 의존하는 것은 위험하다.

- 월별 현금 흐름 고려: 단기성 자금에만 활용하고, 다음 달 매출을 예상해 특정 비용을 결제 후 즉시 상환하는 방식으로 사용해야 한다.
- 반복 사용 및 현금 서비스 지양: 신용카드 반복 사용이나 현금 서비스는 신용도 하락으로 직결되므로 피해야 한다. 이는 향후 대출, 투자 등 자금 조달에 악영향을 미친다.
- 장기 운영 자금으로는 부적합: 고금리 카드론이나 할부는 기업 재정에 큰 부담이며, 재무 건전성을 악화시켜 정부 지원 사업이나 투자 심사 시 불리하게 작용한다.

3. 지인 투자 유치 시, 명확한 상환/보상 계획으로 신뢰를 쌓아야 한다.

지인 투자를 유치할 때는 투자에 대한 명확한 약속을 제시해야 한다.

- 구체적인 상환/보상 계획 제시: '정책 자금 유치 후 상환'처럼 막연한 약속보다, 'O월까지 O억 규모 정책 자금 유치 후 원금의 O% 상환'과 같이 구체적인 계획을 제시하여 신뢰를 높여야 한다.
- 투명한 소통: 사업 진행 상황과 주요 목표 달성 여부를 주기적으로 공유하며 투명하게 소통하여 투자자의 불안감을 해소해야 한다.
- 약속 이행 중요성: 제시한 계획을 반드시 이행하여 향후 추가 자금 조달 시 긍정적인 평가를 얻어야 한다.

"

이제 매출이 조금씩 나오기 시작했는데,
더 성장하려면 자금도 필요하고
안정적인 판로도 확보해야 할 것 같아요.

맞습니다. 매출이 발생하면 정책 자금을 활용할 기회가 더 넓어집니다. 신보·기보·중진공을 통해 운전 자금을 지원받을 수 있고, NEP·NET 같은 기술 인증을 확보하면 공공조달 시장에도 진입할 수 있어 안정적인 매출 확대가 가능해요. 또 대기업이나 공공 기관과 실증 사업을 하면 신뢰를 쌓아 투자와 매출로 연결되고, 해외 진출을 고려한다면 수출바우처나 수출보험 같은 제도도 활용할 수 있습니다.

"

2. 매출 발생 후: 매출을 성장으로 연결하는 자금

매출이 발생하기 시작한 스타트업이 지속 성장을 이루려면 안정적 자금 확보가 필수적이다. 국내 정책 금융 기관들은 스타트업이 매출 확대와 성장을 이루도록 다양한 지원 프로그램을 제공하고 있다. 본 절에서는 정책 금융 기관의 구체적인 지원 프로그램과 이를 효과적으로 활용하는 방법을 소개한다.

신용보증기금의 초기 스타트업 대상 자금 지원 프로그램

신용보증기금은 매출이 발생하기 시작한 초기 스타트업을 대상으로 다양한 맞춤형 금융 지원을 제공하고 있다. 대표적인 프로그램으로는 보증 지원(리틀펭귄보증, 청년창업 특례보증 등)', '팩토링 금융', '매출채권보험' 제도가 있으며, 이들은 창업 초기 기업이 겪을 수 있는 유동성 문제를 예방하고 안정적 성장을 돕는 데 유용하다.

○ **보증 지원 프로그램**

리틀펭귄보증은 기술력과 사업성이 검증된 초기 스타트업의 성장을 집중 지원하는 프로그램이다. 창업 5년 이내 기업 중 일정 수준 이상의 기술력 또는 성장 가능성을 보유한 스타트업을 대상으로 하며, 최대 20억 원의 보증을 받을 수 있다. 기술 평가 결과, 시장 분석, 시제품 개발 계획 등이 우수한 경우 심사에서 긍정적인 평가를 받을 수 있으며, 비교적 간소한 심사 절차와 보증료 감면 혜택도 제공된다. 이 보증은 특히 매출이 본격화되기 전후 자금 유입이 필요한 기업에게 적합하다.

한편, 청년창업 특례보증은 만 39세 이하 청년이 창업한 기업(창업 7년 이내)을 위한 프로그램으로, 대표자의 신용도나 소득이 낮더라도 완화된 심사 기준을 적용받을 수 있다는 장점이 있다. 지원 한도는 보통 1억 원 수준이지만, 사업성이 우수한 경우 최대 2억 원 이상까지도 가능하다. 자금 용도는 운전 자금, 마케팅, 소규모 생산 설비 마련 등 다양하며, 초기 소규모 실증 사업을 추진하는 데 실질적인 도움이 될 수 있다.

표 5.2 초기 스타트업 대상 신보 프로그램

구 분	리틀펭귄 보증	청년창업 특례보증
대상 조건	창업 7년 이하, 기술·혁신 중심 스타트업	창업 7년 이하, 대표 연령 17~39세
보증 한도	최대 20억 원	일반 1억 원(우대 시 최대 2억)
평가 기준	기술력·사업 계획·매출 실적 중심	청년 대표 능력 및 사업성 중심
보증료 우대	전용 조건 제공	고정 0.3% 보증료율 적용

출처: 신용보증기금

이 두 보증 프로그램은 모두 창업 초기 스타트업의 안정적 성장을 지원하기 위한 정책 금융 수단이지만, 동시에 중복 적용은 불가능하다. 따라서 기업은 자사의 특성과 자금 수요를 고려해 두 제도 중 하나를 선택해야 하며, 기술성과 매출 확장 계획이 뚜렷하다면 리틀펭귄 보증을, 청년 대표의 창업 경험이나 신용 기반이 약한 경우에는 청년창업특례보증을 선택하는 것이 바람직하다.

신보 보증프로그램 활용 Tip

초기 매출 실적이 부족하더라도 다음과 같은 요소를 중심으로 사업 계획서를 구성하면 심사 과정에서 긍정적 평가를 받을 수 있다:

① 기술력 입증: 보유 기술의 특허 등록 여부, 기술 평가 등급, 또는 전문 기관(예: 기술보증기금, KISTI 등)의 기술성 평가 결과를 첨부하면 기술력에 대한 신뢰도를 높일 수 있음.

② 시장성 분석: 타깃 시장의 크기, 경쟁사 대비 우위 요소, 향후 수요 전망 등을 구체적인 통계와 수치로 제시하면 설득력을 높일 수 있음. 실제 고객 반응(예: 사전 판매, 크라우드 펀딩 결과, 베타 테스트 피드백 등)이 있다면 적극 반영.

③ 창업자 역량 강조: 창업자의 전공, 경력, 유관 업계 경험, 과거 창업 경험 등을 이력서 형태로 첨부하거나 간단히 요약 제시. 창업팀의 조직 구성과 역할 분담도 명확히 제시하면 신뢰도 향상에 도움이 됨.

④ 실행력 중심의 사업 계획 구성: 향후 1~3년간 매출 목표, 자금 사용 계획, 인력 확충 계획 등을 단계적으로 제시하면 구체성이 살아남. 리틀펭귄 보증을 통해 확보한 자금을 어떤 방식으로 사용할지, 그리고 그로 인한 기대 효과를 수치로 표현하면 효과적임.

⑤ 보완 서류 적극 활용: 기술 소개 자료, 시장 분석 리포트, 고객 확보 실적, 투자 유치 제안서 등 부속 자료를 함께 제출하면 보증 기관의 신뢰도를 높이는 데 도움됨.

○ 팩토링 금융

신용보증기금은 초기 스타트업이 외상매출채권을 조기에 현금화할 수 있도록 '팩토링 금융'을 제공하고 있다. 매출은 발생했지만 실제 입금까지 시차가 존재하는 거래 조건에서 유동성 위기를 겪는 스타트업에게 매우 유용하다.

표 5.3 신보의 팩토링 금융

구분	내용
주요 내용	거래처로부터 수취 예정인 외상매출채권을 신보가 매입하고, 해당 금액을 조기에 지급하여 유동성 확보
특징	거래처 신용도 기반 리스크 분석, 신속한 지급으로 단기 운영 자금 확보 가능

출처: 신용보증기금

정책 자금 활용 Tip

신용보증기금의 팩토링 서비스는 구매 기업의 대금 미지급에도 판매 기업에 책임을 묻지 않는 '상환청구권 없는 팩토링'으로, 중소·중견 기업의 조기 자금 조달에 큰 도움이 되는 제도이다. 초기 스타트업이 신용보증기금(신보)의 팩토링 금융을 원활하게 이용하려면 다음 사항들을 준비해야 한다.

1. 외상매출채권의 신뢰성 확보
• 법적 효력 서류 확보: 세금계산서, 계약서, 납품 확인서, 입금 예정일이 명시된 발주서 등을 반드시 확보해 두어야 한다.

• 추가 서류 활용: 전자세금계산서 발행 이력, 거래처 회신 확인서 등을 함께 제출하면 유리하다.

2. 거래처(매출처)의 신용도 어필
• 우량 거래처 강조: 거래처가 중견·대기업, 공공 기관, 정부 발주처인 경우 이를 적극적으로 강조할 필요가 있다.

• 중소기업 거래처 보완: 해당 기업의 사업자등록증, 재무 정보, 납품 실적 등

으로 신뢰도를 보완할 수 있다.

3. 거래 내역의 연속성 증명
• 정기적/반복적 거래 실적: 일회성보다 꾸준한 거래 실적이 있는 경우 유리하다.

• 거래 내역 정리: 최근 3개월 이상 지속 거래 내역을 표 형태로 정리하여 제출한다.

• 세부 정보 명시: 입금 주기, 결제 조건, 평균 거래 금액 등을 함께 정리해 제출한다.

4. 팩토링 자금의 구체적인 사용 계획 제시
• 명확한 사용 목적: 단순한 "현금화"라고 하기보다 구체적인 자금 활용 계획을 명시한다(예시, "팩토링 자금으로 ○○ 제품 생산 물량을 확대하여 매출 증대를 도모함").

5. 신용보증기금 사전 상담
• 사전 확인: 스타트업 전담 영업점 또는 신보 지역 본부에 미리 상담하여 적격 거래처 조건, 필요 서류 양식, 보증 처리 일정 등을 확인한다.

• 심사 시간 단축: 사전 준비를 통해 심사 소요 시간을 단축한다.

○ **매출채권보험**

매출 채권이 회수되지 못하면 초기 스타트업은 치명적인 타격을 받을 수 있다. 이를 사전에 방지하기 위한 수단으로 신용보증기금이 제공하는 '매출채권보험'을 활용할 수 있다. 신용보증기금의 매출채권보험은 기업의 안정적 경영을 돕는 중요한 제도이다. 주요 내용과 대상을 보완하여 정리하면 [표 5.4]와 같다.

표 5.4 신용보증기금의 매출채권보험

구분	내용
주요 목적	기업이 외상 매출금을 회수하지 못할 경우 발생할 수 있는 손실을 보상하여 경영 안정성 확보
보상 사유	거래처의 부도, 연체, 파산, 회생 절차 개시 등 외상 매출금 회수가 불가능하거나 곤란한 사유 발생 시
보상 범위	보험 가입 금액에 따라 일정 비율(최대 80~90%)을 보상
가입 대상	중소기업 및 스타트업 모두 가입 가능
추천 대상	불특정 다수 기업과의 외상 거래가 잦거나, 외상 매출금 비중이 높은 기업
기대 효과	• 외상 거래에 대한 위험 부담 감소 • 안정적인 현금 흐름 유지 • 적극적인 매출 증대 활동 지원 • 연쇄 부도 위험 방지

출처: 신용보증기금

이처럼 신용보증기금의 리틀펭귄보증, 팩토링금융, 매출채권보험을 조합해 활용하면 초기 스타트업은 유동성 확보와 외상 매출 회수 리스크 관리를 동시에 할 수 있어 보다 안정적인 매출 성장을 도모할 수 있다.

기술보증기금의 스타트업의 매출 성장 지원 프로그램

기술보증기금(기보)은 초기 스타트업이 매출 발생 이후 성장 궤도에 오를 수 있도록 다양한 자금 지원 제도를 운영하고 있다. 초기 매출의 발생은 제품 또는 서비스가 시장에서 일정 수준의 검증을 받았다는 것을 의미한다. 그러나 초기 매출만으로는 연구·개발(R&D), 생산 설비 확장, 마케팅 강화와 같은 본격적인 성장을 위한 필수 자금을 확보하기 어렵다. 이러한 스타트업이 안정적으로 성장을 지속할 수 있도록 기술보증기금은 기술력 평가를 기반으로 한 보증서 대출을 통해 은행으로부터 원활히 자금을 조달할 수 있도록 지원한다.

특히 기술보증기금의 '기술창업기업보증' 제도는 초기 매출이 발생한 기술 기반 스타트업에게 적합한 대표적인 보증 프로그램이다. 이 제도는 창업 7년 이내의 기업을 대상으로 하며, 기술성 평가 등급과 초기 매출 실적 등을 종합적으로 고려하여 보증 한도를 산정한다. 기술력이 우수하나 담보력이 부족한 스타트업에게는 매우 유리한 조건으로 제공되며, 기업당 최대 20억 원까지 보증이 가능하다. 또한, 보증 비율은 최대 95%까지 적용되며, 보증료율도 최대 0.5% 포인트 감면이 가능하다. 이를 통해 기술 기반 스타트업은 외부 투자 없이도 필요한 자금을 조달할 수 있는 기반을 마련할 수 있다.

기보의 보증서를 통해 확보된 자금은 운전 자금과 시설 자금 모두로 활용 가능하다. 원재료 구매, 인건비 지급, 제품 개발 및 테스트, 마케팅 비용과 같은 운전 자금뿐 아니라, 생산 설비 확충, 연구 시설 구축, 사무 공간 확장 등 시설 자금으로도 사용할 수 있어 매출 증대를 직접적으로 지원할 수 있다.

표 5.5 기술보증기금의 기술 창업 기업 보증

구분	내용
주요 목적	• 우수 기술을 보유한 창업 기업의 자금 조달 지원 및 안정적인 성장 기반 마련
지원 대상	• 창업 후 7년 이내의 기술력 있는 중소기업(특히, 기술 혁신형 중소기업(이노비즈), 벤처기업, 신기술 사업을 영위하는 기업 등) • 기술 기반 기업에 중점 지원 대표자의 기술 관련 학위, 경력, 특허 등 기술력을 증명할 수 있는 기업
자금 용도	• 운전 자금: 원재료 구매, 인건비, 마케팅 비용 등 사업 운영에 필요한 자금 • 시설 자금: 생산 설비 확충, 사무실 확장, 연구·개발 장비 도입 등 시설 투자 자금
주요 특징	• 기술 평가 중심: 기업의 재무 상태보다는 보유 기술의 독창성, 시장성, 성장 잠재력 등을 중점적으로 평가하여 보증 한도 결정 • 성장 단계별 지원: 창업 초기 기업의 특성을 고려하여 맞춤형 지원 제공 • 우대 지원: 청년 창업 기업, 우수 기술 보유 기업 등에 대해 보증료율 감면, 보증 비율 우대 등의 혜택 제공 가능

출처: 기술보증기금

기보 기술창업기업보증 활용 Tip

1. 기술 평가 등급(BB 이상) 확보

등록 특허, 연구 개발 실적, 시제품 보유 여부, 기술 이전 자료 등을 정리하여 제출

기술 평가 전문 기관(예: TCB, KISTI 등)의 기술 평가 보고서를 함께 첨부하면 신뢰도 제고

2. 초기 매출 실적 명확히 제시

세금계산서, 계약서, 납품 실적 등 객관적 자료 준비

단순 수치보다 매출 증가 배경 및 주요 거래처 설명 포함

3. **자금 사용 계획 구체화**
   - 확보 자금을 어디에, 얼마만큼, 어떤 방식으로 활용할 것인지 명확히 제시
   - 단순 운영비보다 매출 증대와 직결되는 마케팅, 생산 확장, 채용 계획 등을 강조

4. **창업자 및 팀의 역량 부각**
   - 창업자의 전공, 경력, 창업 동기와 팀 구성원 역할 및 기술 개발 참여 여부 기재
   - 내부 기술 인력 보유 여부를 명확히 하면 실행력 측면에서 가점 요인

5. **성장 가능성과 시장 확대 전략 포함**
   - 현재 시장 외에 향후 시장 확장 계획, 유사 수요처 확보 전략 등 간략히 제시
   - 제품·서비스의 확장성 및 시장 내 경쟁 우위 요소를 함께 설명

창업진흥원의 스타트업의 매출 성장 지원 프로그램

창업진흥원은 매출이 발생하기 시작한 초기 단계의 스타트업이 자금 부족으로 성장을 멈추지 않도록 다양한 맞춤형 자금 지원 프로그램을 운영하고 있다. 이 가운데 대표적인 제도가 바로 '창업도약패키지 지원사업'이다.

이 사업은 창업 3년을 초과한 후 7년 이내의 스타트업을 대상으로, 제품이나 서비스의 시장성을 어느 정도 입증한 기업이 한 단계 더 성장할 수 있도록 사업화 자금을 지원하는 제도다. 선정된 기업은 최대 2억 원의 사업화 자금을 정부 지원금 형태로 지원받을 수 있으며, 일정 기간 내에 매출 성장, 고용 창출 등의 성과를 달성한 경우 추가로 최대 1억 원의 성공 환원형 자금을 받을 수도 있다. 이 자금은 연구·개발, 제품 고도화, 마케팅 확대, 해외 진출, 지식재산권 확보 등 기업이 필요로 하는 다양한 전략적 목적에 유연하게 사용할 수 있다는 점에서 실무 활용성이 높다. 또한, 선정 기업에게는 자금 지원 외

에도 중진공이 제공하는 경영 멘토링, 판로 개척, 투자 유치 등 비금융 서비스도 함께 연계되어 실질적인 성장을 뒷받침한다.

표 5.6 창업진흥원의 창업도약패키지 지원사업

구분	내용
사업 목적	• 제품·서비스 시장성을 입증한 창업 기업의 한 단계 더 높은 성장 지원 및 사업화 촉진
지원 대상	• 창업 3년 초과~7년 이내의 스타트업
지원 내용	• 사업화 자금: 최대 3억 원(기본 지원 사업비 최대 2억 원 + 성공 환원형 추가 지원 사업비 최대 1억 원) • 지원 비금융 서비스: 경영 멘토링, 판로 개척, 투자 유치, 글로벌 진출 등 맞춤형 지원 연계
자금 활용처	• 연구·개발, 제품 고도화, 마케팅 확대, 해외 진출, 지식재산권 확보 등 다양한 사업화 목적에 유연하게 활용 가능
특징	• 매출 성과 및 고용 창출 등 일정 성과 달성 시 '성공 환원형'으로 추가 자금 지원 가능(협약 종료 후 일부 환원 조건)
기대 효과	• 자체 자금력이 부족한 스타트업의 안정적 자금 확보 • 외부 투자 의존도 감소 및 사업 확장 기반 마련 • 실질적인 성장 촉진 및 스케일업 지원

출처: 창업진흥원

이와 함께, 초기 매출이 외상 거래 형태로 발생하는 스타트업의 경우, 중진공의 '매출채권팩토링' 제도를 활용하면 자금 흐름을 더욱 안정적으로 관리할 수 있다. 이 제도는 기업이 거래처로부터 받아야 할 외상매출채권을 중진공이 대신 매입하여 조기에 현금화해 주는 방식으로 운영된다. 특히 상환청구권이 없는 구조로, 거래처가 대금을 늦게 지급하거나 부도 처리되더라도 스타트업이 책임을 지지 않아도 되므로 유동성 위기를 선제적으로 예방할 수 있는 장점이 있다.

이러한 제도들은 초기 매출 실적은 있지만 자체 자금력이 부족한 스타트업이 외부 투자에 의존하지 않고도 안정적으로 자금을 확보하고, 이를 기반으로 사업을 확장해 나갈 수 있도록 돕는 실질적인 수단이라 할 수 있다. 매출 성장의 전환점에서 자금 문제가 발목을 잡지 않도록, 각 스타트업은 중진공의 프로그램을 전략적으로 활용할 필요가 있다.

3. 기술 역량을 활용한 성장 자금 전략

초기 매출이 발생한 스타트업은 이제 생존을 넘어 성장을 고민해야 할 시점에 놓인다. 이 단계에서 자금 전략은 단순한 '운영 자금 확보'를 넘어, 성장을 가속화하기 위한 전략적 투자 재원으로서 설계되어야 한다. 스타트업이 기술 역량을 활용해 더 큰 시장으로 나아가기 위해 어떤 방식으로 자금과 자원을 조달하고, 이를 사업 확장과 연결시킬 수 있을지를 고민하는 것이 중요하다.

기술 인증과 공공 조달 진입

초기 매출이 발생한 스타트업에 있어 안정적 판로 확보는 다음 성장을 위한 핵심 과제 중 하나다. 이때 유의미한 전략 중 하나가 공공 부문으로의 진입, 즉 '정부·지자체·공공 기관'을 고객으로 확보하는 것이다.

이를 위해 스타트업이 보유한 제품이나 기술에 대해 일정한 공신력을 갖춘 '기술 인증' 획득이 중요하다. 대표적으로는 NEP(신제품 인증), NET(신기술 인증), 조달청 혁신 제품 지정, 성능 인증(EPC) 등이 있으며, 이러한 인증을 획득한 기업은 공공 기관이 우선 구매하는 우선 구매 대상 기업으로 등록될 수 있다(NET는 우선 구매 대상에서 제외). 특히 조달청의 나라장터 종합쇼핑몰 등록은 다수의 공공 기관과 실질적인 구매로 이어질 가능성이 높기 때문에, 스타트업 입장에서는 안정적인 초기 매출 확보 수단이 된다.

이 과정에서 드는 샘플 제작비, 시험 성적서 취득 비용, 인증 절차 비용 등은 중소벤처기업부에서 운영하는 다음과 같은 자금 프로그램을 통해 지원받을 수 있다.

① 공공 구매 판로 지원 사업: 인증 획득 및 조달 진입에 필요한 비용을 보조
② 중소기업 기술 개발 사업(R&D): 시제품 고도화, 기술 검증, 특허 확보 등에 자금 지원
③ 중진공 판로 개척 자금: 조달 진입 후 카탈로그 제작, 전시회 참가, 제안서 제작 등 마케팅 자금 지원

기술 인증과 공공 조달 진입 성공 예시

'스마트센서 스타트업의 공공 조달 진입 스토리'

서울에 본사를 둔 한 전자 부품 스타트업은 창업 3년 차에 접어들면서 에너지 효율 기술이 적용된 스마트센서를 개발해 소규모 건물에 설치하는 파일럿 사업을 진행하고 있었다. 몇몇 소규모 민간 고객에게 납품하며 소규모 매출은 발생하고 있었지만, 제품 가격 대비 생산 원가가 높아 규모의 경제가 필요한 상황이었다. 회사 대표는 "이 기술이 실제로 효과가 있으려면 대량 설치가 가능해야 한다"는 생각으로 공공 조달 시장 진입을 고민하게 되었다.

우선 그는 '혁신 제품 지정'을 목표로 준비에 들어갔다. 하지만 시험 성적서 발급, 성능 입증 데이터 확보, 제안서 작성 등 초기 비용이 만만치 않았고, 이미 확보한 자금은 인건비와 기존 거래처 납품에 투입되고 있었다. 이때 활용한 것이 중소벤처기업부의 공공 구매 판로 지원 사업과 중진공의 판로 개척 자금이었다. 이 두 지원을 통해 샘플 제작비, 시험비, 제안서 디자인 및 인쇄비 등 초기 진입 장벽을 넘을 수 있는 실비 지원을 받을 수 있었고, 그 결과 해당 제품은 조달청의 나라장터 종합쇼핑몰에 혁신 제품으로 등록되었다.

등록 이후 서울시 산하 공공 기관에서 먼저 관심을 보였고, 수의 계약이 가능하다는 점 때문에 타 조달 제품보다 빠르게 납품 계약으로 이어졌다. 단일 계약으로 수천만 원 규모의 매출이 발생했고, 그 매출은 곧 생산 단가 인하와 현금 흐름 안정성으로 연결되었다. 무엇보다 "공공 기관이 납품받은 제품"이라는 이력이 생기면서 민간 건설회사와 대형 B2B 파트너사들이 직접 연락해 오는 계기가 되었다.

이 스타트업 대표는 "그동안 R&D와 기술만 생각했는데, 인증과 공공 조달이라는 또 다른 성장 채널이 있다는 걸 체감했다"며, "초기에 투자한 비용은 지원 사업으로 커버되고, 결과적으로 매출이 빠르게 늘어나 기업 이미지도 달라졌다"고 말했다.

기술 인증 정책 자금 활용 Tip

기술 인증은 단순한 '이력 추가'가 아니라, 공공 시장 진입을 가능하게 하는 실질적 출입증이다. 특히 초기에 제품이나 서비스가 일정 수준의 성능과 시장성을 확보했음에도 불구하고, 판로 개척에 어려움을 겪는 스타트업에게는 매출 확대를 위한 전략적 선택지가 될 수 있다. 기술 인증을 받으면 다음과 같은 실질적 효과를 기대할 수 있다.

① 조달청 나라장터 혁신 장터 등록: 인증을 받은 제품은 별도 카테고리에 등록되어, 공공 기관이 쉽게 검색하고 구매할 수 있다

② 우선 구매 대상 지정: NEP, NET, 혁신 제품 지정 등을 받은 경우, 공공 기관은 일정 비율 이상 해당 제품을 의무적으로 구매해야 한다.

③ 수의 계약 가능 요건 충족: 경쟁 입찰 없이도 일정 금액 이내에서 공공 기관과 직접 계약이 가능해, 초기 매출 확보에 매우 유리하다.

인증을 위한 비용(시험 성적서, 제안서 제작, 시제품 공급 등)은 중소기업 기술 개발 사업, 공공 구매 판로 지원 사업, 중진공의 판로 개척 자금 등을 통해 대부분 보조가 가능하다. 따라서 자금 부담을 이유로 인증을 미루기보다는, 관련 프로그램을 적극 활용해 조기에 인증을 확보하는 것이 중요하다.

활용 핵심 포인트

① 제품이 완성된 이후에는 곧바로 조달청 혁신 장터 등록을 고려하자.

② 인증 취득 시, 해당 내용과 수요 기관 반응을 자료화해 후속 투자나 정책 자금 신청 시에도 활용할 수 있다.

③ 인증을 받은 이후에는 중기부, 조달청, 중진공 등의 다양한 후속 지원 프로그램이 함께 열리므로 매출 확대와 자금 확보의 선순환 구조를 만들 수 있다.

민간 연계형 기술 실증 및 사업화 연계 자금

초기 매출이 발생한 스타트업이 맞닥뜨리는 다음 과제는 '기술 실증(POC, Proof of Concept)'과 '확장 가능성의 입증'이다. 특히 B2B 모델을 중심으로 한 기술 기반 스타트업의 경우, 단순한 기술 개발만으로는 충분하지 않다. 대기업이나 공공 기관 등 실제 수요처가 해당 기술을 검증해 줘야만 시장에서의 신뢰를 얻고, 이후 본격적인 매출 확대나 투자 유치로 이어질 수 있다. 이러한 맥락에서, 정부와 정책 금융 기관들은 민간 연계형 실증 자금을 통해 기술 실증과 사업화를 연계한 지원 프로그램을 운영하고 있다. 특히 다음과 같은 제도들은 초기 매출을 낸 스타트업에게 유용하다.

○ **민관 협력 기술 도입 실증 지원 사업(산업부, KETI 등)**

산업통상자원부와 한국전자기술연구원(KETI) 등에서 운영하는 이 사업은 대기업이 관심을 가진 스타트업 기술을 공동 실증하는 구조다. 대기업이 직접 수요 기업으로 참여하고, 스타트업은 그 기술을 테스트 베드에 적용하면서 시제품 제작, 장비 구축, 기술 개선 비용 등을 지원받는다. 이 과정을 통해 대기업 납품 기회를 얻거나 공동 사업화를 추진할 수 있다.

※ 예시: 친환경 포장 기술을 보유한 스타트업이 대형 유통기업과 함께 공동 실증을 수행하면서 실제 납품 계약으로 이어짐.

○ **대기업 연계 오픈이노베이션 실증 자금**

삼성, LG, SK, 롯데 등의 주요 그룹은 자체 CVC 또는 사내 벤처 지원 조직을 통해 스타트업과 협업하는 오픈이노베이션 프로그램을 운영하고 있다. 이들은 자체 예산과 함께 정부의 실증 지원 프로그램(K-Startup Open Bridge 등)을 연계해 파일럿 테스트를 진행하며, 실증 성공 시 납품, 투자, 공동 브랜드 런칭 등으로 연결된다.

※ 예시: 헬스케어 AI 스타트업이 병원과 함께 공동 실증을 진행한 후, 해당 기술이 대형 병원에 정식 도입되고 벤처캐피털 투자까지 연계됨.

○ 기술보증기금 및 신용보증기금의 실증·성장 연계 보증 프로그램

기술보증기금과 신용보증기금은 기존 보증 제도에 '실증 기반'을 결합한 특별 보증 상품을 운영하고 있다. 예를 들어, 공공·대기업 테스트 베드 실증 경험이 있는 경우 보증 한도를 확대하고, 심사 시 기술성과 시장성 평가를 우대한다. 또한 실증을 통해 매출 확장 가능성이 입증되면 추가로 성장 특화 보증이나 IP 보증, ESG 연계 보증으로 연계될 수 있어 보증 한도 확대와 보증료 인하 혜택을 동시에 누릴 수 있다.

※ 예시: 스마트 시티 기술을 실증한 스타트업이 실증 결과를 근거로 기보의 성장 특화 보증을 받아 10억 원의 운전 자금을 조달.

 실증 사업 활용 Tip

실증 사업은 단기 수익보다는 '기술의 확장 가능성과 시장 적용성'에 초점을 맞춘다. 따라서 단순히 "기술이 있다"는 설명보다는 해당 기술이 어떤 산업 분야에서 어떻게 적용될 수 있는지, 그리고 시장 규모 및 파급력은 어느 정도인지를 구체적으로 제시해야 한다. 예를 들어 '스마트센서 기술'이라면 물류, 보안, 환경 모니터링 등 다양한 응용 분야에 어떻게 파급될 수 있는지를 보여 주는 것이 중요하다.

실증 결과는 단순한 기술 입증을 넘어 '신뢰 자산'이 된다. 대기업 테스트 베드, 공공 기관 실증 등의 경험은 스타트업에게 실질적인 브랜드 신뢰도를 만들어 주며, 투자자(VC, CVC)에게는 '검증된 기술'로 받아들여진다. 따라서 실증 사업의 중간 보고서, 결과 보고서, 테스트 데이터, 사용 후기 등을 IR 자료로 재가공하여 투자 설명 자료에 포함하는 것이 효과적이다. 실증 사업 경험은 정책금융의 다음 단계와 자연스럽게 연결된다.

예를 들어, 공공 실증이 완료된 기술은 조달청 혁신 제품으로 지정되기 쉽고, 이는 공공 기관 우선 구매, 수의 계약 가능 등의 실질적 매출 확대 수단이 된다. 또한, 실증 데이터를 기반으로 기술보증기금이나 신용보증기금의 기술평가보증이나 성장특화보증 신청 시 기술성 등급을 높일 수 있으며, 나아가 중소벤처기업부의 TIPS 프로그램(민간 주도형 기술 창업 지원) 등의 고성장 지원 제도와도 연계 가능하다.

※ 실증 사업 신청 전 체크리스트

- 실증하고자 하는 기술 또는 제품이 어떤 문제를 해결하는지 명확히 제시했는가?
- 실증 대상 기관(대기업, 공공 기관 등)의 니즈와 우리의 기술이 잘 맞물리는가?
- 실증 이후 해당 파트너와 납품, 공동 사업, 투자 등으로 연결될 가능성이 있는가?
- 실증 종료 후의 활용 전략(IR 자료화, 보증 및 인증 연계, 판로 개척 방안 등)을 사전에 계획하고 있는가?

구매 조건부 기술 개발 사업
(중소기업기술정보진흥원, 약칭 기정원)

구매 조건부 R&D 사업은 중소기업이 대기업, 공공 기관, 공기업, 지방자치단체 등과 구매 또는 납품 계약 체결을 전제로 기술 개발을 추진하는 방식이다. 즉, 개발 완료 후 바로 납품까지 연계될 수 있는 실용적이고 상용화 중심의 R&D 지원 제도이다.

표 5.7 구매 조건부 기술 개발 사업 주요 내용

구분	내용
지원 대상	중소기업 + 수요처(공공 기관, 공기업, 대기업 등)가 컨소시엄을 구성
지원 방식	정부와 수요처가 함께 R&D 자금을 지원하거나, 정부는 자금, 수요처는 납품 확약을 제공
지원 규모	평균 3억~5억 원, 경우에 따라 10억 원 이상도 가능
지원 기간	과제당 평균 2년 내외
활용 목적	수요 기관이 필요로 하는 기능을 중심으로 맞춤형 기술 개발, 개발 후 곧바로 납품 또는 상용화

주로 이미 납품처가 정해져 있거나, 공공 기관/대기업 등 수요 기관과 협약을 체결한 중소기업 또는 맞춤형 솔루션을 개발하고자 하는 ICT, 교육, 의료, 제조, 친환경, 스마트시티 등 다양한 분야의 중소기업에게 유리한 프로그램이다. 이 프로그램은 수요 기관과의 협약을 기반으로 하므로 사업화 성공 가능성이 매우 높고, 정부 R&D + 시장 연결이라는 구조로 투자 대비 효과를 극대화할 수 있으며, 다양

한 분야(의료, 교육, 공공 행정, 에너지 등)에서 활용 가능하다는 장점이 있다.

구매 조건부 R&D 과제는 먼저 공공 기관이나 대기업 등 수요처와의 협약 체결이 출발점이다. 즉, 제품이나 기술을 실제로 필요로 하는 기관(예: 공공 병원, 교육청, 지자체 등)과 미리 협력해 "이런 기술을 개발하면 우리가 구매하겠다"는 확약서(수요 확약서 또는 구매 의향서)를 받는 것이 핵심이다.

그 다음에는 '중소기업기술정보진흥원(TIPA)'이나 '중소기업 기술개발 종합관리시스템(SMTECH)' 홈페이지에서 공고를 확인한 후, 수요처와 함께 사업 계획서를 작성해 온라인으로 신청하면 된다. 신청이 완료되면 전문가 평가단이 기술성, 시장성, 수요처 신뢰도 등을 종합적으로 심사한 뒤 선정 여부를 통보해 주며, 선정되면 TIPA와 협약을 맺고 본격적인 R&D를 시작할 수 있다.

기술력 기반 해외 진출 연계 자금

기술 기반 스타트업이 국내에서 초기 매출을 올린 이후 본격적인 성장을 도모하려면, 국내 시장에 국한되지 않고 해외 수요까지 고려한 전략이 필요하다. 특히 기술이나 솔루션이 글로벌 수요에 부합하는 경우, 해외 진출은 단순한 시장 확대가 아니라 '매출의 도약 기회'로 작용할 수 있다. 이러한 해외 진출을 보다 체계적으로 준비하기 위해 정부 및 정책 금융 기관은 다양한 자금 연계 프로그램을 운영 중이다.

○ **수출 바우처 사업(산업통상자원부 등)**

수출 바우처는 기술 기반 스타트업이 해외 진출 과정에서 겪는 마케팅, 현지화, 홍보 등 다양한 비용 부담을 덜어 주는 대표적인 프로그램이다. 예를 들어 해외 전시회 참가, 카탈로그 번역, 유튜브 홍보 영상 제작, 글로벌 쇼핑몰 입점 컨설팅 등에 소요되는 비용을 일정 한도 내에서 지원한다. 창업 초기 기업은 최대 3,000만 원, 혁신 성장 기업은 최대 1억 원까지 지원받을 수 있으며, 자부담 비율도 낮아 스타트업 입장에서 진입 장벽이 낮다.

○ **글로벌 창업사관학교(중소벤처기업부)**

'글로벌 창업사관학교'는 기술력 있는 창업 기업이 해외 법인을 설립하거나 글로벌 액셀러레이터와 연계할 수 있도록 돕는 프로그램이다. 참가 기업은 일정 기간 동안 글로벌 현지(미국, 유럽, 동남아 등)에 입주하며, 해외 멘토링, 시장 검증, 투자 유치 활동 등을 지원받는다. 영어 IR 자료 제작, 글로벌 투자자와의 매칭, 로컬 VC 피칭 등은 해외 진출의 실질적 기초 체력을 강화해 주는 요소다.

○ **신보/기보의 해외 진출 특화 보증**

신보/기보는 해외 납품 계약을 체결한 기업이 안정적으로 수출 이행을 할 수 있도록 보증을 제공한다. 예컨대, 미국 바이어와 공급 계약을 체결한 스타트업이 납품에 필요한 원자재를 구매할 자금이 부족한 경우, 기보는 해당 수출 계약서를 근거로 은행 대출에 대해 보증을 서 준다. 이는 '수출 채권 기반 보증' 혹은 '수출 이행 보증' 형태로, 납품을 지체 없이 수행하게 하여 신뢰도 유지와 반복 수출로 이어질 수 있는 기반을 마련해 준다.

○ **한국무역보험공사·수출입은행의 해외 진출 금융**

해외 시장 진출을 시도하는 초기 스타트업에게 가장 큰 부담은 납품 과정에서 필요한 자금 조달과 바이어로부터 대금을 회수하지 못할 수 있다는 불안감이다. 특히 거래 이력이 많지 않고 담보력이 부족한 초기 기업은 민간 금융이나 투자자에게 자금을 구하기 어려운 경우가 많다. 이러한 상황에서 한국무역보험공사(K-SURE)와 수출입은행(KEXIM)의 지원 제도는 초기 기업에게도 중요한 안전망이 될 수 있다.

한국무역보험공사는 비교적 소규모 수출을 진행하는 스타트업에게 적합한 제도를 운영한다. '단기수출보험'을 활용하면 해외 바이어가 대금을 지급하지 못했을 때 손실을 보전받을 수 있어, 거래 경험이 적은 초기 기업도 안심하고 첫 수출 계약에 도전할 수 있다. 또한 '수출이행자금 보증'은 수출 계약서를 근거로 은행 대출을 받을 수 있도록 보증을 제공하기 때문에, 원자재 구매나 초기 납품 자금을 확보하는 데 직접적인 도움이 된다. 즉, 스타트업이 작은 규모라도 해외 바이어와 계약만 체결한다면 납품 자금과 리스크 관리라는 두 가지 문제를 동시에 해결할 수 있다.

수출입은행은 전통적으로 대규모 프로젝트 금융에 강점을 가진 기관이지만, 초기 스타트업에게도 활용 가능한 제도가 있다. 예를 들어, '바이어즈 크레딧(Buyer's Credit)'은 직접적인 초기 기업용 제도는 아니지만, 국내 기업과 거래하는 해외 바이어에게 금융을 제공해 한국 기업 제품을 선택할 유인을 높여 준다. 또 초기 스타트업이 해외 현지에 소규모 지사나 법인을 세우려 할 경우, '해외투자금융' 프로그램을 통해 일부 자금 조달이 가능하다. 무엇보다 수출입은행은 해외 시장 조사, 현지 네트워크 연결, 글로벌 벤처 지원 프로그램 등 비금융적 지원도 제공하기 때문에 초기 단계에서는 '정보와 네트워크 확보' 차원에서 접근하는 것이 효과적이다.

○ 중진공 수출 인큐베이터(수출BI)

중소벤처기업진흥공단은 해외 주요 거점(미국, 일본, 베트남 등)에 '수출 인큐베이터'를 운영하며, 다음과 같은 서비스를 제공한다.
- 현지 사무 공간 제공: 초기 해외 진출 시 사무실 임차 없이도 활동 가능
- 전문 컨설팅: 수입 규제, 인증, 통관, 계약 등 복잡한 절차에 대한 전문가 조언
- 시장 조사 비용 지원: 타겟 국가의 경쟁 분석, 가격 정책 조사 등 실무 중심 정보 제공

이러한 프로그램은 단순한 자금 지원이 아니라, '시장 연결'을 직접 지원하는 구조를 가지고 있어 자금이 바로 현지 매출 확대로 이어지는 선순환 구조를 만들어 준다.

💡 해외 진출 정책 자금 활용 Tip

해외 진출 자금은 단순한 '자금 조달'이 아니라, '어디로', '무엇을 가지고', '어떻게 나갈 것인가'를 명확히 정의하는 전략 수립 과정이 함께 따라야 한다. 다음의 단계별 준비 항목을 갖춰 두면 다양한 지원 사업 신청 시 큰 도움이 된다.

① 진출 국가 및 시장 선정: 단순히 '글로벌 진출'이 아닌 구체적인 국가 및 산업군을 정하는 것이 중요하다(예시: '미국 헬스케어 시장', '베트남 스마트시티 인프라',

'독일 제조용 부품 시장').

② 수출 계획서 준비: 수출 목표 국가, 수출 예상 품목, 연도별 수출 목표 금액, 마케팅 전략 등을 담은 '간단한 수출 계획서(PPT 형태도 가능)'는 수출 바우처·KOTRA·기보 보증 등 거의 모든 프로그램에서 공통 서류로 활용된다.

③ 해외 바이어 발굴 실적 및 거래 이력 확보: 온라인 수출 상담회 참가, KOTRA 바이어 연결 이력, 이메일 문의 내역 등도 좋은 바이어 접촉 증빙 자료가 된다. 아직 거래가 없어도, 'LOI(Letter of Intent, 구매 의향서)'만 있어도 기보/중진공의 일부 프로그램에서는 활용 가능하다.

④ 기술 소개 자료 준비(영문 버전 포함): 해외 파트너, VC, 현지 유통사 등에게 제공할 기술 자료 또는 제품 브로슈어의 영문 버전을 미리 제작해 두면 효과적이다. 유튜브 영상이나 웹사이트 링크, IR 영상도 포함되면 신뢰도를 높일 수 있다.

⑤ 기관별 지원 프로그램 흐름 파악: 예를 들어, 기보의 해외 바이어 기반 수출 이행 보증 → 중진공의 수출 인큐베이터 공간 입주 → KOTRA의 바이어 매칭 서비스 순으로 연계될 수 있다. 이처럼 여러 정책 금융과 수출 지원 기관 간에는 상호 보완적인 흐름이 있으므로 전체 그림을 이해하고 순서대로 준비하면 시너지 효과가 크다.

이처럼 한 가지 프로그램에만 국한되지 않고 '계획 → 자료 정리 → 연계 활용'까지 이어지는 전략이 중요하다. ⁍

기술력 기반 자금 조달 전략의 핵심: 연결된 설계로 성장 동력 확보

초기 매출이 발생한 스타트업에게 자금은 단순히 운영비를 메우는 '수단'이 아니다. 이 시점에서 자금은 기술 실증, 고객 확보, 투자 유치, 시장 진입 등 다양한 성장 활동과 연결되는 전략적 자원이다. 실제로 동일한 자금을 확보하더라도 그 자금을 어떻게 활용하고, 무엇과 연결시키느냐에 따라 기업의 성장 궤도는 완전히 달라질 수 있다. 이를 위해 스타트업은 다음과 같은 세 가지 연결 중심의 자금 활용 전략을 설계할 필요가 있다.

① 자금 → 실증 → 납품·조달·투자 연결

확보한 자금으로 기술을 실증(POC)하고, 이 실증 결과를 기반으로 공공 기관 납품, 대기업 거래, VC 또는 CVC 투자 유치로 이어지는 선순환 구조를 만드는 것이 중요하다. 실증 자금은 단기 수익보다는 중장기 시장 검증의 핵심 수단이다.

② 기술 인증 → 공공 구매 또는 민간 B2B 계약 연계

기술 인증(혁신 제품 지정, NEP/NET 등)은 단순한 스펙이 아니라 '공공 시장 진입 출입증'이 된다. 이를 통해 조달청 등록, 수의 계약, 우선 구매 등으로 이어질 수 있고, 나아가 대기업과의 신뢰 기반 B2B 계약 체결로도 연결된다(NET는 수의 계약 조건에서 제외).

③ 자금 지원 → 사업화 과제 + 인프라 확장 동시 설계

자금을 단순한 개발비로만 쓰기보다는 마케팅, 인력 확충, 설비 보강, 수출 준비 등 성장을 위한 인프라 확장과 연계하여 설계해야 한다. 정부의 다양한 지원 사업은 이러한 목적에 맞춰 융합적으로 활용될 수 있다.

다시 말해 성공적인 기술 기반 자금 전략을 구축한 스타트업은 단순히 비용 해결을 넘어 시장·투자자·파트너와의 연결고리를 형성하는 구조를 만들 필요가 있다. 이러한 연결 중심의 전략은 정책 자금, 보증, 수출, 판로 개척 등 각종 제도를 사업의 단계별 흐름에 따라 유기적으로 설계할 때 가장 큰 효과를 발휘한다. 예를 들어, '제품 개발 → 실증 자금 확보 → 기술 인증 → 조달청 등록 → 매출 발생' 또는 '수출 바우처 → 현지 실증 → 바이어 계약 → 기술보증기금 보증 → 수출 실행'처럼 각 프로그램이 유기적으로 이어지는 자금 활용 시나리오를 구성해야 한다. 결국 자금의 액수보다 더 중요한 것은, 그 자금이 어떻게 쓰이고 누구와 연결되는가 하는 데 있다. 초기 매출이 발생한 스타트업에게 자금은 곧 성장 전략의 도구이자, 미래 사업 구조의 설계 수단이다.

5장 핵심 포인트

구분		주요 내용	핵심 포인트
매출 발생 전 자금 조달	중진공 지원 자금	• 중진공 '창업초기지원자금' 등 창업 3년 이내 기업 대상 정책 자금 활용 • 무담보 융자, 기술성 중심 평가	기술 타당성, 성장 가능성 중심 평가
	민간 초기 투자 유치(IR)	• PRE-SEED·SEED 단계에서 아이템·팀 역량 중심으로 투자 • D.CAMP, 블루포인트, 카카오벤처스 등 초기 투자사 활용 • 스토리텔링 방식으로 문제 해결 능력과 성장성 강조	초기 매출 전 투자 유치 전략: 스토리텔링과 실행력 강조
	크라우드 펀딩 자금 확보	• 와디즈, 텀블벅 등 선주문 기반 펀딩 • 소비자 반응 확인 + 조기 매출 확보 가능 • 브랜드 홍보, 언론 노출, 유통사 연결 효과	시장 검증 + 자금 조달 동시 달성
	정부 R&D·지자체 연계	• 디딤돌 R&D(시제품 개발)/창업 성장 R&D(제품 고도화) 무상 지원 • 최대 2억 내외 지원, 기술 신뢰도 확보 • 지자체 R&D 지원으로 지역 보완	무상 R&D 자금으로 기술 신뢰 확보 및 성장 기반 마련
	클라우드 인프라 바우처	• AWS·GOOGLE·네이버 등 클라우드 크레딧 제공 • K-STARTUP 등 정부 바우처 사업과 연계 • 인프라 비용 절감 + 투자자 설득 포인트	비용 절감 + 사업 계획 신뢰도 제고
	개인 신용·지인 투자	• FFF(FAMILY, FRIENDS, FOOLS) 투자: 관계 기반 신속 자금 확보 • 신용카드·마이너스 통장 등 단기 자금 활용: 계약서·차용증 등 문서화 필요	단기적 유동성 수단, 중장기 정책 자금과 연계 필요

매출 발생 후 성장 자금 조달	신보, 기보, 중진공 활용	• 신보 리틀펭귄 보증, 청년창업 특례보증 • 신보 팩토링 금융, 매출채권보험 • 기보 기술창업기업 보증 • 중진공 및 창진원 사업	초기 매출 이후 유동성·성장 지원 핵심 수단
	기술 인증·공공 조달 진입	• NEP, NET, 혁신 제품 지정 등 인증 확보 • 조달청 나라장터 혁신 장터 등록 • 공공 시장 우선 구매·수의 계약 가능	안정적 판로 확보 및 매출 확대
	민관 연계 실증 사업	• 대기업·공공 기관과 공동 실증(POC): K-STARTUP OPEN BRIDGE, 오픈이노베이션 • 실증 결과 기반으로 보증 확대, 투자 연계	실증 = 신뢰 자산, 투자·매출로 연결
	해외 진출 연계 자금	• 수출바우처(해외 전시회, 마케팅 지원): 글로벌 창업사관학교(해외 입주·멘토링) • 수보 단기수출보험, 수출이행자금 보증 • 수출입은행 BUYER'S CREDIT, 해외투자금융 • 중진공 해외 수출인큐베이터	해외 진출 시 안전망 + 현지 매출 확대 지원

제6장

정부 R&D 및 기술개발 자금의 전략적 활용

"

이제 매출도 조금 나오고 기술도 더 고도화하고 싶은데, 민간 투자만으로는 한계가 있어요. 정부 R&D 자금을 활용하면 도움이 될까요?

네, 정부 R&D 자금은 기술 고도화와 성장의 핵심 자원입니다. 중기부의 창업성장기술개발사업이나 디딤돌 창업 과제는 초기 기업 맞춤형이고, 산업부는 전략 산업 중심의 대형 과제를 지원해요. 국토부는 스마트시티, 교통안전 등 실증형 R&D에 강점이 있죠. 또 환경부와 복지부는 각각 ESG와 바이오·의료 기기 분야 지원이 강해, 기업 특성에 맞게 선택할 수 있습니다.

"

기술 기반 스타트업에게 있어 R&D는 단순한 기술 개발의 수단을 넘어 시장에서 경쟁력을 확보하고 후속 투자와 수익 모델로 연결되는 핵심 성장 동력이다. 하지만 기술 개발에는 상당한 시간과 자금이 필요하고, 특히 시장 실증에 도달하기까지 수많은 리스크가 존재하며, 이러한 리스크를 민간 자본만으로 감당하기엔 한계가 존재한다. 이때 정부의 R&D 지원 사업은 스타트업이 기술 리스크를 분산하고, 제품/서비스 고도화를 통해 사업화 가능성을 높이는 중요한 정책 금융 수단이 된다.

이 장에서는 다음과 같은 세 가지 측면에서 정부 R&D 자금의 전략적 활용 방안을 제시한다.

- 정부 부처별 대표 R&D 프로그램과 스타트업 활용 포인트
- 사업 기획, 신청, 수행 단계별 유의 사항과 실전 전략

- 민간 투자(VC, CVC 등)와 연계된 기술 개발 과제(TIPS 등)의 활용 사례

정부 지원 R&D 자금은 단순히 '연구 자금'이 아닌, 시장 실증의 디딤돌이자 후속 투자·공공 조달·글로벌 진출로 가는 경로의 설계 자금이라는 인식이 필요하다. 이 장은 R&D 사업을 자금이 아닌 전략적 성장 수단으로 활용하는 방법에 집중한다.

1. 중소벤처기업부 등 정부 부처별 지원 사업 개요

스타트업이 기술 기반의 사업화를 추진하는 과정에서 정부의 R&D 지원 사업은 필수적인 자금 동력이다. 특히 기업의 성장 단계나 산업 특성에 따라 각 부처가 운영하는 R&D 프로그램의 목적과 내용이 다르므로 적절한 시기에 적절한 프로그램을 선택하는 것이 중요하다.

중소벤처기업부: 창업·초기 기업 중심의 기술 개발 지원

중소벤처기업부는 창업 초기 기업의 기술 개발을 전략적으로 지원하기 위해 다양한 트랙의 R&D 프로그램을 운영하고 있다. 대표적인 사업으로는 '창업성장기술개발사업', '중소기업기술혁신개발사업(R&D Scale-up)'이 있다.

'창업성장기술개발사업'은 창업 7년 이내 기업을 대상으로 제품 기술 고도화, 시제품 제작, 성능 실증 등 기업의 성장 단계에 따라 맞춤형으로 지원하는 중형 규모의 기술 개발 프로그램이다. 다양한 세부

트랙으로 구성되어 있으며, 수행 실적이 우수한 기업은 TIPS와 같은 민간 투자 연계형 과제로 확장되는 기회를 얻을 수 있다(디딤돌 R&D-TIPS R&D).

'디딤돌 R&D'는 창업 3년 이내 기업이나 예비 창업자를 대상으로 초기 기술 검증(POC) 및 시제품 제작을 위한 자금을 지원하는 사업이다. 비교적 소규모 자금이지만, 아이디어 실현 가능성 검토 및 향후 창업 성장 과제로의 연계를 위한 사전 단계로 유용하다.

'중소기업기술혁신개발사업(R&D Scale-up)'은 20억 원 이상의 매출과 기술력을 보유한 중소기업이 본격적인 사업화와 매출 증대를 목표로 진행할 수 있는 중형 R&D 사업이다. 기술 사업화 가능성이 높은 기업을 선별하여 지원하며, 기존 과제 수행 경험이 평가에 유리하게 작용할 수 있다.

표 6.1 중소벤처부 R&D 지원 사업

항목	창업성장기술개발사업	중소기업기술혁신개발사업 (R&D SCALE-UP)
대상 기업	창업 7년 이내 기업	일정 수준의 매출과 기술력을 보유한 성장 단계 중소기업
주요 내용	기술 고도화, 시제품 제작, 성능 실증 등 단계별 맞춤 지원	사업화 촉진, 매출 증대 중심의 중형 R&D 과제
지원 규모	최대 2억~5억 원 내외, 사업 기간 1년 6개월~2년	최대 6억 원 이상
활용 Tip	우수 수행 기업은 TIPS 등 민간 투자 연계 가능	이전 과제 수행 이력이 평가 시 가점 요인으로 작용

출처: 중소벤처기업부

산업통상자원부: 전략 산업 중심의 중대형 기술 개발

산업통상자원부는 대한민국의 전략 산업 경쟁력을 높이기 위해 중소·중견 기업을 대상으로 다양한 중대형 기술 개발 지원 사업을 운영하고 있다. 특히 에너지, 소재, 시스템 반도체, 미래 차, 이차 전지 등 국가 산업 정책의 핵심 분야에서 기술 자립을 위한 과제들을 다수 공모하고 있으며, 단독 기업보다는 산학연 컨소시엄 중심의 과제가 많다는 특징이 있다.

○ 산업 기술 R&D 사업

이 사업은 기술 경쟁력 확보를 위한 중규모 R&D 과제로, 주로 대학·연구 기관과 협업 체계를 갖춘 중소·중견 기업에게 적합하다. 과제당 5억 원에서 최대 20억 원까지 지원되며, 미래 차, 반도체, 바이오헬스, 신재생에너지 등 전략 산업군에서의 성과 도출을 목표로 한다.

표 6.2 산업통상자원부의 R&D 지원 사업

항목	산업기술 R&D 사업	산업핵심기술개발사업
대상기업	전략 산업 진출 중소·중견 기업 (주로 컨소시엄 참여)	부품 소재 중심의 제조 기반 중소·중견 기업
주요 내용	에너지·소재·반도체 등 기술 경쟁력 확보 과제	고도화 기술, 상용화 기술 확보 중심 대형 과제
지원 규모	과제당 5억~20억 원 규모	과제당 최대 30억 원 이상
활용 Tip	산학연 협업 구조, 수요처 확보 역량 강조 필요	상용화 계획과 기술 자립 가능성 제시가 핵심

출처: 산업통상자원부

정책 자금 활용 Tip

대기업이나 공공 기관과의 협업은 단순한 이름값이 아니라, 과제 실현 가능성과 확산 가능성을 보여 주는 핵심 근거가 된다. 산업 기술 R&D 사업은 단독 과제보다는 산학연 또는 수요 기관과의 컨소시엄을 구성하는 것이 일반적이며, 그 안에서 기업이 수행할 '기술 개발 역할'과 '사업화 계획'을 명확히 제시해야 한다. 예를 들어, 스타트업이 배터리 소재 관련 기술을 보유하고 있다면, 전기차 제조 대기업과의 MOU(업무 협약) 또는 '납품 의향서(LOI)'를 확보한 뒤, 해당 대기업을 과제의 수요 기관으로 포함시켜 컨소시엄을 구성하면 평가에서 강점을 가질 수 있다. 또한, 실증 테스트를 위해 공공 기관이나 지자체의 인프라를 활용하거나 실승 상소 제공 협약을 맺는 것도 좋은 전략이 될 수 있다.

※ 심사 포인트 요약

- 우리 기업이 어떤 기술을, 어떤 파트에서 담당할지를 명확히 구분하여 역할 분담 구조를 제시
- 공공 수요처 확보, 사업화 대상 기업과의 계약 체결 가능성 등은 실현 가능성과 지속 가능성 판단 기준
- 단순 기술 개발이 아닌, '성과의 확산 경로(판로, 인증, 조달 연계 등)'까지 함께 제시

이러한 전략을 통해 과제가 단순한 기술 검증이 아니라, 산업 전체의 가치 사슬(Value Chain)을 강화할 수 있는 구조로 설계되어 있다는 인상을 줄 수 있어, 선정 확률이 높아진다.

○ **산업핵심기술개발사업**

이 사업은 부품 소재의 고도화 기술, 상용화 기술 개발을 집중 지원한다. 특히 소재·부품·장비(소부장) 분야에서 국산화나 기술 자립이 필요한 과제에 적합하며, 제조 기반 기업에게 매우 유리하다. 과제

당 최대 30억 원 이상 지원되는 대형 과제로, 주관 기관의 기술 수준, 수행 역량, 인력 구성 등이 중요한 평가 기준이다.

정책 자금 활용 Tip

산업핵심기술개발사업은 단순한 기술 보유보다 '사업화 실현 가능성'에 대한 증명이 핵심이다. 따라서 개발 완료 후 실제 제품이 시장에 출시될 수 있는 구조를 사전에 설계해야 높은 평가를 받을 수 있다.

※ **산업핵심기술개발사업: 평가에 중요한 영향을 미치는 요소**

- 시제품 제작 계획: 개발 완료 후 바로 생산 가능하도록 금형, 부품, 시험 설비 등의 확보 계획과 일정 제시
- 수요처 확보 여부: 대기업, 공공 기관, 유통망 등으로부터 구매 의향서(LOI) 또는 공급 MOU를 확보하면 실현 가능성 입증에 유리함
- 기술 이전 실적 또는 계획: 타 기업과의 기술 이전 협의 내용이나 협약(예: 라이선싱 계약 예정)이 있으면 가산점을 받을 수 있음
- 시장 출시 후 활용 전략: 개발한 기술을 적용한 제품이 어떤 산업에서, 어떤 고객군을 대상으로 판매될 것인지까지 구체적으로 제시해야 함

※ **활용 사례**

신소재 부품 기술을 개발하는 기업이 '자동차 부품 제조사 A'로부터 공급 검토 의향서를 확보하고, 개발 완료 후 6개월 내 납품 가능 구조를 제시한 경우, 높은 사업화 점수를 받아 선정된 사례가 있다.

→ 단순히 "기술 개발을 하겠다"가 아니라 "이 기술을 누가 사 줄 것인지, 어떻게 납품할 것인지"까지 보여 줘야 심사위원이 투자 대비 효과(ROI)를 판단할 수 있다.

국토교통부: 스마트 시티, 건설 기술 중심의 실증형 R&D

국토교통부는 스마트 시티와 건설 분야 기술의 현장 적용 및 실증에 중점을 둔 R&D 지원 사업을 운영하고 있다. 특히 기술을 실제 도시 환경에 테스트할 수 있는 '스마트 시티형 R&D 과제'와 ESG 중심의 건설 기술을 대상으로 한 '건설기술연구개발사업'이 대표적이다.

스마트 시티형 R&D 과제는 스마트 교통, 친환경 건축, 도시 안전 관리 등의 기술을 지자체나 공공 기관과 협업해 실증할 수 있는 구조로 설계되어 있다. 기술 검증에 필요한 실증 환경(예: 도심 내 교통 인프라, 지능형 CCTV, 에너지 관리 시스템 등)을 제공받을 수 있으므로 스타트업 입장에서는 대규모 인프라 없이도 제품 검증을 수행할 수 있는 기회가 된다. 다만, 실증을 위한 지자체 파트너십 확보가 매우 중요하므로 공공 기관 또는 지자체와의 사전 협의 및 MOU 체결이 사전에 준비되어야 한다. 지원 금액은 과제당 3억~10억 원 수준으로, 실증 비용뿐 아니라 일부 제품 고도화 자금도 포함되어 있다.

건설기술연구개발사업은 건설업 스타트업이나 친환경 건축 기술을 보유한 기업에 적합한 과제이다. 건설 현장의 안전, 친환경 자재 사용, 에너지 효율성 등 ESG 요소를 반영한 기술을 실증과 연계하여 개발하도록 요구된다. 예를 들어, 구조물의 붕괴를 예방하는 AI 기반 센서 기술, 온실가스 배출을 줄이는 저탄소 콘크리트, 또는 스마트 안전모와 같은 제품이 이에 해당한다. 지원 규모는 2억~15억 원 수준으로, 현장 적용 가능성 및 인증 확보 여부가 과제 선정의 주요 평가 기준이다.

표 6.3 국토교통부의 R&D 지원 사업

구분	스마트시티형 R&D 과제	건설기술연구개발사업
대상 기술 분야	스마트 교통, 도시 안전, 에너지 관리, ICT 융합 등	건설 안전, 친환경 자재, 에너지 절감 등 ESG 건설 기술
지원 대상 기업	스마트 시티 관련 기술을 보유한 스타트업, ICT 기반 서비스 기업	건설, 환경, 안전 관련 기술을 보유한 스타트업
주요 지원 내용	지자체 연계 실증, 제품 고도화, 실험 장비·시제품 제작	현장 실증, 기술 성능 평가, 인증 연계, 고도화 자금 등
지원 규모	과제당 3억~10억 원	과제당 2억~15억 원
과제 수행 조건	지자체 협업 구조 필요, 실증 장소 및 파트너 확보 중요	현장 적용성 강조, 인증 및 수요처 확보 방안 포함 필요
활용 Tip	스마트 시티 챌린지, 공공 사업과 연계하면 판로 확대에 유리, 실증 후 조달청 혁신 제품 지정으로 이어질 수 있음	인증 확보 계획 및 현장 시범 적용 경험 강조 ESG 관점에서 개발 목적 명확히 제시
적합 스타트업 예시	AI 기반 교통 분석 시스템, IoT 스마트 가로등, 에너지 절감형 센서 기술 등	무인 건설 장비 안전 시스템, 탄소 저감 콘크리트, 스마트 안전모 등

출처: 국토부

국토교통부 R&D 과제 활용 정책 자금 조달 Tip

1. 스마트 시티형 R&D 과제-도시 문제 해결 중심 접근

스마트 시티형 과제는 단순한 기술 개발이 아니라 실제 도시 현장에서 발생하는 문제를 해결하는 데 초점을 맞추어야 한다. 예를 들어 'AI 기반 교통량 예측 기술'을 제안할 경우, 기능적 설명보다 "출퇴근 시간 교통 체증을 몇 % 줄일 수 있는가"와 같이 구체적 성과를 제시하는 것이 중요하다. 또한 과제 제안 전 지자체와의 협의 여부가 선정 결과에 큰 영향을 미친다. 사전에 해당 지자체가 기술 적용 의사를 밝혔거나 실증 협의가 되어 있다면, 평가자에게 높은 신뢰를 줄 수 있다.

※ 활용 예시: "서울시 XX구와 사전 MOU 체결 완료 / 교통 빅데이터 실증 협력 계획 보유

2. 건설기술연구개발사업-FSG 효과와 실증 데이터 제시

건설 기술 R&D 과제는 건설 현장의 안전성 향상, 탄소 저감, 진환경 자재 개발 등 ESG(환경·사회·지배 구조) 요소를 핵심 가치로 삼는다. 따라서 단순히 기술적 설명에 그치지 않고, "이 기술이 사회적 가치를 어떻게 높이는지"를 구체적인 수치와 실증 사례로 제시하는 것이 필요하다. 예를 들어 '탄소 저감 콘크리트'라면 기존 자재 대비 탄소 배출량 절감 비율을 제시하고, '스마트 안전모'라면 현장 실증에서 사고 발생률이 얼마나 감소했는지를 보여 주어야 한다. 실증 데이터는 선정 가능성을 높이는 핵심 요소다.

※ 활용 예시: 한국건설기술연구원 인증 획득 / A건설사 현장 2개월간 실증 테스트 완료

기타 정부 부처별 주요 지원 사업

기술 특성이나 산업군에 따라 중소벤처부 외에도 과학기술정보통신부, 환경부, 보건복지부, 식품의약품안전처 등 여러 부처가 스타트업을 대상으로 한 전문 분야별 기술 개발 자금을 운용하고 있다. 이들 사업은 단순한 자금 지원에 그치지 않고, 실증, 인증, 투자 연계, 시장 진입까지 연결되는 구조로 설계되어 있어 전략적 활용이 가능하다.

○ 과학기술정보통신부: ICT 및 AI 기술 중심의 실증형 R&D

과기정통부는 AI, 빅데이터, 소프트웨어 등 ICT 기반 스타트업을 위한 다양한 R&D 지원 사업을 운영 중이다. 특히 'AI 바우처 지원 사업'은 스타트업이 자사 기술을 중소기업에 실증 적용하는 구조로, 매출 증대와 민간 수요 발굴을 동시에 이룰 수 있는 기회를 제공한다.

또한, 'ICT 융합 프로젝트 지원 사업'은 헬스케어, 스마트팩토리, 농업 등 이종 산업과 ICT 기술 간의 융합 개발을 촉진하는 사업으로, 시장성 있는 융합 아이템을 가진 스타트업에 적합하다.

 AI 바우처 사업 활용 정책 자금 조달 Tip

AI 바우처는 단순한 기술 보유 여부보다 실제 고객사(수요 기업)와의 실증 경험이 있는 스타트업에게 훨씬 유리하게 작용한다. 특히 AI 알고리즘이나 데이터 기반 솔루션을 보유한 기업이 중소 제조 기업, 유통사, 교육 기관 등과 협업하여 현장 데이터를 분석하거나 예측 모델을 구축해 주는 방식으로 실증을 수행하면, 해당 프로젝트 결과물이 곧 사업 실적과 레퍼런스로 활용될 수 있다. 이러한 실증 경험은 추후 TIPS, 기술 평가 보증, VC 투자 유치 과정에서 '기술의 시장 수용성'을 입증하는 강력한 근거가 되며, 실제로 바우처 실증 종료 후 수요 기업이 정식 유료 고객으로 전환되는 경우도 많다.

예를 들어, 한 AI 기반 물류 솔루션 스타트업은 바우처를 통해 중견 물류 기업의 입출고 예측 시스템을 고도화한 실증을 수행한 뒤, 해당 기업으로부터 연간 유지 보수 계약과 추천서를 확보해 후속 투자를 유치하는 데 성공했다. 따라서 AI 바우처는 단순히 정부 지원금 확보 수단이 아니라, 초기 실적 확보와 투자자 설득 자료를 만드는 실증형 자금 전략으로 활용해야 한다.

○ 환경부: 녹색 기술과 ESG 기반 스타트업 지원

환경부는 탄소 저감 기술, 친환경 소재, 자원 순환 플랫폼 등을 보유한 스타트업을 지원하는 녹색 기술 중심의 R&D 프로그램을 운영한다. 특히 최근에는 환경성과 경제성을 동시에 만족시키는 기술을 대상으로 시장 적용성 평가, 인증 연계, 실증 지원 등 통합형 사업을 강화하고 있다. 온실가스 감축 효과가 수치로 입증되거나, 친환경 인증 취득이 가능한 기술을 가진 스타트업이 대상이다.

💡 환경부 과제 활용 정책 자금 조달 Tip

환경부의 기술 개발 지원 사업은 단순 R&D를 넘어 ESG 및 녹색 기술 중심의 시장 창출과 직결되는 경우가 많다. 특히 탄소 저감, 자원 순환, 미세먼지 저감 기술 등은 국내외 정책 트렌드와 맞물려 공공 조달이나 대기업 공급망 진입의 기회로 확장되기도 한다.

예를 들어, 플라스틱 대체 소재를 개발 완료한 유망한 스타트업은 환경부 자원 순환 기술 개발 과제를 통해 원가를 절감하고, 실증 데이터를 확보한 후 국내 식품 포장업체와 공급 계약을 체결하게 되었다. 이 과정에서 녹색 기술 인증, 탄소 저감 효과 수치화 등이 판로 확보에 핵심 요소가 되었다. 따라서, 환경부 과제를 준비할 때는 단순한 기술 설명이 아니라, 해당 기술이 환경 성과를 어떻게 입증할 수 있는지, 실증 후 '수요처(지자체, 유통사, 제조사 등)'가 어떻게 확대될 수 있는지를 구체적으로 제시하는 전략이 중요하다.

○ 보건복지부·식약처: 의료 기기 및 바이오 기술의 인허가 연계형 R&D

보건복지부와 식품의약품안전처는 의료 기기, 디지털 헬스케어, 바이오 스타트업의 R&D뿐 아니라 임상 시험, 인허가, 품목 허가와 같은 시장 진입에 필수적인 절차까지 고려한 지원 사업을 마련하고 있다.

예를 들어, '혁신 의료 기기 실증 지원 사업'이나 '의료 기기 품목 허가 신속 지원 사업'은 초기 자금 확보에 어려움을 겪는 스타트업이 실증 테스트와 인허가를 병행할 수 있도록 도와준다.

표 6.4 기타 정부 부처의 R&D 지원 사업

부처	지원 초점	주요 대상	핵심 지원
과기정통부	ICT·AI 실증형 R&D	AI, 빅데이터, 소프트웨어 스타트업	수요처 연계 실증, AI 바우처, 상용화 촉진
환경부	녹색 기술·ESG 기반 R&D	탄소 저감, 친환경 소재, 자원 순환 기업	녹색 기술 개발, 환경·친환경 인증, 실증 지원
보건복지부· 식약처	의료 기기·바이오 인허가 연계형 R&D	디지털 헬스케어, 바이오 스타트업	임상 시험·인허가 지원, 혁신 의료 기기 실증

출처: 과기정통부, 환경부, 식약처

💡 보건복지부·식약처
과제 활용 정책 자금 조달 Tip

보건복지부와 식약처는 단순한 기술 개발 자금보다 인허가·실증·임상 비용과 연결된 과제를 다수 운영한다. 이들 과제는 의료 기기, 바이오, 디지털 헬스케어 분야 스타트업에게 실질적인 '시장 진입 장벽'을 낮춰 주는 역할을 한다.

예를 들어, 헬스케어 스타트업이 AI 기반 고혈압 예측 기기를 개발한 후 복지부의 지원을 통해 1차 의료 기관과의 파일럿 테스트를 수행하고, 의료 기기 2등급 품목 허가까지 자금 지원을 받아 낸 사례가 있다. 이 과정에서 확보한 실증 결과와 품목 허가 증서는 병원 유통망 진입, 보험 청구 시범 적용 등에 결정적인 역할을 했다. 이러한 과제를 준비할 때는 의료 현장 적용 시나리오, 임상 설계 계획, 국내외 인허가 로드맵 등을 구체적으로 작성해 제출해야 하며, 향후 VC 투자 유치 시에도 인허가 확보 이력은 매우 강력한 신뢰 자료로 작용한다.

"

지원 사업이 워낙 많아
어디에 맞는지 판단이 어렵네요.

그래서 R&D 사업 신청 전략이 중요합니다.
평가 항목은 기술성, 사업성, 수행 역량인데 이를 논리적으로
설계해야 하고, 중간 점검 관리도 필수예요. 또 TIPS와 같은
민간 투자 연계 프로그램을 활용하면 정부 R&D 자금과 투자
유치, 해외 진출까지 연결할 수 있어
성장 사다리를 탈 수 있습니다.

"

2. R&D 사업 기획, 신청, 수행 시 유의 사항

기술 기반 스타트업에게 R&D 과제는 단순한 연구비 확보를 넘어 시장 진입과 투자 유치의 전환점이 되는 중요한 계기다. 그러나 많은 초기 기업들은 "좋은 기술을 갖고 있으면 된다"는 착각에 빠져 준비 없이 신청했다가 선정에 실패하거나, 과제를 수행하는 과정에서 회계 관리나 중간 점검에 어려움을 겪는다. 따라서 R&D 사업은 '기술', '기획력', '실행 관리'가 유기적으로 연결돼야 성공할 수 있다.

이 절에서는 R&D 지원 사업을 효과적으로 기획하고, 선정되며, 후속 성과까지 이어지도록 하기 위한 실전 전략을 4단계로 정리한다.

사업 기획 단계: "왜 이 기술인가?"를 명확히 설명하라

정부 R&D 과제를 준비할 때 첫 단추는 바로 "기술이 왜 필요한가"에 대한 설득력 있는 스토리를 만드는 일이다. 단순히 "우리는 AI 기술을 가지고 있다"는 식의 설명은 평가자에게 아무런 감흥을 주지 못한다. 기술 자체보다 그 기술이 "어떤 문제를 해결하는가", 그리고 그 해결이 얼마나 시급하고 현실적인가를 구체적으로 제시해야 한다.

정책 자금 활용 사례

농산물 배송 스타트업의 기획 사례
한 물류 스타트업은 다음과 같은 문제 정의로 R&D 과제를 기획했다.
- 문제 진단: "농촌 지역의 고령화로 인해 농산물 배송 인력이 급감하고 있다."

이로 인해 농가의 출하 지연, 배송 불만이 누적되고 있으며, 지역 소비 시장과의 단절도 발생하고 있다."
- 기술 적용 제안: "자율주행 로봇을 활용한 라스트 마일 배송 시스템을 개발하여, 인력 없이도 마을 회관 등 공동 배송 거점까지 농산물을 안전하게 전달한다."
- 기획 전략: 이 스타트업은 로봇 센서 시스템의 정밀도, 날씨 인식 기능 등을 강조하며 실제 농로 환경에서 어떻게 주행 가능한지, 프로토타입 적용 시 어떤 실증 계획이 있는지 등을 상세하게 기획서에 녹여 냈다.

결과적으로 이 스타트업은 디딤돌 창업 과제를 통해 초기 검증 자금을 확보했고, 이후 TIPS까지 연계되며 빠르게 스케일업할 수 있었다. ⌒

표 6.5 사업 기획 시 꼭 고려해야 할 3가지 핵심 포인트

구분	내용	실전 적용 예시
① 문제 정의의 명확성	단순한 '시장 트렌드'가 아니라, 구체적이고 수치화된 문제를 제시	건설 현장 중대 재해 발생률이 10년간 줄지 않고 있음 → 안전 인식 개선과 실시간 경고 시스템 필요
② 기술 차별성 확보	기존 기술과 무엇이 다른지, 왜 자사 기술이 필요한지를 선행 기술 조사와 함께 제시	국내 특허 2건 보유, 경쟁사 제품은 외국산 센서 기반이고, 우리는 AI 기반 실시간 진단 제공
③ 실현 가능한 실행 계획	인력, 장비, 예산, 일정 등 실제 수행이 가능하다는 점을 객관적으로 제시	총 12개월간 개발 - 6개월 내 MVP 구현, 9개월 차에 실증 테스트 예정(실증 장소 MOU 확보)

○ 스타트업 대표가 실수하기 쉬운 점

① 막연히 'AI', '빅데이터', 'ESG' 등 유행 키워드만 나열 → 기술 자체보다 '문제 해결 구조'와의 연결성이 평가 포인트임
② 시장에서의 수요나 적용 가능성을 과도하게 추정 → 가능성보다 '실증 기반 계획'이 훨씬 높은 평가를 받음
③ 실제 수행 인력 구성 없이 외주 의존 → 인하우스 기술 인력 중심으로 한 기획이 유리

R&D 과제는 "내 기술이 좋아 보이게 만드는 문서"가 아니라 "이 기술이 실제로 어디에 어떻게 쓰일 수 있는지"를 논리적으로 설계하고, 시장성과 실현 가능성까지 구체화하는 전략서다. 즉, '기술력 × 문제 해결력 × 실행 계획' 3박자가 맞아야 높은 평가를 받을 수 있다.

신청 단계: "평가 기준에 맞춘 전략적 설계"가 핵심이다

정부 R&D 과제의 선정 여부는 대부분 '정해진 평가 항목'에 따라 판가름난다. 아무리 기술이 뛰어나도 사업 계획서의 흐름과 내용이 평가 항목과 맞지 않으면 탈락 위험이 크다.

즉 정부 R&D 과제는 단순히 '좋은 기술'을 갖고 있다고 해서 선정되는 것이 아니다. 평가위원들은 대부분 정해진 네 가지 평가 항목을 기준으로 사업 계획서를 심사하고, 서류와 발표 모두 이 틀을 바탕으로 진행된다. 따라서 스타트업 대표는 이 흐름에 맞춰 전략적으로 계획서를 구성해야 한다.

표 6.6 핵심 평가 항목과 전략 포인트

평가 항목	전략 키포인트
기술성	기술의 배경 설명 → 차별성 확보 → 실현 가능성 제시 → 기존 기술 검증 데이터 포함
사업성	구체적인 시장 규모 분석 → 고객의 문제 정의 → 수요처 발굴 및 유사 시장 사례
수행 역량	대표자 및 팀의 전문성과 경력, 과거 유사 프로젝트 수행 경험, 외부 자문단 구성 등
기대 성과	향후 매출 목표, 고용 인원, 등록 특허 수, 투자 유치 계획 등 정량 목표 명시

[표 6.6]은 단순한 체크 리스트가 아니라, 사업 계획서의 작성 순서 자체로 활용하면 효과적이다. 실제로 평가자들은 이 네 가지 항목을 순서대로 계획서를 읽으며, 각 항목에서 논리적 스토리 + 수치적 근거를 기대한다.

정책 자금 활용 사례

사업 계획서(헬스케어 스타트업) 작성 사례

① 기술성: 자체 개발한 질병 예측 알고리즘의 구조를 설명하고, 기존 연구 결과로 정확도 92%를 입증한 데이터를 제시함.

② 사업성: 고령화로 인한 만성 질환 관리 시장 확대(시장 규모 연 1.5조 원)와 실제 수요처(대형 병원 2곳) 인터뷰 내용 포함

③ 수행 역량: 대표가 의사 자격 보유, CTO는 의료 AI 분야 경력 10년, 자문단에는 대학병원 교수진이 포함됨

④ 기대 성과: 기술 도입 시 병원 운영 비용 연 20% 절감 가능, PoC 완료 후 시범 도입 예정, 향후 3년 내 매출 30억 원 목표 설정

이처럼 각 평가 항목마다 메시지를 분리해 준비하고, 근거 자료를 함께 첨부하는 방식이 심사자에게 설득력 있게 다가간다.

스타트업이 R&D 과제 신청서를 준비할 때 가장 중요한 것은 '기술'과 '시장'의 균형 감각이다. 기술만 강조하거나 시장만 부풀려도 탈락 위험이 크다. 특히 '기대 성과' 항목에서 정량화된 매출 목표, 투자 계획, 고용 창출 수치를 제시하면 평가자들에게 명확한 그림을 보여줄 수 있다.

이 네 가지 평가 항목은 단순한 심사 기준이 아니라, 전체 사업의 전략적 기획 도구로도 활용할 수 있다. 따라서 작성 초기 단계부터 이 프레임을 기준으로 구상하면, 나중에 발표나 후속 투자 유치 과정에서도 일관된 스토리텔링이 가능해진다.

💡 정책 자금 실무 활용 Tip

사업계획서 제출 전 꼭 점검할 사항

항목	설명	실무 팁
사업 계획서 구성	기술 → 사업성 → 인력 → 기대 성과 순으로 작성	먼저 PPT로 스토리 라인을 그려 보는 것도 효과적
팀 이력 정리	대표/CTO의 경력, 포트폴리오, 자문단 구성 등	별도 첨부 자료로 정리해 두면 가독성 향상
외부 검토 활용	창조경제혁신센터, 테크노파크 등에서 사전 컨설팅	심사 경험자에게 피드백받는 것도 효과적

민간 투자 연계형 기술 개발(TIPS 등)

초기 기술 기반 스타트업에게 가장 큰 과제는 '기술의 시장성 검증'과 '지속 가능한 자금 조달'이다. 정부의 R&D 자금을 통해 제품의 완성도는 높일 수 있지만 실증이나 양산, 시장 진입을 위한 투자금까지 동시에 해결하기는 어렵다. 반면, 민간 투자는 기술이 검증되지 않았다는 이유로 주저하는 경우가 많다. 이 딜레마를 해결하기 위한 대표적인 방안이 바로 민간 투자 연계형 기술 개발 프로그램이다. 이번에는 특히 중소벤처기업부가 운영하는 TIPS(Tech Incubator Program for Startup) 프로그램을 중심으로, 민간 투자와 정부 R&D 지원이 연계되어 작동하는 구조를 상세히 설명하고자 한다. 단순히 '정부 R&D 자금을 받는 방법'을 넘어 투자 → 기술 개발 → 시장 확장 → 후속 투자로 이어지는 전략적 흐름의 설계 방법을 이해하는 것이 이 절의 핵심으로, 다음과 같은 내용을 중심으로 단계별로 설명한다.

- TIPS 프로그램의 기본 구조와 핵심 특징
- 신청 자격, 절차, 운영사의 역할과 투자 연계 과정
- 운영사별 투자 전략과 IR 준비 요령
- TIPS 이후 활용 가능한 후속 프로그램들
- 성공적인 자금 전략 수립을 위한 실무 Tip과 유의 사항

이러한 내용을 통해, 스타트업 대표들이 기술 개발과 투자 유치를 병행하면서도 정부의 정책 자금을 효과적으로 활용하는 전략을 설계할 수 있도록 돕는 것이 이 절의 목적이다.

TIPS 프로그램 개요와 특징

"투자와 R&D 자금이 동시에 연계되는 창업 기술 개발의 핵심 프로그램"인 'TIPS(Tech Incubator Program for Startup)'는 민간 투자와 정부의 기술 개발 자금이 결합된 대표적인 창업 R&D 지원 프로그램이다. 단순히 정부에서 자금을 나눠 주는 형태가 아니라, 우수 스타트업을 발굴한 민간 투자사(엑셀러레이터, 벤처 캐피탈 등)의 추천을 받아야 참여할 수 있는 투자 연계형 구조다.

즉, 민간 투자사가 먼저 성장 가능성이 있는 스타트업에 최대 1억 원 이상 직접 투자하고, 이를 근거로 정부가 최대 5억 원의 기술 개발(R&D) 자금을 매칭해 주는 방식이다. 여기에 추가로 해외 마케팅, 사업화 자금까지 포함하면 최대 8억 원 수준의 지원이 가능하다.

이 프로그램의 핵심은 '정부가 먼저 선별하지 않는다'는 점이다. 민간이 먼저 투자한 기업만이 TIPS 추천을 받을 수 있기 때문에, 실제 시장성 있는 기술을 가진 스타트업에게 유리한 구조라고 할 수 있다. 즉, 사전에 정부로부터 TIPS 운영사로 지정된 민간 투자 기관(운용사)이 추천권을 갖는다.

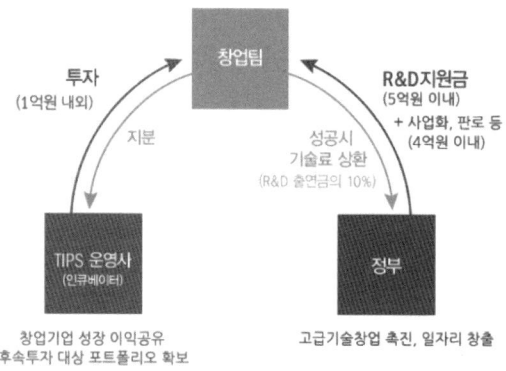

그림 6.1 TIPS 프로그램 구성 및 프로세스

출처: 팁스 https://www.jointips.or.kr

○ **운용사의 주요 역할**

- 기술성과 사업성을 사전 검토하고 스타트업에 직접 투자(지분 투자)
- 해당 기업이 TIPS에 적합하다고 판단되면 '한국엔젤투자협회, 한국벤처캐피탈협회'에 지원서 제출 및 평가가 진행
- 프로그램 선정 후에도 멘토링, 네트워킹, 후속 투자 연계 등 사후 관리 지원

이 때문에 TIPS에 참여하고자 하는 스타트업은 정부 기관보다 먼저 '운용사'를 설득하는 일이 핵심이 된다.

표 6.7 TIPS 주요 역할

역할 주체	역할 요약
민간 투자사(TIPS 운영사)	스타트업에 투자 + R&D 추천서 제출
한국엔젤투자협회(주관 기관) 한국벤처캐피탈협회(주관 기관)	추천된 팀 심사 → 중기부에 결과 전달
중소벤처기업부	R&D 예산 배정 및 최종 선정

TIPS 프로그램 개요와 특징

TIPS(Tech Incubator Program for Startup)는 단순한 정부 R&D 지원 사업이 아니다. 민간 투자와 정부 R&D, 추가 사업화 자금을 '연계'해 주는 복합형 기술 개발 프로그램이다. 따라서 단순히 기술 아이디어만 가지고 신청하기에는 적절하지 않다. 기술력은 기본이고, 투자 유치 전략과 사업 비전까지 함께 준비되어야 한다.

○ 참여 요건

TIPS는 다음과 같은 스타트업을 주요 대상으로 한다.
- 창업 7년 이내의 중소기업(법인 또는 개인 사업자 모두 가능)
- 기술 집약형 기업, 특히 ICT, AI, 바이오, 제조, 소재 등 혁신 기술을 보유한 기업
- TIPS 운영사로부터 1~2억 원의 엔젤 투자를 유치한 기업

Tips 프로그램 활용 자금 조달 사례

서울에 본사를 둔 한 제조 AI 스타트업은 스마트 공장에 최적화된 예지 보전 시스템을 보유하고 있었다. 이 기술을 기반으로 국내 VC로부터 1.2억 원의 투자를 유치했고, 이를 통해 TIPS에 추천되어 정부로부터 약 5억 원의 R&D 자금을 지원받았다. 이후 후속 사업화 자금 등 2억 원을 통해 해외 전시회 참가 및 고객사 확보까지 연결할 수 있었다.

○ 신청 절차

TIPS는 다음과 같은 단계를 거쳐 진행된다.

- TIPS 운영사 투자 유치: 스타트업은 운영사(VC 또는 액셀러레이터)에게 IR 자료를 제출하고 투자 미팅을 진행 → 최소 1억 원 이상 투자 확정 시 추천 자격 부여
- 운영사 추천서 제출: 투자 확정 후 운영사가 한국엔젤투자협회(또는 한국벤처캐피탈협회)에 추천서와 사업 계획서 등을 제출
- 서면/발표 평가 및 최종 선정: 기술성, 성장 가능성, 시장성, 수행 역량 등을 종합적으로 평가 → 최종 선정 시 중소벤처기업부가 정부 R&D 자금(최대 5억 원) 및 연계 사업화 자금을 지원

○ 자금 구조

TIPS는 다음과 같은 자금 구조를 갖는다.

- 민간 투자: 1~2억 원 (운영사 투자, 필수 요건)
- 정부 R&D 자금: 최대 5억 원 (2년간)
- 추가 지원 자금: 최대 2억 원 → 창업진흥원의 해외 마케팅, 사업화, 글로벌 진출 자금 등

○ **신청 전 준비 사항**

TIPS는 단순한 서류 접수형 공모 사업이 아니다. 운영사와의 투자 미팅이 실질적인 출발점이므로 그에 맞는 준비가 반드시 필요하다.

- IR 자료 구성: 기술 소개, 시장 분석, 비즈니스 모델, 수익 계획, 경쟁사 비교 등을 포함한 피치덱
- 핵심 인력 확보: CTO, 개발자 등 기술 역량을 실질적으로 수행할 팀 구성
- 기술 자료 준비: 특허, 논문, 시험 성적서 등 기술의 실체와 차별성을 보여 줄 수 있는 자료

TIPS는 기술 개발 자금인 동시에 투자 유치 및 시장 확장의 출발점이 될 수 있다. 스타트업 입장에서는 '기술 개발 → 실증 → 투자 유치 → 시장 확대'의 선순환을 구축하는 중요한 연결고리로 활용해야 한다. 단기적인 R&D 과제가 아니라 2~3년 후의 성장 시나리오를 기준으로 자금을 기획하는 것이 핵심이다.

TIPS 운영사 및 투자사 분석 전략

TIPS 프로그램에 참여하기 위해선 반드시 '운영사(VC 또는 엑셀러레이터)'의 추천이 필요하다. 다시 말해, 운영사가 스타트업을 투자할 만한 기업이라고 인정해야 정부 R&D 자금을 받을 수 있다는 뜻이다. 따라서 아무 운영사나 접촉하는 방식보다는 스타트업의 기술·사업 모델과 궁합이 맞는 운영사를 정확히 찾아 내는 전략적 접근이 필수다.

○ 운영사 분석은 왜 중요한가?

TIPS 운영사는 단순히 투자만 하는 것이 아니라, 정부에 추천할 스타트업을 '책임지고 선정'하는 역할을 맡는다. 만약 선정 기업이 성과를 내지 못하면 운영사의 평판에도 영향을 끼치므로 운영사들은 자신들의 포트폴리오와 궁합이 맞는 스타트업만을 선택하려 한다.

또한, 운영사마다 선호 분야와 투자 철학이 다르다. 어떤 운영사는 제조 기반 스타트업에 특화돼 있고, 어떤 곳은 AI 기반 SaaS 기업에 집중한다. 따라서 'TIPS니까 그냥 신청해 보자'는 방식은 실패 확률이 높고, 오히려 운영사에 맞는 IR 전략을 따로 설계해야 한다.

○ 운영사별 포트폴리오 확인은 필수

운영사를 분석할 때는 [표 6.8]의 요소를 반드시 확인해야 한다.

표 6.8 TIPS 주요 역할

분석 항목	확인 방법	실무 예시
선호 분야	공식 홈페이지, K-Startup, 로켓펀치 등에서 포트폴리오 확인	A 운영사는 바이오/의료 특화, B 운영사는 B2B SaaS 중심
주요 투자 기업	운영사가 TIPS로 추천한 기존 스타트업 확인	해당 분야에서 어떤 수준의 기술을 선호하는지 파악 가능
파트너 이력	심사역(파트너)의 전공, 경력 확인 → IR 발표 시 강조 포인트 설정	기술 출신 심사역에게는 기술 구조 설명을 강조
평균 투자 규모	과거 투자 건수 및 금액 참고 → 자금 수요에 맞는 운영사 선별	1억 이상 투자 여력이 있는 운영사 위주로 접촉

○ **IR 시 유의 사항과 피해야 할 실수**

운영사 IR 미팅은 TIPS의 시작점이다. 하지만 스타트업이 자주 범하는 실수가 몇 가지 있다.

- 운영사 특성과 무관한 기술·시장 설명 → 너무 일반적이고 모호한 기술 설명은 신뢰를 떨어뜨림
- 실현 가능성 없는 매출 목표, 투자 계획 → '3년 내 100억 매출'처럼 근거 없는 수치는 감점 요인
- 경쟁사 분석 미흡 → 기술의 차별성과 우위 근거가 약한 경우 탈락 가능성 높음

TIPS는 기술력만으로 진입하기 어려운 구조다. 투자자(운영사)의 시선에서 기술을 해석하고, 시장 가능성을 입증해야 하는 '맞춤형 전략'이 핵심이다. 운영사를 설득하는 첫 단추를 잘 끼우면 TIPS의 모든 구조(정부 R&D, 마케팅 자금, 글로벌 진출)가 단단히 연결된다. 투자 중심의 사고방식으로 전략을 수립하자.

정책 자금 활용 실무 Tip

운영사에 접근하는 3단계 전략

① 운영사 매칭 리스트 사전 작성
- K-Startup, TIPS 공식 홈페이지 등에서 운영사 목록과 포트폴리오 수집
- 우리 기술과 '비슷한' 기업에 투자한 곳 중심으로 정렬

② 맞춤형 IR 자료 구성
- 운영사 스타일에 따라 IR 포인트 조정

- 기술 강조형 vs 시장 강조형으로 다른 버전 구성해 두기

③ IR 피드백 회전 전략
- 1~2곳과 먼저 미팅한 뒤 피드백을 받아 IR을 수정
- 이후 본격적으로 유력 운영사에 타깃팅 접근

연계 프로그램 및 후속 지원 활용 전략

TIPS는 단일 프로그램으로 끝나는 지원이 아니다. 잘 활용하면 이후 단계로 이어지는 다양한 정부 사업 및 민간 투자와도 연계가 가능하다. 특히 Pre-TIPS → TIPS → Post-TIPS/Scale-up TIPS로 이어지는 단계별 성장 구조를 이해하면, 단기 과제에만 머무르지 않고 중장기 자금 전략을 설계할 수 있다.

○ 단계별 연계 프로그램 소개

① Pre-TIPS

Pre-TIPS는 민간 투자(1,000만 원 이상)를 받은 창업 팀에게 최대 1억 원의 사업화 자금을 지원하는 TIPS 이전 단계의 지원 프로그램이다.

② Seed-TIPS

Seed-TIPS는 민간에서 투자 유치 경험이 없는 예비 창업 팀을 대상으로, 최대 5,000만 원의 사업화 자금을 지원하고, 전문 보육 및 시드 투자까지 연계하는 초기 성장 지원 프로그램이다.

③ TIPS(메인 프로그램)

민간 투자사(VC, 액셀러레이터 등)로부터 일정 규모 이상의 투자를 유치한 스타트업을 대상으로 정부가 R&D·사업화·해외 진출 자

금을 대규모로 매칭 지원하는 대표적인 기술 창업 지원 프로그램이다. 글로벌 시장 진입이나 시리즈 A 투자 유치 직전 단계에서 특히 활용도가 높으며 해외 전시 참가, 마케팅, 글로벌 IR 활동 등에 직접적인 도움을 준다(일반형 팁스와 Deep-Tech 팁스로 구분)

④ Post-TIPS, Scale-up TIPS

TIPS 수행 기업 중 기술력과 시장성이 입증된 기업을 대상으로 후속 R&D나 글로벌 진출을 지원하는 프로그램이다 → 글로벌 시장 진입, 시리즈 A 투자 유치 직전 단계에서 해외 전시, 마케팅, IR 지원 등 활용도 높음.

○ **정책 자금 및 타 정부 사업과의 연계**

TIPS 프로그램에 선정되었더라도 추가적인 자금 확보나 기술 고도화를 위해 다른 정부 지원 사업과 연계하는 전략이 매우 중요하다. 특히 TIPS 이후의 성장 단계에서는 정책 자금, 후속 R&D 과제, 글로벌 진출 패키지 등을 효과적으로 활용하면 기업의 스케일업에 큰 도움이 된다. 다음 표는 TIPS와 연계 가능한 타 정부 사업이다.

TIPS로 기술력을 인정받은 기업은 이후 정책 자금 심사에서 높은 평가를 받을 가능성이 높아진다. 따라서 TIPS는 단일 사업으로 끝나는 것이 아니라 후속 R&D, 정책 자금, 글로벌 진출 사업 등 다양한 정부 지원 사업과의 유기적 연계를 통해 더욱 강력한 성장 전략으로 발전시킬 수 있다.

표 6.9 TIPS와 연계 가능한 타 정부 사업

연계 자금	설명
창업성장기술개발사업	기술 고도화 목적의 후속 정부 R&D 과제 지원(TIPS와 동시 활용 불가)
정책 자금	중진공 또는 신보, 기보를 통해 후속 운전 자금 확보 가능
해외 진출 패키지	중진공 글로벌 창업사관학교, KOTRA 지원 사업 등과 연계해 시장 개척 가능

○ **민간 투자자(VC, CVC)와의 연계 전략**

TIPS에 선정된 기업은 기본적으로 1억 원 이상의 민간 투자를 받은 기업이므로 투자자(운용사)의 후속 투자를 유도할 수 있는 좋은 입지에 있다. 이를 위해 아래의 포인트를 미리 준비하자.

① IR 자료의 고도화: 기술 개요 → 실증 결과 → 시장 반응 → 향후 매출 성장 계획까지 이어지는 구조로 설계.

② 데이터 기반 실적 확보: TIPS 수행 중 확보한 실증 결과, 파일럿 납품 사례, 조달 진입 실적 등은 후속 투자 설득에 매우 효과적임.

③ 운영사와의 파트너십 강화: 단순 투자자로 보지 말고, 사업 파트너로서 협업 기회를 지속적으로 만들어야 함. 운영사 추천으로 추가 VC나 CVC와의 미팅이 가능한 경우도 많음.

Scale-up Tips
프로그램 활용 자금 조달 사례

한 로보틱스 스타트업은 'Pre-TIPS'를 통해 초기 핵심 기술의 가능성을 입증하고, 정부 지원금과 운영사의 멘토링을 기반으로 시제품을 완성했다.

이후 'TIPS 본사업'에 선정되어 R&D 자금을 활용해 로봇 제어 알고리즘과 인공지능 기반 자율주행 모듈을 고도화했고, 실제 제조 현장에서의 '기술 실증(PoC, Proof of Concept)'을 통해 국내 주요 제조 대기업으로부터 기술력을 공식 인정받았다.

PoC 결과를 토대로 이 스타트업은 'Scale-up TIPS'에 진입해 글로벌 진출을 본격화했다.

정부 지원을 받아 CES(미국), ICRA(국제로봇컨퍼런스) 등 세계적 로봇 전시회에 참가하여 해외 바이어와의 네트워크를 확장했고, 기술 시연을 통해 '유럽 및 일본의 로봇 시스템 통합 업체들과 납품 계약(MOU 및 공급 계약)'을 체결했다.

결과적으로 이 기업은 기술 신뢰도를 확보한 뒤 Series A 투자 라운드에서 50억 원의 민간 후속 투자 유치에 성공하며, '정책 금융-민간 투자-해외 시장 진출'이 연계된 대표적인 스케일업 성공 사례로 평가받았다.

TIPS 활용의 성공 전략

TIPS에 도전하는 스타트업에 있어 기술력은 기본이다. 하지만 실제 선정과 후속 성과까지 이어지기 위해서는 시장성과 사업성을 동시에 갖춘 전략적 설계가 중요하다. 최근 심사 흐름은 기술이 아무리 우수하더라도 실제 적용될 수요처나 실증 사례가 없으면 감점 요인으로 작용하는 경우가 많다. 따라서 계획서에는 기술의 개발 계획뿐 아니라 초기 고객 확보, 실증 파트너 연계, 시장 진입 시나리오 등을 구체적으로 담는 것이 유리하다.

또한, 민간 투자사와의 신뢰 관계도 중요하다. 단순히 투자를 받는 데 그치지 않고, TIPS 운영사와 정기적인 커뮤니케이션 체계(보고서, 사업 현황 공유 등)를 유지함으로써 후속 투자나 정부 추천 과정에서 긍정적인 평가를 받을 수 있다.

사업 계획서 작성 시 특히 주의할 점은 '기대 성과' 항목이다. 단순히 "매출 100억 원을 달성하겠다"와 같은 수치를 제시하는 것이 아니라 구체적인 시장 분석 기반의 매출 추정, 고용 창출 계획, 글로벌 진출 방안, 기술 고도화 전략 등과 함께 작성해야 한다. 이러한 기대 성과는 심사위원들이 "이 스타트업은 기술 외에도 실제 사업화 가능성이 높다"고 판단하게 만드는 핵심 요소다.

결국 TIPS는 단순한 자금 조달 수단이 아닌, 민간 투자 → 기술 개발 → 실증 및 초기 수요처 확보 → 후속 정부 지원 및 VC 투자 → 해외 진출로 이어지는 전략적 성장 구조를 설계하고 실행할 수 있는 '성장사다리'다. 이러한 흐름을 제대로 그려 내고 실행에 옮긴 스타트업은 TIPS를 단순한 정부 과제가 아닌, 기업 성장의 핵심 기폭제로 만들 수 있다.

6장 핵심 포인트

구분	주요 내용	핵심 포인트
중소벤처기업부 R&D 지원	• 창업성장기술개발사업: 창업 7년 이내 기업 대상, 시제품 제작·기술 고도화 지원 • 디딤돌 창업 과제: 창업 3년 이내 기업·예비 창업자 대상, POC 및 시제품 제작 지원 • 중소기업기술혁신개발사업(R&D Scale-up): 일정 매출 보유 중소기업 대상, 사업화 촉진형 지원	창업 초기 → 중기 단계별 맞춤형 R&D 지원, 민간 투자(TIPS) 연계 가능
산업통상자원부 R&D 지원	• 산업기술개발사업: 전략 산업(에너지·소재·반도체·바이오 등) 중심, 산학연 컨소시엄 구조, 중대형 과제 • 산업핵심기술개발사업: 소부장 국산화·기술 자립, 대형 R&D 과제(최대 30억 이상)	컨소시엄·수요처 확보 강조, 기술 고도화와 사업화 실현 가능성 입증 필요
국토교통부 R&D 지원	• 스마트시티형 R&D: 교통·도시 안전·에너지 관리 등 ICT 기반, 지자체와 연계 실증 중심 • 건설기술연구개발사업: 건설 안전·친환경 자재·에너지 절감 등 ESG 요소 강조, 현장 실증·인증 연계	지자체 파트너십 확보 중요, ESG 효과와 실증 데이터 제시 필수

구분	주요 내용	특징
과기정통부 R&D 지원	• AI 바우처: AI 기술 보유 스타트업이 수요 기업과 실증 협업, 초기 매출·실적 확보 유리 • ICT 융합 프로젝트: 헬스케어·스마트팜·농업 등 타 산업과 ICT 융합 개발 지원	실증 기반 실적 확보, 후속 투자·시장 진입 레퍼런스 강화
환경부 R&D 지원	• 녹색기술개발사업: 탄소 저감·친환경 소재·자원 순환 플랫폼 등 지원 • 환경 성과 입증 및 인증·실증 연계 강화	친환경·ESG 기술 보유 기업에 유리, 공공 조달·대기업 공급망 진입 기회 확대
보건복지부· 식약처 R&D 지원	• 혁신 의료 기기 실증 지원·의료 기기 품목 허가 신속 지원 등, 인허가 연계 과제 다수 • 임상 시험·실증 비용과 연결된 자금 지원	인허가·실증 연계로 의료 기기·바이오 스타트업의 시장 진입 장벽 완화
R&D 사업 기획·신청 전략	• 사업 기획: 기술 필요성·문제 해결 구조를 논리적으로 제시 • 신청 단계: 평가 항목(기술성·사업성·수행 역량·기대 성과)에 맞춘 설계 • 수행 단계: 회계 관리·중간 점검 대응 중요	기술력 × 시장성 × 실행 계획의 3박자가 핵심
민간 투자 연계 프로그램 (TIPS 등)	• Pre-TIPS → Seed-TIPS → TIPS(본) → Post/Scale-up 단계별 성장 구조 • 민간 투자+정부 R&D 매칭 지원, 해외 진출·글로벌 IR 지원	투자+기술 개발+시장 확장+후속 투자를 연계하는 성장사다리

스타트업 정책 금융 칼럼

'스타트업의 성장 전략: 자금 조달의 모든 것'

최근 우리나라에서도 창업에 대한 관심이 꾸준히 증가하고 있다. 많은 청년들이 참신한 아이디어로 창업을 시도하지만, 초기 자금 확보가 가장 큰 난관으로 꼽힌다. 따라서 창업 과정에서 효과적인 자금 조달 방안을 이해하는 것이 중요하다.

창업 초기에는 사업 아이디어를 구체화하고 시장에 진출하기 위한 자금이 반드시 필요하다. 이를 지원하기 위해 정부는 창업진흥원, 중소벤처기업진흥공단, 신용보증기금, 기술보증기금 등 다양한 기관을 통해 창업자들에게 필요한 도움을 제공하고 있다. 특히 신용보증기금은 스타트업 전용 지점을 통해 다양한 금융 상품을 제공하며, 초기 단계 스타트업이 안정적으로 성장할 수 있도록 돕고 있다. 정부와 민간이 협력하여 운영하는 Tips 프로그램은 창업자들에게 투자자 연결과 기술 개발 자금을 지원하는 중요한 역할을 한다. 크라우드 펀딩은 대중의 소액 투자를 통해 자금을 조달하는 효과적인 방법으로 주목받고 있다. 초기 스타트업 창업자들이 가족이나 친구의 지원을 받을 수도 있으나, 이 방법은 인간관계에 영향을 미칠 수 있어 신중하게 판단한 후 선택해야 한다.

사업이 성장하면서 자본 시장을 통한 투자 유치가 필요하다면, 정부 투자 기관과 민간 벤처 캐피탈을 활용할 수 있다. 이를 위해 창업자는 명확한 사업 계획과 성장 전략을 준비해야 하며, 성장 초기에는 정부 투자 기관의 지원을 우선적으로 이용하는 것이 유리하다. 이와 함께, 대기업과 협력하여 전략적 투자자(SI, Strategic Investor)로부터 지원을 받는 것도 효과적인 방법이다. 대기업의 자금과 네트워크는 창업 기업이 시장에서 빠르게 자리 잡는 데 중요한 역할을 한다. 또한, 신용보증기금, 기술보증기금, 중소벤처기업진흥공단, 산업은행 등 정부 기관에서 지원하는 자금을 활용하면 낮은 금리로 대출을 받아 성장 단계에서 필요한 유동성 자금을 안정적으로 확보할 수 있다.

사업이 안정기에 접어들면 사모펀드를 활용해 기업 구조를 재편하거나 새로운 사업 기회를 모색할 수 있다. 또한, 유동화회사채보증(P-CBO)을 통해 회사채를 발행하여 추가 자금을 조달하는 방법도 활용할 수 있다. 이후 코스닥이나 코스피에 상장하여 대규모 자금을 유치하는 것은 기업 성장과 글로벌 시장 진출을 위한 효과적인 전략으로 평가받는다.

사업이 성장하는 과정에서 인수·합병(M&A)은 기업이 필요한 기술과 시장을 신속히 확보하고 경쟁력을 강화할 수 있는 중요한 전략 중 하나다. 미국에서는 M&A가 스타트업의 주요 Exit(투자 회수) 방식으로 자리 잡았지만, 우리나라에서는 아직 그 사례가 많지 않다. M&A가 활성화되면 스타트업 생태계는 더욱 활기를 띠게 될 것이며, 이를 위해 정부와 민간이 긴밀히 협력해야 한다.

창업을 준비하고 사업을 확장하는 과정에서는 자금을 확보할 때 반드시 유의해야 할 몇 가지 중요한 점이 있다. 자금 사용 계획과 예상되는 성과를 명확히 수립하고 이를 투자자나 지원 기관에 효과적으로 설명해야 한다. 또한, 지원 프로그램의 조건과 절차를 충분히 이해하고 철저히 준비해야 한다. 외부 투자를 받을 경우에는 지분 구조와 경영권 변화 가능성도 신중히 검토해야 한다.

창업 생태계를 활성화하려면 개인의 노력뿐만 아니라 정부, 대기업, 금융 기관이 함께 협력해야 한다. 정부는 창업 지원 프로그램을 확대하고 세제 혜택을 제공하여 창업자들이 자금을 보다 쉽게 확보할 수 있는 환경을 만들어야 한다. 대기업은 스타트업과 협력하여 시장 진입을 지원하고, 금융 기관은 창업 기업에 맞는 금융 상품을 개발해 자금 조달 과정을 더욱 원활하게 만들어야 한다.

창업은 도전과 혁신의 연속이다. 그러나 아무리 뛰어난 아이디어가 있어도 이를 실현하기 위한 자금이 부족하다면 실행이 어렵다. 창업자들은 자신에게 적합한 자금 조달 방법을 찾아 이를 전략적으로 활용해야 한다. 아울러, 정부와 자본 시장 생태계가 협력하여 더 많은 스타트업이 성장할 수 있는 환경을 조성하는 것이 중요하다. 이러한 노력이 모이면 대한민국은 창업 강국으로 도약할 수 있을 것이다.

출처: 오경상

"

투자를 유치하려는데
VC들이 실적이 부족하다고 하네요.
정책 금융이 투자 유치에도
도움이 될 수 있을까요?

물론이죠.
신보·중진공·모태펀드 같은 정책 금융은
민간 투자와 연계해 자금을 매칭해 주는 구조예요.
TIPS나 성장사다리 펀드처럼 정책 금융을 '마중물'
로 활용하면 VC도 훨씬 적극적으로 움직입니다.

"

제7장

투자 유치 전략과 정책 금융 연계

스타트업의 성장 과정에서 '투자 유치'는 중요한 전환점이 된다. 특히 기술 개발과 시장 검증을 마친 이후에는 사업 확장을 위한 자금이 필수적이며, 이때 민간 투자자(AC, VC)와의 협력뿐만 아니라 정부의 정책 금융을 적절히 활용하는 전략이 요구된다.

많은 창업자들이 투자와 정책 자금을 별개로 생각하는 경향이 있지만, 실제로는 정책 금융 기관과 민간 투자 기관은 긴밀하게 연결되어 있으며, '연계 활용'이 가능하다. 예를 들어, TIPS나 모태 펀드처럼 민간 투자에 정부 자금이 매칭되는 구조도 있고, AC나 VC가 투자한 기업이 정책 자금 신청 시 우대받는 사례도 있다.

이 장에서는 스타트업이 투자 유치와 정책 자금 활용을 어떻게 병행하고, 전략적으로 연계할 수 있는지를 구체적으로 다룬다. 특히 창업 기획자(AC), 벤처 캐피탈(VC)과의 협업에서 어떻게 정책 자금을 활용할 수 있는지, 모태 펀드와 성장사다리 펀드가 어떤 구조로 운용되는지, 실제 사례와 함께 소개한다.

이 장을 통해 창업자는 단순한 자금 확보를 넘어, 자신의 비즈니스 모델과 성장 단계에 가장 적합한 자금 조달 전략을 설계하는 데 도움을 받을 수 있을 것이다. 특히 정부 정책 금융의 흐름을 이해하고, 이를 민간 투자와 연결하는 감각은 성공적인 스케일업을 위한 핵심 역량이다.

1. 투자 유치 과정에서 정책 금융 기관과의 협력 방법

스타트업이 투자 유치를 고민할 때 대부분 민간 투자자(엔젤, AC, VC)만을 떠올리기 쉽다. 하지만 실전에서 더 중요한 플레이어는 정부와 공공 부문의 정책 금융 기관들이다. 신용보증기금, 기술보증기금, 중소벤처기업진흥공단(중진공), KDB산업은행 등은 단순히 '정책 자금'을 제공하는 수준을 넘어, 이제는 직접 투자(Equity Investment)까지 수행하는 전략적 파트너로 진화하고 있다.

창업 초기 단계의 스타트업은 매출 실적이나 담보 자산이 부족해 자금 조달이 쉽지 않다. 은행 대출이나 민간 투자만으로는 자금 확보에 한계가 있으며, 특히 기술 기반 스타트업의 경우 회수 가능성에 대한 불확실성 때문에 민간 투자자들이 적극적으로 나서기 어려운 현실이 있다. 이러한 문제를 해결하기 위해 정부는 정책 금융 기관을 통해 스타트업의 자금 조달을 지원하고 있으며, 최근에는 민간 투자와 정부 자금이 함께 투입되는 '민관 협력형 투자 지원 구조'를 적극적으로 확대하고 있다.

이 구조는 정부가 일정 부분 위험을 분담함으로써 민간 투자자의 참여를 유도하고, 초기 창업 기업에 보다 안정적인 자금 확보 기회를 제공한다. 결과적으로 이는 스타트업의 생존 가능성을 높이고, 향후 스케일업으로 이어질 수 있는 기반을 마련해 주는 핵심 전략으로 자리잡고 있다.

정책 자금 지원 프로그램으로 초기 기반 마련

창업 초기 기업은 대부분 자체 자금이 부족하고, 외부 투자 유치도 아직 어려운 단계에 놓여 있다. 특히 기술 기반 스타트업의 경우, 시제품 개발이나 시장 테스트(MVP 검증) 등 필수적인 초기 활동에 적잖은 자금이 들어가지만, 그에 비해 외부에서 신뢰받기는 어렵다. 이럴 때 가장 현실적이고 효과적인 해법이 바로 정부의 정책 자금 프로그램을 활용하는 것이다.

정책 자금은 보조금 형태의 무상 지원금 또는 저리 융자 형태로 제공되며, 창업자가 일정한 요건과 계획을 갖추고 있으면 은행이나 투자자보다 훨씬 빠르고 유연하게 자금을 확보할 수 있는 수단이 된다. 이러한 정책 자금 지원 프로그램은 단순히 '돈을 주는 것' 이상의 의미를 가진다. 왜냐하면 정책 자금을 통해 확보한 실적은 이후 민간 투자자에게 신뢰를 줄 수 있는 증거가 되기 때문이다. 예를 들어 "중기부 창업 사업화 자금에 선정되어 1억 원을 받아 시제품을 만들고, 이 제품으로 실제 5개 기업에 테스트 판매까지 했다"는 사실은, 투자자 입장에서 매우 신뢰할 수 있는 신호로 작용한다.

또한, 정부 프로그램에 선정되었다는 사실은 기술성, 사업성, 시장성 등에 대한 공공 기관의 1차 검증을 통과했다는 의미이므로 이후 TIPS 프로그램, 보증 기관 대출, 민간 VC 투자 등으로 이어지는 자금 유치 전략의 첫 출발점이 된다.

정책 금융 실전 활용 Tip

정책 자금 활용의 시작은 정보 탐색과 실전 전략에서

사업 초기에는 복잡한 투자 유치 전략보다 정부의 정책 자금을 우선 활용하는 것이 현실적인 성장 전략이 될 수 있다. 특히 MVP(최소기능제품)를 제작하거나, 초기 시장 테스트를 위한 비용이 부족한 스타트업에게는 소액의 보조금이라도 사업 추진의 마중물이 된다.

정보 탐색은 '정부24'나 'K-Startup', 창조경제혁신센터 홈페이지를 꾸준히 체크하는 것에서 시작된다. 그러나 단순히 온라인 검색에만 의존하지 말고, 직접 지역의 창조경제혁신센터, 테크노파크, 중소벤처기업진흥공단(중진공) 등을 방문해 전문 매니저와 상담을 받아 보는 것이 훨씬 효과적이다. 현장에서 담당자가 알려 주는 '비공식 꿀팁'이나, 유리한 프로그램 연계 방법 등을 통해 선정률을 높일 수 있는 실마리를 얻을 수 있다.

예를 들어, 창업 초기 한 스타트업 대표는 창조경제혁신센터에서 "청년창업사관학교 + 창업사업화자금 + 지자체 특화 프로그램"의 연계 구성을 추천받아 단계별로 자금을 연속 확보했고, 이를 기반으로 TIPS까지 진입할 수 있었다.

사업 계획서를 작성할 때는 단순히 "개발비가 부족하다", "마케팅 자금이 필요하다"고 쓰는 것만으로는 부족하다. 선정 기관은 "그 자금을 어떻게 쓰고, 얼마만큼의 결과를 만들어낼 수 있는지"를 보고 판단한다. 예를 들어,

"1억 원으로 시제품 2종 제작, 3개 유통 채널 테스트, 수요처 피드백 확보 → 추후 본격 생산을 위한 투자 유치 예정"

"정부 지원금으로 글로벌 인증(CE, FDA 등)을 획득 → 해외 유통 계약 체결 기반 마련"

이런 식으로 활용 계획을 수치로 구체화하고, 그에 따른 기대 성과를 명확히 제시해야 높은 평가를 받을 수 있다. ♪

보증 및 대출 연계를 통한 자금 조달 보완

스타트업이 외부 투자를 유치하기란 현실적으로 쉽지 않다. 특히 제품 개발이나 초기 시장 검증 단계에서는 매출이 없고, 투자자들에게 어필할 만한 성과도 부족한 경우가 많다. 이럴 때 활용할 수 있는 대표적 방안이 보증 기관과의 연계를 통한 대출 조달이다.

○ 보증 기반 대출

신용보증기금(신보)이나 기술보증기금(기보)은 스타트업의 '신용'을 대신 보증해 주는 역할을 한다. 즉, 스타트업이 스스로는 신용 등급이 낮아 은행 대출이 어렵지만, 보증 기관이 "이 기업은 우리가 보증할 만큼의 기술력 또는 성장 가능성이 있다"고 판단해 보증서를 발급해 주면, 이를 기반으로 시중 은행에서 자금을 대출받을 수 있는 구조다.

정책 금융(보증부 대출) 지원 사례

- 스타트업 A는 기술 개발을 위해 1억 원이 필요하지만, 신용 등급이 낮아 은행 대출이 어려움

- 기술보증기금에 기술 평가 보증을 신청하여, 기술력 기반으로 보증서를 발급받음
- 보증서를 담보로 시중 은행에서 1억 원 대출 승인
- 스타트업은 이 자금을 R&D, 인건비, 마케팅 등에 활용 가능

○ 장점

- 지분 희석 없이 자금 확보 가능: 민간 투자와 달리, 지분을 넘기지 않고도 자금을 조달할 수 있어 창업자의 지배력을 유지할 수 있음
- 단기 운영 자금 확보에 유리: R&D 과제 수행 중 중간에 자금이 모자랄 경우, 대출을 통해 프로젝트를 끊기지 않고 이어갈 수 있음
- 추후 투자 유치까지의 시간을 확보: MVP 개발이나 초기 성과를 만들어 내고, 이를 바탕으로 VC 투자나 정부 과제에 도전하는 전략을 세울 수 있음
- 정책 금융 기관의 '신뢰도 보증' 효과: 신보의 스타트업 지원 프로그램인 '퍼스트펭귄'이나 기보의 기술평가보증서를 받았다는 사실 자체가 외부 이해관계자(VC, 바이어 등)에게 기술력과 성장성을 간접 인증하는 효과도 있음

○ 유의할 점

- 보증 신청 전 준비 사항: 사업 계획서, 재무 자료, 기술 설명서 등은 꼼꼼히 준비해야 하며, 기술성 평가를 위한 특허/논문/인증 등의 보완 자료가 요구될 수 있음

- 기업 규모 및 신용에 따라 상이한 보증 한도: 일반적으로 창업 7년 미만, 사업성 및 기술성, 대표 이사의 역량 등이 양호한 기업은 보증이 가능하나, 지원 받을 수 있는 금액 한도는 사업 내용과 기술 평가 결과에 따라 차이가 있음
- 필수적인 상환 계획: 보증이 있다 해도 대출금은 원리금을 상환해야 하므로 매출 발생 시점, 수익 구조에 맞춘 자금 계획 수립이 중요함

○ **데스 밸리를 건너는 전략적 선택: 보증부 대출의 활용**

스타트업이 직면하는 가장 치명적인 구간은 흔히 말하는 '데스 밸리(Death Valley)'다. 이는 기술 개발이 막바지에 이르렀지만, 아직 매출이 본격적으로 발생하지 않았고 외부 투자도 받지 못한 시점을 의미한다. 이 시기의 자금난은 기업의 존속 여부를 가를 만큼 위기감이 크다. 이때 보증 기반 대출은 외부 투자 유치 이전 단계에서 '숨 쉴 틈을 만들어 주는 산소통'과도 같은 역할을 한다. 신용보증기금이나 기술보증기금의 보증서를 통해 자금을 조달하면, 지분을 넘기지 않고도 제품 개발, MVP 테스트, 초기 마케팅을 진행할 수 있다. 이러한 준비 과정을 통해 일정한 성과를 확보한 후에는, TIPS와 같은 정부 R&D 연계 사업이나 VC 투자 유치에도 보다 유리한 입장에서 협상할 수 있게 된다. 무턱대고 대출을 받는 것이 아니라, 보증을 전략적으로 활용해 '투자 전 단기 생존 전략' → '성과 기반 투자 유치 전략'으로 연결하는 것이 핵심이다. 결론적으로, 보증 기반 대출은 단기 자금 수혈을 넘어 창업자가 '주도권'을 가지고 후속 자금을 설계할 수 있는 전략적 수단이다. 투자 유치 전의 불확실성을 줄이고, 다음 단

계로 도약하기 위한 '계단'을 마련하는 수단으로서 적극 활용할 필요가 있다.

정책 금융 기관의 '직접 투자' 활용

많은 스타트업은 투자를 떠올릴 때 벤처 캐피탈(VC)이나 엔젤 투자자 같은 민간 투자자를 가장 먼저 생각한다. 하지만 최근에는 정책 금융 기관들도 스타트업의 지분을 직접 인수하는 형태의 '직접 투자'를 활발히 집행하고 있어, 초기 스타트업 입장에서는 이 기회를 전략적으로 활용하는 것이 중요하다.

정책 금융 기관의 직접 투자는 단순한 '정부 돈'이 아니라, 민간 투자를 견인하고 시장 신뢰를 높이는 마중물 역할을 한다. 특히 매출이 아직 미비하거나 기술 검증이 충분히 완료되지 않은 시점에서는, 민간 VC들이 선뜻 나서기 어려운 경우가 많은데, 이때 정책 목적을 가진 기관이 먼저 투자에 나서면서 '검증 신호(Signaling)'를 제공하는 셈이다. 다음은 주요 정책 금융 기관별 직접 투자 프로그램이다.

○ 신용보증기금(스타트업 네스트(Start-up NEST) 및 보증연계투자)

신용보증기금이 운영하는 대표적인 스타트업 육성 플랫폼인 '스타트업 네스트(Start-up NEST)'는 단순한 보증 제공에 그치지 않는다. 이 프로그램은 초기 창업 기업이 시장에 안착하고 성장할 수 있도록, 보증을 중심으로 다양한 비금융 서비스를 패키지로 지원하는 통합 육성 플랫폼이다. 선정된 기업은 먼저 창업 초기 자금 확보를 위한 보증 지원을 받을 수 있으며, 이후 경영 컨설팅, 전문가 멘토링, 사업화 지원, 투자 연계 등 단계별 맞춤형 프로그램에 참여하게 된다. 특히, 기술력은 있지만 사업화 경험이 부족한 창업자에게는 실질적인 사업 역량을 키울 수 있는 실무 중심의 지원 체계로 작용한다는 점에서 의미가 크다.

또한 스타트업 네스트는 단기적인 자금 지원에 그치지 않고, 우수기업을 대상으로 후속 투자 유치 및 글로벌 진출까지 연계되는 성장 사다리 역할을 수행한다. 즉, 창업 기업이 초기 생존을 넘어 지속적인 성장을 도모할 수 있도록 정책 금융과 민간 네트워크를 효과적으로 결합한 모델로 평가받고 있다.

그림 7.1 Start-up 육성 플랫폼 지원 체계

또한, 신용보증기금은 '보증연계투자' 상품을 통해 직접 지분 투자를 한다. 이는 보증 지원과 연계하여 유망 스타트업에 직접 투자하는 형태로, 초기 투자 리스크를 낮추고 민간 공동 투자자 유입을 유도하는 효과가 크다. 스타트업 네스트를 통해 육성된 기업은 이러한 신용보증기금의 투자 상품과 연계될 수 있다.

○ 기술보증기금(기술혁신투자 프로그램)

기술보증기금도 R&D 기반 창업 기업을 대상으로 기술 보증과 지분 투자를 병행하는 '보증연계투자'를 운영한다. 지원 대상은 아래 요건을 모두 충족하는 중소기업이다.
- 설립 후 5년 이내의 기업(단, R&D 기업, 미래 전략 산업 영위 기업 등 정책적 지원 필요성이 인정되는 기업은 업력 제한 없음)
- 기보와 보증 거래 중이거나 보증과 투자를 동시 신청하는 기업
- 기술 혁신 선도 기업으로 투자용 기술 평가 등급이 TI 8등급 이상인 기업

즉 보증 심사에서 기술성 우수 등급을 받은 스타트업이며, 일정 수준의 매출, IP 보유 여부, 성장 잠재력 등이 함께 평가된다. 이 프로그램은 특히 기술의 사업화 가능성과 확장성에 초점을 맞추며, 향후 시리즈 A 투자 유치 시 레버리지 역할을 할 수 있다.

○ 중소벤처기업진흥공단(창업성장기반자금(투자형))

중진공은 '혁신창업사업화자금' 등 다양한 정책 자금을 통해 기술 스타트업을 대상으로 투자 요소를 복합한 지원 사업을 진행한다. 주

로 기술성과 사업성이 우수하여 성장 잠재력이 높지만 민간 금융 기관에서 자금 조달이 어려운 벤처·스타트업을 대상으로 하며, 직접 투자, 매칭 투자, 성장 공유형 융자, 투자 조건부 융자 등 다양한 방식으로 지원한다.

이러한 지원은 투자와 함께 연계 컨설팅 및 후속 정책 자금 연계도 지원된다. 특히, '청년창업사관학교'(과거 스마트벤처캠퍼스) 졸업 기업 등 중진공의 창업 지원 프로그램을 이수한 초기 단계 기업에게 유리한 조건이 제공될 수 있으며, '초격차 스타트업 1000+ 프로젝트' 선정 기업 등 전략적 육성이 필요한 분야의 기업에게는 금리 우대 등의 혜택도 주어진다.

○ **산업은행(KDB 넥스트 라운드 및 직접 투자)**

산업은행은 투자자-스타트업 매칭 플랫폼인 'KDB 넥스트 라운드'를 통해 간접 지원과 브릿지 역할을 수행한다. 이 플랫폼은 스타트업이 자사 기술과 비즈니스 모델을 유망 VC, CVC, 대기업 전략 부서 앞에서 IR 피칭할 기회를 제공한다. 산업은행이 주관한다는 신뢰도와 공공성 덕분에 참여 투자자들이 늘고 있으며, 넥스트 라운드 참가 기업이 실제 시리즈 A, B 투자를 유치하는 사례도 증가한다.

더불어, 산업은행은 다양한 형태로 직접 투자 업무도 활발히 진행한다. 예를 들어, 미국 실리콘밸리에 VC 현지 법인을 운영하거나, '글로벌파트너십 펀드' 등을 조성하여 국내외 유망 기업에 직접 투자한다. 또한, KDB NextONE 프로그램을 통해 선발된 우수 스타트업에 대해서도 직접 투자를 검토하고 후속 투자를 유치할 수 있도록 돕는다.

○ 왜 정책 기관의 '직접 투자'가 중요한가?
- 검증 효과: 정부의 엄격한 심사 기준을 통과했다는 점은 민간 투자자들에게 강력한 신호가 된다.
- 신뢰도 상승: 정부 기관이 지분을 보유하면, 향후 협력 파트너나 수요처에서도 기업에 대한 신뢰가 올라간다.
- 후속 투자 유치에 유리: 정부의 투자 이력을 기반으로 민간 VC가 '앵커 투자자' 역할로 평가하고 참여 가능성이 높아진다.
- 기업 밸류에이션 설정 기준: 민간 투자자가 명확하지 않은 상황에서, 공공 투자 기관의 투자가 일정 수준의 기업 가치를 형성해 주는 기준선 역할을 한다.

정책 자금 투자 유치 실전 활용 Tip

투자 유치 시 스타트업 대표가 반드시 기억해야 할 요건

정책 기관의 투자 프로그램은 단순한 돈보다 '함께 성장하는 파트너십'의 관점으로 접근하는 것이 중요하다.

직접 투자 제안을 받기 위해서는 보증 기관과의 기존 신뢰 관계, 기술 평가 등급, 재무 건전성 확보 등이 필수다.

IR 자료에는 '정책 기관 투자자용 버전'을 따로 준비하여 공공성과 사회적 가치, 고용 창출 등의 메시지를 포함하면 유리하다.

민간 투자 연계형 프로그램 활용

정책 금융 기관은 단순히 직접 자금을 집행하거나 보증만 제공하는 것이 아니라, '민간 투자 유치의 촉진자(enabler)'로서도 매우 중요한 역할을 하고 있다. 스타트업 입장에서 보면, 정책 기관이 추천해 주는 '믿을 만한 기업'이라는 신호 효과를 통해 민간 투자자들로부터 보다 빠르고 유리한 조건으로 투자를 유치할 수 있게 된다. 이러한 연계형 지원 방식은 기존의 TIPS, 모태 펀드, 성장사다리 펀드, 그리고 산업은행의 'KDB 넥스트 라운드' 같은 플랫폼에서 다양하게 나타난다.

○ 정책 금융 기관의 역할: '자금 연결자'에서 '투자 설계자'로

보증 기관(신보, 기보)은 기술 평가와 보증 이력을 바탕으로 유망 스타트업을 TIPS 운영사, 모태 펀드 운용사 등 민간 투자 기관에 직접 추천하기도 한다. 예컨대, 기술보증기금에서는 내부 평가를 통해 선발한 기업을 엔젤 투자자나 액셀러레이터에게 연계해 주는 사례가 늘고 있다.

산업은행은 자사의 플랫폼(KDB 넥스트 라운드)을 통해 스타트업과 민간 VC를 연결하고, 필요시 공동 투자 구조까지 설계한다. 이 경우 산업은행이 앵커 투자자 역할을 맡아 민간 자본의 위험 부담을 완화해 준다.

이처럼 정책 기관은 투자 심사에서의 '브릿지' 역할뿐만 아니라, 구조 설계와 후속 자금 매칭까지 복합적인 투자 촉진자로 작용하고 있다.

○ 스타트업이 얻을 수 있는 전략적 이점

- 민간 투자자에 대한 신뢰성 확보: 정책 기관의 추천을 받은 기업은 '기술성, 성장성, 건전성'을 공인받은 것이나 다름없다.

이는 민간 투자자에게 '이 기업은 정부가 인정한 기업'이라는 심리적 안정감을 제공한다.
- 자금의 레버리지 구조 형성: 예를 들어, 민간 투자자에게 2~3억 원의 투자 제안을 할 경우, 정부 매칭 자금(예: TIPS 5억, 투자 연계 R&D 등)을 확보하면 총 7~10억 규모로 확장된 자금 조달이 가능하다.
- 후속 투자 유치 가능성 증가: 정책 기관이 후속 투자 기관(VC, CVC)과의 네트워크를 보유하고 있으므로 초기 투자 유치 이후에도 시리즈 A, B로 자연스럽게 이어질 가능성이 높아진다.

　정리하면, '연계형 투자 유치'는 단순한 TIPS에만 국한된 이야기가 아니다. 정책 금융 기관은 스타트업의 성장을 위한 민간 투자 유치의 조력자이며, 마중물 역할을 해 주는 전략적 파트너다. 따라서 스타트업은 '정부 돈 받고, 민간 투자도 받는' 단기적 관점보다 정부-민간 간 자금 구조를 어떻게 '전략적으로 레버리지'할 것인지에 대한 관점을 가져야 한다.

 정책 자금 실전 활용 Tip

투자 유치와 정책 금융의 유기적 연결 전략

스타트업에게 투자 유치는 단순히 민간 VC로부터 돈을 받는 행위에 그치지 않는다. 정책 금융 기관과의 협력 구조를 전략적으로 설계하면, 자금 조달뿐만 아니라 기술 검증, 시장 신뢰 확보, 후속 투자 유치까지 이어지는 '성장 경로' 전체를 설계할 수 있다.

아래와 같은 단계별 전략을 참고하면, 자금 확보와 기업 가치 상승을 동시에 실현할 수 있다.

1단계: 사업 초기, 정부 정책 자금으로 기반 다지기

창업 초기에 민간 투자 유치가 어렵다면 정부의 창업 자금 프로그램을 먼저 활용하자(대표 프로그램: 창업사업화자금, 청년전용창업자금, 여성창업자금, 스마트공장 구축자금, 수출바우처 등).

이 자금은 중소벤처기업부, 창업진흥원, 중소벤처기업진흥공단 등에서 운영하는 대표적인 초기 지원 사업으로 시제품 제작, 마케팅, MVP 개발, 인증 획득, 수출 준비 등 초기 사업에 꼭 필요한 활동을 지원한다.

2단계: 운영 자금 보완, 보증 기반 대출 활용

정부 보조금만으로는 부족하거나 운영 자금이 필요한 시점이라면 신용보증기금(신보), 기술보증기금(기보)의 보증서를 활용해 은행 대출을 받는 방식이 효과적이다.

보증은 담보가 부족한 스타트업에게 신용을 보완해 주는 강력한 도구다. R&D 과제 수행 중 현금 흐름을 보완하거나, 제품 론칭에 필요한 유동성 확보에 유리하다.

3단계: 기술력 입증, 직접 투자 및 TIPS 진입

기초 실적과 기술력이 확보되면, 정책 금융 기관의 직접 투자 프로그램을 노려볼 수 있다.

예시
- 기술보증기금의 '기술혁신 보증연계투자'
- 중소벤처기업진흥공단의 '벤처·스타트업 투자/융자'
- 신용보증기금의 '보증연계투자'(보증+투자)
- 산업은행의 '넥스트라운드'
- 또는 TIPS 프로그램에 진입하면, 민간 투자(1억~2억) 유치 후 정부 R&D 자금(최대 5억)까지 매칭 받을 수 있음.

이 단계는 기술성과 사업성을 동시에 입증해야 하므로 IR 자료, 핵심 인력 이력, 수요처 확보 계획 등을 사전에 준비해 두는 것이 필수다.

정책 기관의 직접 투자는 후속 투자 유치 전의 '밸류에이션 기준'을 만들어 주는 역할도 한다.

4단계: 후속 민간 투자 유치, 신뢰 + 성장 스토리로 연결

이전 단계에서 확보한 기술력, 실적, 정부 연계 성과를 바탕으로, 이제는 본격적으로 시리즈 A~B 단계의 민간 VC 투자를 유치할 수 있다.

<추천 활용 플랫폼 및 연계 기회>

- KDB 넥스트라운드: 산업은행 주관 투자 연계 플랫폼
- 모태 펀드 출자 VC와의 연계
- 글로벌 시장 진출 패키지 (Go-Global, 해외IR 등)

민간 VC는 정부와의 협력 이력이 있는 기업을 보다 안정적인 투자처로 인식한다.

초기부터 정책 자금 → 보증 → 투자 → 실적 → 글로벌 진출까지 이어지는 '성장 설계 흐름'이 민간 투자 유치에 유리하게 작용 가능.

※ 정리: 정책 금융 + 민간 투자 = 레버리지 효과의 완성

단계별 자금 전략을 체계적으로 설계하면 단순히 돈을 모으는 것을 넘어 정부의 신뢰 + 민간의 자금 + 실적 기반의 성장이라는 강력한 삼각 구조를 만들 수 있다.

2. AC(창업 기획자), VC(벤처 캐피탈)와 정책 자금 매칭 전략

스타트업의 성장 과정에서 '투자 유치'와 '정부 지원금'은 별개로 따로 움직이는 것이 아니다. 민간 투자 유치 여부에 따라 정부의 R&D 매칭 자금이 달라질 수 있고, 반대로 정부의 지원을 받았다는 사실이 민간 투자자의 신뢰를 높이는 데 도움이 되기도 한다. 이처럼 두 자금 흐름은 서로 유기적으로 연결되어 있으며, 이를 얼마나 전략적으로 설합하느냐에 따라 스타트업의 성장 속도는 크게 달라질 수 있다.

이 절에서는 특히 AC(액셀러레이터, 창업 기획자)와 VC(벤처 캐피탈)가 어떤 방식으로 정부의 정책 자금과 연계되어 스타트업을 성장시키는 '촉진자(Enabler)' 역할을 수행하는지 살펴본다. 단순한 투자자가 아니라, 정부와 민간을 연결하는 성장 파트너로서 이들이 어떤 기능을 하는지를 실제 사례 중심으로 설명할 예정이다.

특히 Seed-TIPS, Pre-TIPS, TIPS, 모태 펀드와 같은 대표적인 스타트업 지원 사업에서는 AC와 VC의 참여가 핵심 요건으로 작용한다. 이러한 구조에서는 민간 투자를 유치하면서 동시에 정부의 지원을 연계하는 전략이 가능하며, 이는 스타트업 입장에서 빠른 성장은 물론, 투자에 대한 레버리지를 극대화할 수 있는 효과적인 성장 경로가 될 수 있다

AC(창업 기획자)와 VC(벤처 캐피탈)의 이해

스타트업이 투자 유치를 계획할 때, 가장 먼저 만나는 민간 투자

자 유형은 'AC(창업 기획자)'와 'VC(벤처 캐피탈)이다. 두 기관 모두 초기 기업에 자금을 투자한다는 공통점이 있지만, 성격과 역할, 투자 방식은 다르다. 이들을 명확히 이해하고, 자신에게 맞는 투자 파트너를 찾는 것이 첫 번째 전략이다.

○ AC(Accelerator, 창업 기획자)

- AC는 초기 창업 기업의 '인큐베이터' 역할을 하는 투자 기관이다. 단순히 자금을 투자하는 데 그치지 않고, 창업 팀의 아이디어가 사업으로 자리 잡을 수 있도록 다양한 보육(액셀러레이팅) 프로그램을 제공한다.
- 지원 형태: 보통 3,000만~1억 원 내외의 소액 투자를 진행하며, 지분을 10% 수준으로 확보한다.
- 주요 역할: 사업 모델 고도화, 제품/서비스 기획 검토, 시장 진입 전략 수립, 초기 고객 유치, IR 자료 작성 등 전반적 창업 코칭을 제공한다.
- 주요 타깃: 창업 3년 이내의 초기 스타트업, 또는 예비 창업자

AC 실전 활용 Tip

프라이머, 퓨처플레이, 블루포인트파트너스와 같은 대표적인 AC들은 유망한 기술 기반 스타트업을 발굴해 보육하고, 후속 투자로 연결되도록 돕는 데 특화돼 있다. 또한, AC는 정부 정책 사업(예: TIPS)에서 핵심 주체로 참여하는 경우가 많아, 정책 자금과의 연계성이 매우 크다. 즉, AC의 투자를 받은 스타트업은 Pre-TIPS, TIPS 등 후속 정부 프로그램에 진입하기에 유리한 고지를 점하게 된다.

○ VC(Venture Capital, 벤처 캐피탈)

VC는 성장 가능성이 높은 스타트업에 고위험 고수익(High Risk & High Return)을 전제로 자금을 투자하는 민간 투자 기관이다. VC는 AC보다 투자 규모가 크고, 기업의 성장성과 시장성 중심으로 판단하는 경향이 있다.

- 투자 범위: 보통 수억 원에서 수십억 원 단위의 투자를 집행하며 시드(Seed), 시리즈 A~C 등 단계별로 나눠 투자한다.
- 주요 판단 요소: 제품/서비스의 시장성, 매출 가능성, 팀 구성의 역량, 지식재산권 보유, 경쟁사 대비 차별성
- 회수 방식: M&A(인수 및 합병), IPO(기업 공개)를 통한 지분 수익 실현이 주요 목적

 VC 실전 활용 Tip

소프트뱅크벤처스, 알토스벤처스, 카카오벤처스, 본엔젤스 등은 다양한 산업 분야에서 초기 또는 성장 단계 스타트업에 활발히 투자하고 있다. VC는 일반적으로 투자 결정까지 오랜 검토 기간이 소요되고, IR 자료, 시장 검증 데이터, 팀의 역량 등이 객관적으로 증명되어야 투자가 이루어진다. 따라서 정부의 R&D 과제, 보증 자금, 초기 AC 투자 등을 통해 기초 실적과 신뢰도를 확보한 스타트업이 VC 투자 유치에 더 가까워진다.

초기 창업자라면 처음부터 VC에 도전하기보다 AC를 통한 단계별 진입이 훨씬 안정적이다. AC는 제품이나 서비스가 완성되지 않은 단계에서도 팀의 비전과 잠재력을 중심으로 평가하며, 스타트업의 시장 적합성을 검증하는 데 도움을 준다. 그리고 AC를 통해 기본 실적을

확보하고, 정부의 정책 자금과 연계해 성장 기반을 닦은 후 VC의 투자 심사 문을 두드리는 것이 이상적인 경로다.

표 7.1 AC와 VC의 비교

구분	AC(창업 기획자)	VC(벤처 캐피탈)
투자 시점	창업 초기(시드 이전~시드 단계)	시드~시리즈 A 이후
투자 규모	소액(수천만 원~1억 원 내외)	수억 원~수십억 원
지원 방식	창업 보육 + 자금 지원 + 코칭	자금 투자 중심, 간접적 자문
주요 역할	비즈니스 모델 검증, 초기 시장 테스트	매출 성장, 스케일업 중심
연계 정책	Seed-TIPS, Pre-TIPS, TIPS 등	모태 펀드, 성장사다리 펀드 등

표 7.2 AC·VC와 연계되는 정책 자금의 종류

정책 자금 프로그램	연계 기관	연계 방식	특징
TIPS	AC, VC (운영사)	민간 투자 유치 후 정부 R&D 자금 최대 5억 매칭	대표적 민관 협력 기술 개발 사업
모태 펀드 출자 펀드	VC	정부가 펀드에 출자 → VC가 스타트업에 투자	정부가 간접적으로 민간 투자 촉진
Seed-TIPS, Pre-TIPS	AC 중심	민간 투자 또는 기술력 기반 스타트업 → 소액 자금 지원	TIPS 진입 전 단계
K-Startup 투자 매칭형 R&D	AC/VC + 스타트업 + 정부	투자 유치 시 R&D 자금 매칭	유사 TIPS 형태

AC·VC와 연계되는 정책 자금의 종류

AC(창업 기획자)와 VC(벤처 캐피탈)는 단순히 민간 투자자의 역할을 넘어 정부 정책 자금과의 연계 창구 역할을 수행한다. 실제로 대부분의 정책형 R&D 사업, 성장 지원 프로그램은 민간 투자와의 연계를 필수 조건 또는 우대 조건으로 삼고 있다. 그만큼 AC·VC를 통한 투자 유치는 정책 자금을 끌어오는 핵심 열쇠가 될 수 있다. 다음은 AC·VC와 연계 가능한 대표적인 정책 자금 프로그램들이다.

○ TIPS(민간 투자 주도형 기술 창업 지원)

'TIPS(민간 투자 주도형 기술 창업 지원)' 제도는 기술 기반 스타트업이 성장할 수 있도록 민간과 정부가 함께 지원하는 대표적인 창업 지원 프로그램이다. 이 제도는 주로 액셀러레이터(AC)와 일부 벤처 캐피털(VC)이 연계 주체로 참여하며, 민간에서 먼저 1억 원 이상의 투자를 집행하면 정부가 최대 5억 원 규모의 연구·개발(R&D) 자금과 추가적인 사업화 자금을 지원하는 구조로 운영된다.

지원 대상은 창업 7년 이내의 기술 기반 스타트업이며, AC 또는 VC가 추천 주체로서 기업을 발굴하고 선별하는 역할을 맡는다. 프로그램은 창업진흥원이 주관하고 중소벤처기업부가 정책적 지원을 제공하여 민관 협력 체계 속에서 운영된다.

이 과정에서 AC와 VC는 초기 투자 리스크를 분담하며, 정부는 후속적으로 기술 개발과 사업화 자금을 지원해 기업의 성장 가능성을 한층 높여 준다. 결과적으로 스타트업은 민간 투자와 정부 지원이 결합된 안정적 기반을 바탕으로 시장 검증과 성장을 동시에 추진할 수 있다는 점에서 큰 효과를 기대할 수 있다.

TIPS 실전 활용 사례

A 스타트업은 인공지능(AI) 기반 로보틱스 솔루션을 개발하는 기업으로, 설립 초기부터 기술 중심의 비즈니스 모델을 구축했다.

창업 1년 차에 '액셀러레이터 퓨처플레이(FuturePlay)'로부터 1억 5,000만 원의 시드 투자를 유치하며 기술력과 성장 가능성을 인정받았다. 이 투자를 계기로 퓨처플레이는 A 스타트업을 TIPS(Tech Incubator Program for Startup) 후보로 추천했고, A 스타트업은 중소벤처기업부의 TIPS 본 사업에 선정되어 정부 R&D 자금 5억 원을 지원받았다. 이를 통해 자사의 핵심 기술이었던 AI 기반 로봇 제어 알고리즘과 3D 센서 융합 시스템을 고도화하고, 글로벌 수준의 기술 검증을 위한 실증 테스트 및 지식재산권(IP) 확보를 병행했다.

이후 A 스타트업은 TIPS 글로벌 진출 프로그램을 통해 미국 실리콘밸리와 일본 도쿄에서 현지 시장 조사 및 파트너 미팅을 진행했고, 이를 계기로 글로벌 유통사와 PoC(개념 검증) 계약을 체결, 제품 현지화를 완료했다.

결과적으로 해외 매출 발생과 동시에 Pre-Series A 단계에서 20억 원 규모의 후속 투자 유치에도 성공했다.

○ Seed TIPS

'Seed TIPS'는 본격적인 TIPS 단계에 진입하기 전, 초기 시장성 검증을 목적으로 운영되는 지원 프로그램이다. 이 제도는 주로 액셀러레이터(AC)가 연계 주체로 참여하며, 민간에서 1억 원 이상의 투자가 이루어지면 정부가 최대 5,000만 원의 사업화 자금을 매칭 지원하는 구조로 설계되어 있다.

지원의 초점은 연구·개발(R&D)보다는 시장성 검증에 맞추어져 있다. 따라서 선정 기업은 아이디어를 실제 제품으로 구현하는 최소기능 제품(MVP) 제작이나 초기 고객 확보, 비즈니스 모델 검증 등 사업화 준비를 집중적으로 진행할 수 있다. 또한 이 단계는 TIPS 본사업에 진입하기 위한 사전 과정으로 활용될 수 있어, 스타트업이 한 단계씩 성장할 수 있는 발판을 마련한다.

심사 과정에서는 무엇보다도 AC의 보육 역량이 중요한 평가 요소가 된다. 초기 기업의 경우 아직 성과가 명확하지 않으므로 해당 스타트업을 어떻게 보육하고 시장 검증을 도울 수 있는지가 핵심 관건이 된다. 이를 통해 Seed TIPS는 민간 투자자의 역할과 정부 지원이 결합되어 아이디어 난세의 스타드업이 안정적으로 시장에 진입할 수 있도록 돕는 중요한 프로그램으로 자리 잡고 있다.

○ 모태 펀드(한국벤처투자 운용)

'모태 펀드'는 정부가 직접 창업·벤처 기업에 투자하지 않고, 한국벤처투자를 통해 민간 운용사와 함께 조성하는 간접 투자형 펀드 구조다. 이름 그대로 정부가 '모(母)펀드(Mother Fund)'를 먼저 조성하면, 이를 기반으로 벤처 캐피탈(VC) 등 민간 운용사들이 민간 자금을 끌어와 '자(子)펀드(Daughter Fund)'를 결성한다. 이후 실제로 창업기업이나 중소기업에 투자하는 역할은 이 자펀드가 담당하는 방식이다.

이 과정에서 중소벤처기업부는 앵커 출자자로 참여해 민간 자금을 끌어들이는 마중물 역할을 한다. 덕분에 민간이 단독으로는 조성하기 어려운 규모의 펀드를 형성할 수 있고, 정책적 목적에 맞춘 투자가 가능해진다. 실제로 모태 펀드는 지역 창업 기업, 여성 기업, 그린 테크 등 특정 산업이나 정책 목적에 부합하는 분야를 대상으로 펀드를 조성해 왔다.

민간 운용사인 VC들은 모태 펀드 자금을 활용해 피투자 기업을 직접 선정하고 투자 집행을 담당한다. 이 구조는 정부의 정책적 방향성과 민간의 전문성을 동시에 살릴 수 있다는 장점이 있다. 기업 입장에서는 모태 펀드 자펀드로부터 투자를 받으면 단순히 자금 지원을 넘어 정부 자금이 결합된 펀드로부터 투자받았다는 점에서 높은 신뢰도를 확보할 수 있다. 또한 정책 목적에 맞는 기업일 경우, 더 큰 규모의 자금 유치 기회를 가질 수 있어 성장 가능성을 크게 확장할 수 있다.

○ 성장사다리 펀드

이 제도는 한국성장금융투자운용이 주관하고, 은행권의 공동 출연금과 정책 금융 기관(KDB산업은행, 기업은행)이 함께 조성한 투자 플랫폼으로, 모태 펀드 구조를 활용해 민간 벤처 투자 활성화와 스타트업의 스케일업을 지원하는 것을 목적으로 하고 있다. 기본적으로 산업은행과 한국성장금융 등이 출자자로 참여하며, 이를 바탕으로 민간 운용사가 펀드를 결성해 실제 투자를 집행하는 방식으로 운영된다.

투자의 대상은 주로 스케일업 단계에 진입한 기업으로, 시리즈 A부터 C 단계에 이르는 후속 라운드 투자를 필요로 하는 스타트업들이 중심이 된다. 따라서 일반적인 TIPS 프로그램보다 더 큰 규모의 자금이 필요하고, 성장 단계에서 빠르게 자금을 공급받아야 하는 기업들에게 특히 적합하다.

이 제도를 통해 스타트업은 국내외에서 대규모 자금을 확보할 수 있을 뿐만 아니라, 해외 진출을 위한 발판도 마련할 수 있다. 또한 중견 벤처 캐피탈(VC)이나 기업형 벤처 캐피탈(CVC) 등이 참여하여 보다 전략적인 투자가 가능하다는 점에서 단순한 자금 지원을 넘어 글로벌 스케일업을 위한 성장 경로를 제공하는 중요한 정책 금융 플랫폼으로 평가된다.

○ **창업성장기술개발사업(중소기업기술정보진흥원 주관)**

'창업성장기술개발사업'은 중소기업기술정보진흥원이 주관하는 대표적인 창업 초기 기업 대상 연구·개발(R&D) 지원 프로그램이다. 이 사업은 액셀러레이터(AC)나 초기 단계 벤처 캐피탈(VC)과 연계하여 운영되며, 기술 창업 기업이 사업화 초기 단계에서 필요한 연구·개발을 진행할 수 있도록 자금을 지원하는 데 목적이 있다.

특징적인 점은 투자 유치 여부가 평가 과정에서 중요한 가점 요소로 반영된다는 것이다. 즉, 민간 투자를 이미 확보한 기업은 시장에서 일정 수준의 신뢰와 성장 가능성을 인정받은 것으로 간주되어 선정 과정에서 상대적으로 유리한 위치를 점할 수 있다. 다만 TIPS와 달리 민간 투자 매칭이 필수 요건은 아니며, 투자 여부는 기업 상황에 따라 다르다. 하지만 투자 실적이 있을 경우 평가 점수에서 긍정적인 영향을 미치게 된다.

이와 같은 구조 덕분에 민간 투자로 신뢰를 확보한 기업은 우선적으로 선정될 가능성이 크고, 반대로 투자 경험이 없는 기업이라도 기술력과 사업성만 충분하다면 지원받을 수 있는 기회를 가진다. 결과적으로 창업성장기술개발사업은 창업 초기 기업에게 안정적인 R&D 기반을 마련해 주면서, 동시에 민간 투자와의 연계를 통해 시장 신뢰도를 높이는 효과를 제공한다.

투자 유치와 정부 자금 중 어느 하나만 확보하는 것이 아니라, 동시에 전략적으로 준비해야 한다. 예를 들어, AC로부터 소액 투자를 유치했다면, 빠르게 Seed-TIPS나 창업 성장 기술 개발 과제에 지원해야 한다. 투자 유치가 늦어진다면, 정부의 R&D 과제를 통해 실적을 확보해 VC의 관심을 끄는 방식도 있다.

표 7.3 자금 조달 전략 단계별 흐름

단계	자금 조달 흐름	설명
1단계	초기 AC 투자	소규모 민간 투자 유치로 사업화 가능성 검증
2단계	SEED TIPS 또는 창업 기획자 추천형 과제	정부 지원 과제를 통해 초기 사업화 또는 R&D 역량 확보
3단계	TIPS 또는 창업성장기술개발사업	기술 개발 및 시장성 검증을 통한 신뢰도 확보
4단계	VC 투자 + 모태 펀드 연계	시리즈 A~B 등 본격적인 민간 투자 유치
5단계	스케일업 자금 조달(성장사다리 펀드 등)	국내외 확장을 위한 대규모 투자 유치 및 성장 지원

3. 모태 펀드, 성장사다리 펀드의 구조와 이해

스타트업에게 필요한 자금은 단지 투자자를 만나 유치하는 것이 아니라, 그 자금이 어디에서 비롯되었는지를 이해하는 것에서부터 전략이 시작된다. 모태 펀드와 성장사다리 펀드는 정부가 조성한 대표적인 간접 투자 재원으로, 직접 스타트업에 투자하지는 않지만 민간 벤처 캐피탈(VC)이나 창업 기획자(AC)를 통해 스타트업에 자금을 공급하는 핵심 통로이다.

이러한 간접 투자 구조를 이해하면, 스타트업은 투자자(VC 또는 AC)의 성격과 보유 펀드의 특성을 파악하여 자신에게 맞는 파트너를 선별하고, 보다 효과적인 IR 전략을 수립할 수 있다. 또한, 투자자 관점에서는 정부가 설정한 정책 목적에 부합하는 분야에 집중적으로 투자할 수 있어 시장에서의 리스크를 줄이면서도 성과를 도모할 수 있다.

이 절에서는 모태 펀드와 성장사다리 펀드가 어떻게 조성되고, 어떤 경로를 통해 스타트업에게 자금이 도달하는지를 설명하며, 창업자가 현장에서 실질적으로 활용할 수 있는 전략적 포인트를 함께 제시하고자 한다. 궁극적으로는 정부 자금과 민간 투자 간의 레버리지 구조를 이해함으로써 창업자가 자금 유치의 흐름과 방향성을 주도할 수 있는 인사이트를 제공하는 것이 이 절의 목표이다.

모태 펀드

모태 펀드는 정부가 직접 운영하는 '모(母)펀드'로, 다양한 분야의 스타트업에 투자하기 위한 기초 재원을 조성하는 펀드다. 하지만 모태 펀드는 개별 스타트업에 직접 투자하지 않는다. 대신 민간의 벤처캐피탈(VC)이나 액셀러레이터(AC)가 운용하는 자(子)펀드에 출자함으로써, 최종적으로 그 자펀드가 스타트업에 투자하게 되는 간접 투자 구조를 가진다.

예를 들어, 창업 초기의 AI 헬스케어 스타트업 A사는 자금을 유치하기 위해 VC B사에 IR을 진행한다. VC B사는 모태 펀드로부터 자금을 출자받아 조성한 자펀드를 운영 중이며, 정부 출자금 외에도 민간 자금이 함께 들어간 구조다. 이 자펀드는 보건 의료 분야의 초기 기업을 주요 투자 대상으로 삼고 있었고, A사의 기술력과 시장성에 주목해 5억 원을 투자하기로 결정했다.

A사 입장에서는 단지 VC로부터 투자를 받은 것처럼 보이지만, 실제로는 그 자금 중 일부가 정부의 모태 펀드에서 흘러들어온 셈이다.

결과적으로 A사는 모태 펀드를 통한 정책 목적성 자금을 간접적으로 활용한 것이며, 향후 후속 투자에서도 모태 펀드 연계 펀드에서 추가 지원을 받을 가능성이 생긴다.

모태 펀드 핵심 포인트

- 모태 펀드는 정부 예산을 기반으로 구성된 재원이다. 주무 부처는 중소벤처기업부이며, 한국벤처투자가 이를 운용한다.
- 정책적 목적(예: 지역 균형, 여성 창업, 탄소 중립, AI 등)에 따라 매년 다양한 분야별 자펀드를 모집하고 출자한다.
- 자펀드 운용사는 VC나 AC가 맡으며, 이들이 실질적인 스타트업 심사와 투자 결정을 내린다.
- 스타트업은 '모태 펀드에서 투자받는다'기보다는 '모태 펀드 출자 자펀드로부터 투자받는다'는 구조를 이해해야 한다.

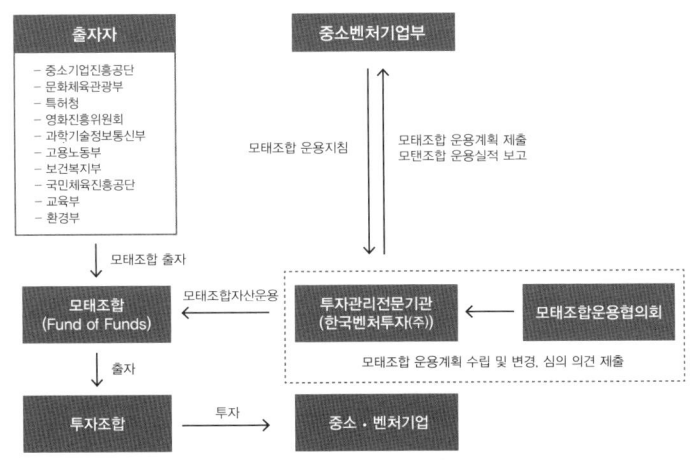

그림 7.3 모태 펀드의 운용 구조

출처: 한국벤처투자(주)

모태 펀드는 단일한 자금 덩어리가 아니라, '정책 목적에 따라 여러 분야별로 나뉘어진 자펀드 집합체'라고 이해해야 한다. 예를 들어, '창업 초기 기업 전용 펀드', '청년 창업 특화 펀드', '지역 균형 발전 펀드', '여성 기업 펀드', '탄소 중립 펀드' 등 다양한 목적형 펀드들이 존재한다. 이 펀드들은 각기 다른 '벤처 캐피탈(VC)'이나 '액셀러레이터(AC)'가 운용하므로 스타트업이 투자 유치를 준비할 때는 무작정 모든 VC에 접근하기보다 '자신의 사업 분야나 속성에 맞는 펀드를 운용 중인 VC를 선별해 공략'하는 것이 훨씬 효과적이다.

예를 들어, '여성 창업자가 대표인 바이오 스타트업'이라면 여성 기업 특화 펀드를 운용 중이면서 바이오 분야 포트폴리오 경험이 많은 VC를 찾는 것이 유리하다. 그리고 '지방 소재의 제조 스타트업'이라면 지역 투자 비중이 높은 균형 발전 펀드 운용사를 공략하는 것이 효과적이고 '친환경 소재를 개발하는 기초 소재 기술 스타트업'이라면 탄소 중립, 에너지 전환 관련 정책 펀드에 출자받은 VC가 주요 대상이 될 수 있다.

이런 정보는 '한국벤처투자(KVIC)' 홈페이지의 '출자 사업 정보'나, 'VC별 IR 공고', '로켓 펀치·더벨' 등 전문 포털에서 확인할 수 있으며, 창업진흥원, 테크노파크, 지역 창조경제혁신센터 등을 통해 간접적으로도 파악 가능하다. 즉, '내가 어떤 펀드의 대상 기업에 해당되는가?'를 먼저 판단한 뒤, 그 펀드의 운용사를 정확히 겨냥한 IR 전략을 세우는 것이 투자 성공 확률을 높이는 핵심이다.

성장사다리 펀드

성장사다리 펀드는 중소기업과 벤처기업이 유니콘 기업으로 성장할 수 있도록 단계별로 필요한 자금을 적시에 공급하기 위해 설계된 정책 펀드이다. 이름 그대로 '사다리'를 타고 올라가듯 창업 초기부터 성장, 글로벌 진출까지 기업의 스케일업 전 주기에 걸쳐 맞춤형 자금을 지원하는 구조이다.

성장사다리 펀드는 '한국성장금융투자운용(이하 성장금융)'이 주관하며, 정책 금융 기관(산업은행, 기업은행)과 민간 금융 회사(은행권 청년창업재단) 등이 출자자로 참여하는 모(母)펀드 구조를 갖는다. 이 펀드는 직접 스타트업에 투자하지 않고, 민간 운용사(VC, PE 등)에 출자하여 각 운용사가 자(子)펀드를 조성하고 유망 기업에 투자하는 방식으로 운영된다. 성장사다리 펀드의 주요 목적은 다음과 같다.

- 창업 초기 기업뿐만 아니라 중견기업, 상장 직전 기업 등 중간 단계 기업까지 투자 대상을 확대하여 기업 성장의 사다리를 마련
- M&A, 기업 공개(IPO), 해외 진출 등을 위한 스케일업 자금을 공급함으로써 벤처 생태계 전반의 선순환 구조를 촉진
- 민간 투자 시장에서 상대적으로 소외되는 틈새 영역(예: 구조 조정 중소기업, 회복 기업 등)에 정책 자금을 유도함으로써 균형 잡힌 기업 성장을 유도

예를 들어, 한 SaaS 기반 B2B 스타트업이 Series A 단계에서는 모태 펀드 기반 VC로부터 초기 투자를 받고 성장한 후, Series B 이

후에는 성장사다리 펀드 기반 스케일업 펀드로부터 후속 투자를 유치하여 글로벌 진출과 IPO를 준비하는 방식이 일반적이다. 또한 성장사다리 펀드는 단순한 금융 공급에 그치지 않고, 기업의 재무 구조 개선, 사업 구조 조정, 해외 진출 네트워크 연계 등을 병행할 수 있도록 설계되어 있다.

자금 흐름 구조의 이해

스타트업이 모태 펀드나 성장사다리 펀드를 제대로 활용하려면, 단순히 "국가가 조성한 펀드다"는 정도의 이해를 넘어 자금이 실제로 스타트업에게 어떻게 도달하는지에 대한 흐름 구조를 이해해야 한다. 모태 펀드나 성장사다리 펀드는 정부가 예산을 출자하여 만든 '모(母) 펀드'이며, 이 자금은 정부가 직접 스타트업에 투자하는 것이 아니라, '민간 운용사(VC, AC)'를 통해 위탁 운영된다. 즉, 정부는 펀드를 직접 운용하지 않고, 전문 투자 기관에 자금을 배분함으로써 간접 투자 구조를 설계한 것이다.

이 구조에서 중요한 점은, VC나 AC가 정부 자금과 함께 민간 자금을 매칭하여 '자펀드(자조합)'를 결성한다는 점이다. 이 자펀드는 개별 스타트업에 직접 투자하는 실질적 주체이며, 다음과 같은 흐름으로 자금이 전달된다.

① 정부가 모펀드(예: 한국벤처투자)를 통해 펀드 운용사에 자금 출자
② 운용사는 일정한 민간 자금을 유치하여 자펀드를 조성
③ 자펀드에서 개별 스타트업에 투자 결정 및 자금 집행

예를 들어, 한 스타트업이 AI 기반 의료 진단 서비스를 개발하고 있고, 이를 운영하는 VC가 모태 펀드의 '디지털 헬스케어 펀드'를 운용 중이라면, 해당 스타트업은 이 펀드의 투자 대상이 될 수 있다. VC는 정부의 자금이 포함된 자펀드를 통해 그 기업에 투자하며, 결과적으로 정부 자금이 민간 VC를 통해 스타트업에 간접적으로 흘러가는 구조가 완성된다.

이 구조를 이해하면, 스타트업은 어떤 VC가 어떤 정책 펀드를 운용하고 있는지를 기준으로 접근 전략을 짤 수 있다. 예를 들어 ESG 친화형 사업을 하는 스타트업이라면, 모태 펀드 내의 '녹색 성장 특화 펀드'를 운용 중인 VC를 우선적으로 찾는 것이 유리하다.

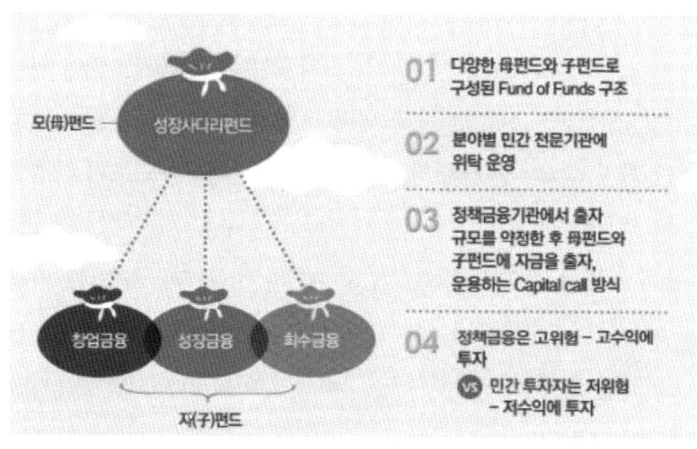

그림 7.4 성장사다리 펀드 운용 구조

출처: 머니투데이

정부 간접 투자 구조의 이해

모태 펀드와 성장사다리 펀드는 스타트업에게 자금이 직접 지급되는 방식이 아니라, 민간 VC와 AC를 통해 간접적으로 자금이 전달되는 '간접 투자 구조'를 가진다. 이 구조의 핵심은 '정부가 정책적 목적을 가진 자금을 펀드화하고, 이를 운용사에게 위탁하여 시장 논리와 전문성을 통해 스타트업에 연결한다'는 점이다.

따라서 스타트업 입장에서는 단순히 '정부 지원금이 있으면 신청하자'는 방식이 아니라, '어떤 VC가 어떤 정책 펀드를 운용하고 있는지'를 먼저 파악해야 한다. 이는 단순히 투자 기회 탐색 차원을 넘어 해당 펀드의 목적과 철학에 맞는 '전략적 자기 소개서'를 준비한다는 의미이기도 하다.

예를 들어, 탄소 저감 기술을 보유한 스타트업이라면 '녹색 성장 펀드'를 운용 중인 VC의 포트폴리오와 투자 기준을 분석하고, 그에 맞는 IR 자료와 시장 진입 전략을 준비하는 것이 효과적이다. 여성 창업자라면 '여성 기업 특화 펀드', 소셜 임팩트 분야라면 '사회적 기업 전용 펀드' 등 정책 목적에 특화된 펀드 구조를 활용하는 것이 유리하다.

또한, 모태 펀드와 성장사다리 펀드는 성격과 지원 대상이 다르기 때문에 성장 단계에 따라 구분해서 접근해야 한다. 모태 펀드는 상대적으로 초기 기업에 대한 투자가 활발하고, 성장사다리 펀드는 시리즈 B 이상 혹은 일시적 경영상 어려움을 겪는 기술 기업에 보다 적합하다. 즉, 자신의 기업이 '어떤 단계에 있고, 어떤 정책 방향과 맞물려 있는지'를 파악하는 것이 간접 투자 구조를 제대로 활용하는 출발점이다.

정책 자금 실전 활용 Tip

스타트업이 투자 유치를 위해 VC나 AC에 제안서를 보낼 때 흔히 저지르는 실수 중 하나는 '운용사의 정체성'을 충분히 이해하지 않고 일률적으로 자료를 보내는 일이다. 투자사마다 운용 중인 펀드의 성격과 투자 철학, 선호하는 업종과 단계가 다르기 때문에, 이를 무시한 채 보낸 IR 자료는 쉽게 묻히기 십상이다.

예를 들어, 정부 모태 펀드 중 '소셜 임팩트 펀드'를 운용하는 VC는 일반적인 수익률뿐 아니라 사회적 가치 창출도 주요 판단 기준으로 삼는다. 그런데 이런 VC에 단순히 수익률 중심의 기술 설명과 매출 성장 계획만 담긴 제안서를 보낸다면, VC가 추구하는 방향성과 전혀 맞지 않아 심사 대상에도 오르지 못할 수 있다.

반면, 철저히 분석한 뒤 해당 운용사가 과거 투자한 기업들의 공통점(예: 환경, 교육, 복지 등 사회적 가치를 지닌 비즈니스 모델)을 파악하고, 자신의 사업이 그 흐름에 어떻게 부합하는지를 제시한다면 훨씬 높은 관심을 끌 수 있다. 이때는 다음과 같은 방식으로 접근하는 것이 좋다.

- 운용사의 공식 홈페이지, 로켓 펀치, 더브이씨 등 플랫폼을 활용해 운용 중인 펀드의 종류와 투자 분야 확인
- 과거 투자 사례 분석(어떤 분야에 주로 투자했고, 투자 당시 기업의 성장 단계는 어땠는지 등)
- 투자 담당 심사역의 인터뷰, 발표 자료 등을 찾아 심사 기준과 투자 가치관 파악
- 그 결과를 바탕으로 제안서에 '귀사의 투자 철학과 당사의 사업이 일치하는 이유'를 명확히 서술
- 기존 포트폴리오 기업과의 차별성, 보완성 등을 강조하여 시너지 가능성까지 제시

이런 전략적 접근은 단순히 '눈에 띄는 IR'이 아니라, '심사역이 실제로 검토하고 싶어하는 IR'로 이어진다. 그리고 이는 단발성 투자 유치를 넘어 후속 투자, 스케일업 지원, 글로벌 진출 프로그램 연계 등 다양한 성장 경로로 확장될 수 있는 강력한 출발점이 된다.

7장 핵심 포인트

구분	주요 내용	핵심 포인트
투자 유치 전략과 정책 금융 연계	• 스타트업의 성장 단계별로 투자 유치와 정책 자금을 병행하는 전략 필요. • AC·VC와 협업, TIPS·모태 펀드·성장 사다리 펀드 등 활용.	민간 투자와 정책 자금의 '연계 전략'이 스케일업의 핵심
정책 자금 지원 프로그램	• 창업 초기 기업 대상 보조금·융자를 통한 기반 마련. • MVP 개발, 시장 테스트, 인증 등 초기 활동 지원.	정책 자금 실적이 민간 투자 유치의 '신뢰 신호'로 작용
보증 및 대출 연계	• 신보·기보 보증을 활용한 대출 조달. • 지분 희석 없이 운영 자금 확보 가능.	'데스 밸리 구간' 극복을 위한 단기 생존·레버리지 전략
정책 금융 기관 직접 투자	• 신보(Start-up NEST), 기보(기술혁신투자), 중진공(창업성장기반자금), KDB(넥스트라운드) 등 직접 투자 확대.	정부 직접 투자는 민간 투자 유입을 촉진하는 '시그널링 효과'
민간 투자 연계형 프로그램	• TIPS, Seed-TIPS, 모태 펀드, 성장사다리 펀드 등 민관 협력형 구조를 통해 자금 레버리지 효과 극대화.	민간 투자 + 정부 자금 매칭으로 '규모의 확장' 가능
AC·VC 역할	• AC: 소액 투자·보육·Pre-TIPS 단계 중심. • VC: 수억~수십억 단위 투자, 스케일업 중심.	AC는 '초기 진입 관문', VC는 '성장 가속 엔진'
간접 투자 구조 이해	• 모태 펀드·성장사다리 펀드 → VC/AC → 스타트업 간접 투자 구조. 분야별 특화 펀드 존재.	펀드 운용사(VC/AC) 분석·타깃팅이 투자 성공 핵심

"

재무 성과만으로는 자금 조달이 쉽지 않은데, 요즘은 ESG나 고용, 수출 같은 비재무적 요소가 중요하다던데 저희 같은 스타트업도 활용할 수 있을까요?

그렇습니다. 최근 정책 자금과 보증은 단순한 재무 지표가 아니라 고용 창출, 수출 실적, ESG 성과 같은 비재무적 요소를 핵심 평가 지표로 보고 있어요. 예를 들어 청년전용창업자금이나 일자리창출 우대보증은 고용을 늘리면 금리 혜택을 받을 수 있고, 수출바우처나 신보·기보 수출 보증은 해외 진출과 자금 확보를 동시에 지원합니다. 또 ISO 인증, 벤처·이노비즈 인증은 정책 자금 심사에서 신뢰도를 높여 주죠. 결국 스타트업도 '고용·수출·ESG 성과를 수치와 증빙으로 보여 주고, 인증과 컨설팅을 통해 체계화'한다면 자금 조달에서 경쟁력을 확보할 수 있습니다.

"

제8장

고용, 수출, ESG 등 비재무적 요소 연계자금 활용 전략

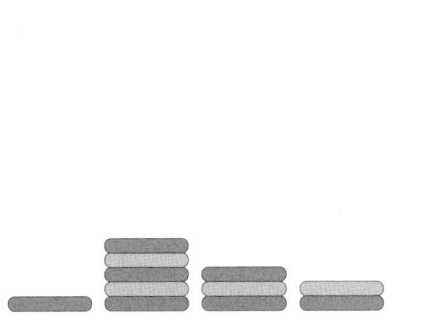

스타트업의 성장 전략은 자금 조달에만 그치지 않는다. 고용 창출, 수출 실적, ESG(환경·사회·지배 구조) 경영 등 '비재무적 가치'를 어떻게 만들어 내고, 이를 정부 지원 사업과 연결할 수 있느냐에 따라 성장 속도와 기회는 크게 달라질 수 있다.

많은 스타트업이 "우리 회사는 아직 수출도 없고, ESG는 대기업 이야기 아닌가요?"라고 생각하기 쉽지만 실제로는 그렇지 않다. 정부는 일자리 창출, 탄소 저감, 해외 진출 등 사회적 가치를 실현하는 기업에게 자금을 우선적으로 배정하는 구조를 갖추고 있다. 즉, 단순한 기술력이나 재무 지표를 넘어, 비재무적 성과가 정책 자금의 핵심 평가 요소로 작용하고 있는 것이다.

예를 들어, 청년 고용을 창출한 기업은 중소벤처기업진흥공단의 청년전용창업자금에서 가점을 받을 수 있고, 해외 시장 개척을 준비 중인 기업은 KOTRA의 수출 바우처 사업과 중진공의 수출 금융을 연계해 활용할 수 있으며, ESG 성과를 기록한 기업은 신용보증기금이나 기술보증기금의 ESG 연계 보증을 통해 신용 보강, 금리 우대를 받을 수 있다.

이처럼 비재무적 요소는 더 이상 '부가적인 요소'가 아니다. 정책 금융 기관은 이 요소들을 통해 기업의 지속 가능성과 사회적 기여도를 평가하고, 자금 지원의 우선순위를 정하고 있다. 따라서 다음에서는 자금뿐 아니라 기업의 평판, 후속 지원, 사회적 신뢰도를 동시에 높이는 전략과 함께 스타트업이 '작지만 의미 있는 가치'를 어떻게 정책 자금과 연결할 수 있을지를 함께 살펴본다.

1. 고용 창출, 수출, ESG 평가 기반 자금의 이해

스타트업에게 자금이 필요한 이유는 단순히 기술을 개발하거나 회사를 유지하기 위함이 아니다. 좋은 사람을 채용하고, 해외 시장에 진출하며, 지속 가능한 경영 구조를 만드는 것이 진정한 성장을 위한 방향이다. 정부는 이러한 사회적 가치를 실현하는 스타트업에 대해 '비재무적 성과'를 근거로 다양한 정책 자금과 보증, 금융 우대를 제공하고 있다. 따라서 고용, 수출, ESG 세 가지 요소를 중심으로 어떤 정책 자금이 있는지, 어떻게 준비해야 평가에서 가점을 받을 수 있는지를 살펴보고자 한다.

고용 창출: 일자리를 만드는 기업에 대한 정책 금융의 관심

스타트업에게 있어 '사람을 채용한다'는 것은 단순한 조직 확장을 넘어, 시장 확장과 제품 고도화의 중요한 계기가 된다. 정부 역시 이러한 고용 활동을 매우 중요하게 평가하며, 일자리를 창출하는 기업에 대해 정책 자금, 보증, 금리 인하 등의 다양한 혜택을 제공하고 있다. 특히 창업 초기 기업이 청년 인력 채용, 지역 일자리 확대, 기술 인력 확보 등을 추진하면, 다음과 같은 방식으로 정책 금융 기관의 자금 지원을 받을 수 있다.

출처: 게티이미지뱅크

○ **중소벤처기업진흥공단: 청년 중심 고용 연계 자금**

중소벤처기업진흥공단(중진공)은 '청년전용창업자금'과 '청년창업사관학교'를 통해 청년 채용과 창업을 동시에 장려한다. '청년전용창업자금'은 만 39세 이하 대표자가 창업한 기업을 대상으로 하며, 청년 고용 계획이 포함되면 평가 가점을 받을 수 있다. 특히 기술 창업 또는 지역 산업 연계 스타트업에게는 금리 인하 및 대출 한도 상향 혜택도 가능하다.

○ **신용보증기금: 고용 중심 보증 우대 제도**

신용보증기금은 '일자리 창출 기업 우대 보증'을 운영하며, 일정 수준 이상의 고용 계획을 가진 기업 또는 청년 고용 실적이 있는 기업에 대해 보증 한도 확대 및 보증료율 인하 혜택을 제공한다. 또한 '사회적 가치 실현 기업'으로 평가받을 경우, 추가적인 신용도 평가 가점도 부여된다.

○ **고용노동부 연계: 일자리 함께하기 사업 등**

직접적인 정책 자금은 아니지만, 고용노동부가 운영하는 '일자리 함께하기', '청년일자리도약장려금' 등은 기업이 신규 고용을 창출하거나 기존 인력을 감축하지 않고 유지하는 경우 인건비 일부를 지원해 주는 프로그램이다. 이러한 지원을 통해 인건비 부담을 줄이면, 스타트업은 더 적극적인 정책 금융 활용 여력을 갖게 된다. 이를 위한 실무적인 측면에서 다음 사항을 검토할 필요가 있다.

- 채용 예정 인원, 고용 형태(정규직, 계약직, 인턴 등), 청년 비율, 지역 인재 활용 계획 등은 사업 계획서 내 별도 항목으로 정리하는 것이 바람직하다.
- 직무별 채용 목표, 향후 교육 계획, 인건비 예산 편성 등도 구체적으로 제시하면 평가위원들이 실현 가능성을 높게 평가한다.

- 고용 관련 정부 지원 사업(예: 청년일자리도약장려금, 고용창출장려금 등)과 정책 자금을 동시에 활용하는 설계도 가능하므로 고용노동부 지원 사업도 함께 확인하자.

고용은 단순히 내부 인력 확충이 아니라, 정책 자금 확보의 유력한 전략 포인트이자 외부 투자자에게 기업의 성장성을 증명하는 강력한 요소이다. 정책 금융 기관들은 일자리 창출에 기여하는 기업을 사회적 가치 실현 기업으로 평가하며, 다양한 우대 프로그램을 통해 자금 지원에 적극 나서고 있다. 스타트업은 이를 충분히 활용하여 성장기반을 마련하고, 투자 유치의 신뢰 기반으로 삼는 것이 바람직하다.

수출 실적 및 계획: 글로벌 시장 진출 준비 기업의 자금 혜택

스타트업의 많은 비즈니스는 국내 시장을 중심으로 시작되지만, 정책 금융 기관은 일찍부터 글로벌 시장 진출 가능성을 주목하고 이를 뒷받침해 주는 다양한 프로그램을 마련해 왔다. 중요한 점은, 반드시 수출 실적이 있어야 하는 것은 아니라는 점이다. 수출 실적이 없더라도 해외 바이어와의 미팅, MOU 체결, PoC(기술 검증), 제품 소개서의 다국어 번역본 등만 갖춰도 '수출 준비 중'인 기업으로 간주되어 상당수 지원 사업 참여가 가능하다. 다음은 주요 기관별 프로그램이다.

○ KOTRA: 수출 바우처 및 해외 진출 지원 프로그램

KOTRA는 수출 초보 기업부터 글로벌 진출 유망 기업까지 폭넓게 지원한다. 대표적인 '수출 바우처 사업'은 바우처를 지급해 기업이

원하는 항목(번역, 마케팅, 전시회 참가, IR 자료 제작 등)에 선택적으로 사용할 수 있는 구조다. 기업은 수출 실적이 없어도 해외 진출 의지와 준비 자료(MOU, 바이어 미팅 등)를 증빙하면 참여 가능하다. 예를 들어, 헬스케어 소프트웨어를 개발한 한 스타트업은 국내 병원 시범 운영을 마친 뒤, 베트남 병원과의 PoC 계약을 추진하고 있었다. 이 기업은 수출 바우처를 통해 약 6,000만 원 상당의 해외 IR 자료 제작, 현지 파트너 발굴, 디지털 광고비를 지원받았고, 결과적으로 동남아시아 시장 진출의 발판을 마련했다.

출처: https://www.cosinkorea.com

○ 중소벤처기업진흥공단: 수출성장자금 및 글로벌 진출 지원

중소벤처기업진흥공단(중진공)은 수출 초기 기업의 자금 부담을 줄이기 위한 '수출성장자금'을 운용하고 있다. 이는 수출 실적이 연간

100만 달러 미만인 창업 기업도 신청이 가능하며, 제품 개발이나 수출 준비용 자금으로 활용할 수 있다. 또한, '글로벌강소기업 육성사업', '수출바우처 연계', '글로벌 창업사관학교' 등을 통해 해외 시장 테스트, 파트너 연결, 컨설팅 지원까지 함께 제공한다. 예를 들어, IoT 센서를 개발하는 한 창업 기업은 유럽 바이어와 MOU를 체결한 직후, 중진공의 수출성장자금을 통해 1억 원의 운영 자금과 해외 특허 출원 지원을 동시에 받았다.

○ **신용보증기금: 수출기업 우대보증 프로그램**

신용보증기금은 수출 바우처 참여 기업, 해외 계약 수주 기업, 수출입은행 융자 기업 등에 대해 보증 한도를 확대하거나 보증료를 인하하는 '수출기업 우대보증 프로그램'을 운영한다. 수출이 확정된 기업뿐 아니라, 수출 계약 체결 전후의 단계별 수요(선적 전, 후)에 따라 단기 유동성 확보용 보증도 가능하다. 특히 수출용 원자재 구매, 제품 제작에 필요한 자금을 수출 계약서를 담보로 보증해 주는 구조로 스타트업에게 매우 유용한 제도다.

기타 정책 금융 기관 수출 지원 프로그램

○ **한국수출입은행(Korea Eximbank)**

- 중장기 대외 거래에 필요한 금융을 제공하여 국가 경제 발전을 도모하는 정책 금융 기관으로, 대기업 위주로 알려져 있지만, 스타트업도 지원
- 수출 성장 금융: 수출 초보 및 확대 기업에 운전 자금과 시설

자금을 직접 대출
- 수출 초기 기업 특별 지원: 수출 실적 없는 스타트업에 컨설팅 연계 및 보증 기관과 협업을 통해 초기 수출 역량 강화를 지원

○ **한국무역보험공사(K-SURE)**
- 수출입 기업의 무역 위험(수출 대금 미회수 등)을 담보하고 보증하여 무역 활동을 촉진. 해외 거래의 불확실성을 줄여 주는 데 핵심 역할
- 수출 신용 보증(선적 전/후): 수출 계약 기반의 생산 자금 조달 및 수출 대금 미회수 위험에 대비하여 금융 기관으로부터 자금 지원을 받을 수 있도록 보증 지원
- 수출 보험: 해외 바이어의 파산 등으로 수출 대금 회수가 어려울 때 발생하는 손실을 보상
- 환 변동 보험: 환율 변동으로 인한 수출 손실을 보상하여 경영 안정화를 지원

스타트업이 수출 실적이 없다고 해서 글로벌 시장 진출 자금 지원의 문턱이 높은 것은 아니다. 준비 자료만 갖춰도 활용 가능한 정책 금융 도구가 다양하게 존재하며, 이를 전략적으로 활용하면 국내에서 제품을 검증한 이후 바로 글로벌 시장으로의 확장을 도모할 수 있다.

스타트업은 지금 당장 수출이 없어도, 중장기 계획과 함께 초기 준비 작업을 병행하는 것이 현명한 접근법이다.

수출 관련 정책 자금 실무 활용 Tip

- 수출 실적보다 '수출 의지'와 '준비 정도'가 더 중요하다.
- 해외 전시회 참가 이력, 외국어 제품 소개서, 바이어와의 이메일 교신, MOU 체결, 해외 인증 준비 자료 등은 모두 '수출 준비 중'임을 입증하는 유효한 근거다.
- KOTRA, 중진공, 신보 프로그램은 상호 연계 가능성도 크다. 예를 들어, KOTRA 수출 바우처 → 중진공 수출 성장 자금 → 신보 보증 우대로 이어지는 단계적 설계가 가능하다.
- 정책 금융 기관은 '국가 브랜드 향상', '국산 기술 해외 확산'이라는 정책 목표를 갖고 있기 때문에, 기술력을 갖춘 스타트업의 해외 진출 계획을 적극적으로 지원하고 있다.

ESG 기반 자금: 자금 유치의 지표 '지속 가능 경영'

출처: 경향신문(https://www.khan.co.kr)

최근 몇 년 사이 ESG(환경·사회·지배 구조) 경영은 대기업뿐 아니라 스타트업에게도 매우 중요한 기준으로 자리 잡고 있다. 과거에는 기술력이나 시장성만으로도 투자 유치가 가능했지만, 지금은 '지속 가능한 기업인가?'가 심사 기준에 포함되는 경우가 점차 많아지고 있다. 이러한 흐름에 맞춰, 신용보증기금, 기술보증기금, 중소벤처기업진흥공단, KDB산업은행 등 주요 정책 금융 기관들도 ESG 기반의 특례 보증 및 우대 자금을 속속 마련하고 있다.

예를 들어, 신용보증기금의 'ESG 우대보증' 프로그램은 ESG 실천 성과가 확인되는 기업에 대해 보증 비율을 상향하고, 보증료를 인하하며, 자금 한도도 기존보다 확대해 준다. 또한, 기술보증기금 역시 자체 ESG 등급을 기준으로 우수 기업에게 보증 심사 간소화, 금리 우대, 보증 한도 확대 등의 혜택을 제공한다.

ESG 관련 정책 자금 활용 사례

플라스틱 대신 종이로 만든 친환경 포장재를 개발한 A 스타트업은, 제품의 친환경성뿐만 아니라 생산 공정에서 발생하는 탄소 배출량을 줄이기 위한 기술도 함께 도입해 왔다. 예를 들어, 기존보다 에너지 효율이 높은 장비를 도입하고, 폐기물 재활용률을 높이는 공정을 설계함으로써 실제 탄소 배출량을 수치화해 ESG 보고서에 반영했다. 이러한 구체적인 친환경 실적을 바탕으로, A사는 'ESG 우수 스타트업 인증'을 취득했고, 이를 통해 신용보증기금의 ESG 특례 보증 프로그램에 신청했다.

신보는 A사의 기술력과 ESG 활동을 높게 평가해 보증서를 발급해 주었고, 이를 통해 시중 은행에서 저리의 운영 자금 대출을 받을 수 있었다. 자금 확보 이후 A사는 친환경 포장재를 찾고 있던 국내 대기업 유통사와 납품 계약을 체결했고, 이는 다시 '민간 임팩트 투자사(ESG에 특화된 VC)'의 투자 유치에 긍정적 영향을 주었다. VC 측에서는 "이미 ESG 인증을 받고 대기업 유통망에 진입한 스타트업이라면, 시장성과 지속 가능성을 동시에 갖췄다"고 판단했던 것이다. 이처럼, A사는 ESG 경영을 단순히 '이미지 개선'이 아닌 전략적 자금 확보와 시장 진입, 후속 투자 유치의 수단으로 활용하며, 선순환 구조를 만들어 냈다. 》

스타트업이 ESG 지원 프로그램을 적극 활용하기 위해서 실무적으로 다음 내용들에 대한 지속적인 관심이 필요하다.

- 사업 계획서 작성 시, ESG 활동을 반드시 항목화해 정리하자. 예를 들어, 'E(환경)' 측면에서는 탄소 저감 제품, 폐기물 감축, 친환경 소재 적용 계획 등을, 'S(사회)' 측면에서는 고용 다양성, 지역 사회 기여, 사회적 기업 인증 여부 등을, 'G(지배 구조)'에서는 이사회 운영, 투명한 회계 처리, 내부 통제 시스템 등을 구체적으로 기술하면 좋다.
- 단순히 선언적으로 '친환경을 지향한다'는 표현보다는 '이미 진행 중인 실천 사례(제품, 서비스, 제도)'를 수치나 외부 인증(ESG 등급, 사회적 기업 인증 등)으로 보여 주는 것이 훨씬 신뢰도를 높인다.
- ESG 기반 자금은 현재 단기적으로는 정책 금융 기관의 심사 가점, 중장기적으로는 대기업과의 공급망 협력 요건, 해외 VC나 기관 투자가의 심사 기준이 되므로 지금부터 준비해 두면 이후 투자 라운드에서도 유리한 고지를 선점할 수 있다.

ESG는 단순한 트렌드가 아니라, 투자 유치와 자금 조달의 핵심 지표로 부상하고 있다. 스타트업이라 하더라도 작은 실천부터 시작해 ESG 활동을 명확히 기록하고 정리해 두면, 정책 자금 확보뿐만 아니라 시장 신뢰도 제고와 후속 투자 유치에도 큰 도움이 된다.

2. 인증·진단 기반의 비재무적 요소 활용 전략

스타트업이 정책 자금을 신청하거나 외부 자금을 유치할 때, 이제는 단순히 기술력이나 매출만으로는 충분하지 않다. 정부와 금융 기관은 기업의 '지속 가능성', '혁신 역량', '책임 경영'을 평가하기 위해 다양한 인증 제도와 경영 역량 진단 프로그램을 도입하고 있으며, 이를 자금 지원과 연계하고 있다. 다음은 스타트업이 꼭 주목해야 할 벤처기업·이노비즈·ESG 인증, 경영 컨설팅 활용법, 그리고 정책 금융기관과의 연결 포인트를 중심으로 자금 연계 전략을 소개한다.

벤처기업·이노비즈·메인비즈 인증의 전략적 활용

'벤처기업 인증'은 기술력과 성장 가능성이 입증된 기업에게 부여되는 대표적 인증이다. 이 인증을 받은 기업은 중소벤처기업부, 중진공, 신보, 기보 등에서 다양한 가점을 받을 수 있고, 정책 자금 심사 시 우대 혜택을 받을 수 있다.

'이노비즈(Inno-Biz)'는 기술 혁신형 중소기업 인증으로, 기술보증기금이나 중진공에서 기술 평가 시 우대받을 수 있으며, 기술 개발 사업(R&D), 정책 자금 융자 심사 시 유리한 평가를 받을 수 있다.

'메인비즈(Main-Biz)'는 경영 혁신형 중소기업 인증으로, 주로 서비스업 또는 제조업 내 관리 혁신을 도입한 기업에게 주어지며, 스마트 공장 지원 사업, 정책 자금 융자, 수출 바우처 사업 등과의 연계성이 높다.

벤처 인증 통한 정책 자금 활용 사례

경기도에서 IT 솔루션을 개발 중인 A 스타트업은 창업한 지 2년 차로 아직 매출이 많지 않았지만, 기술력과 성장 가능성이 높다는 평가를 받고 있었다. 대표는 전문가의 조언을 받아 벤처기업 인증을 먼저 취득했고, 이 인증 덕분에 중소기업기술정보진흥원의 창업성장기술개발사업에 신청할 때 기술성 평가 항목 심사 시 우대받아 심사 과정을 훨씬 수월하게 통과할 수 있었다. 또한 벤처기업 인증이 있다는 이유로 신용보증기금에서는 보증 비율을 유리하게 적용해 주었고, 이를 통해 총 5억 원 규모의 보증서를 발급받아 시중 은행에서 저리 대출을 실행할 수 있었다. 이처럼 벤처기업 인증 하나만으로도 여러 정책 금융 기관에서 가점, 심사 우대, 보증 우대 등 다양한 혜택을 받을 수 있었고, 자금 확보뿐만 아니라 외부 투자자에게도 국가 인증 기업이라는 신뢰를 줄 수 있는 좋은 계기가 되었다.

ESG 기반 ISO 인증: 글로벌 신뢰 확보와 자금 연계

ESG(환경, 사회, 지배 구조)가 자금 심사의 중요한 평가 기준으로 부상하면서, 국제 표준인 ISO 인증을 활용하는 사례도 늘고 있다. 'ISO 14001(환경 경영)'은 환경 규제 대응, 친환경 제품 인증 등에서 강점을 발휘하며, 수출 바우처 사업 및 글로벌 진출 지원 프로그램에서 우대를 받을 수 있다. 'ISO 26000(사회적 책임)'은 사회적 가치 실현 기업으로 인정받는 데 도움이 되며, 기업의 평판을 향상시키는 데 기여할 수 있다. 'ISO 37001(반부패 경영시스템)'은 대기업 협력사와의 신뢰 구축 또는 정부 조달 관련 스타트업에게 중요한 경쟁력이다.

컨설팅 및 진단 프로그램과의 연계 전략

정책 금융 기관과 창업 지원 기관은 단순한 자금 지원을 넘어 사전에 컨설팅이나 기업 역량 진단을 통해 지원 요건을 갖추도록 돕는 프로그램을 운영하고 있다. 이를 활용하면 기업은 사업 모델을 객관적으로 점검받고, 동시에 정책 자금이나 후속 지원과 연계될 기회를 얻을 수 있다. 예를 들어, 중소벤처기업진흥공단은 '성장전략 컨설팅'과 '재도전 컨설팅'을 운영하며, 기업의 사업성과 모델을 진단한 뒤 정책 자금 신청을 지원한다. 창업진흥원의 '창업패키지(예비/초기)'는 전문가 멘토링과 자금 지원을 결합하여 제공하고, 이후 R&D 과제나 수출 지원 사업으로 연계되는 사례가 많다. 또한 각 지역 테크노파크에서는 '스마트 제조혁신 컨설팅', 'ESG 대응 컨설팅' 등 맞춤형 진단 프로그램을 통해 기업이 추가 지원을 받을 수 있도록 돕는다.

신용보증기금 역시 컨설팅 기능을 강화하고 있다. 대표적으로 '스타트업 네스트(Start-up NEST)'는 단순히 보증을 제공하는 데 그치지 않고, 선정된 기업에게 경영 컨설팅·전문가 멘토링·IR 코칭 등을 패키지로 지원한다. 또한 ESG 컨설팅 프로그램을 통해 중소기업이 환경·사회·지배 구조 측면의 개선 과제를 도출하도록 돕고, 이를 보증 평가나 투자 연계와 연결하기도 한다. 이처럼 신보의 컨설팅은 자금 지원과 직결될 수 있는 '사전 진단' 성격을 띠기 때문에 기업 입장에서는 단순한 컨설팅 참여 이상의 실질적 효과를 기대할 수 있다. 결과적으로 이러한 컨설팅 및 진단 프로그램을 적극 활용하면, 기업은 사업 모델과 역량을 객관적으로 검증받음과 동시에 정책 자금, 보증, 투자 등 다양한 후속 지원과 자연스럽게 연결될 수 있다.

이처럼 인증(벤처, 이노비즈, ISO) → 진단(컨설팅) → 자금 지원(정책 자금, 보증, 수출 지원)의 흐름을 잘 설계하면, 단순히 '자금이 필요한 기업'이 아닌 '전략적으로 성장 준비가 되어 있는 기업'으로 평가받을 수 있다. 예를 들어 '벤처 인증 + ESG 컨설팅 + 수출 바우처 + ESG 보증'을 연계하면, 하나의 실적이 다음 프로그램으로 자연스럽게 이어지는 흐름을 만들 수 있고, 이 과정에서 정부·해외 진출·자금까지 레버리지할 수 있는 강력한 구조가 완성된다.

정책 자금 실전 활용 Tip

컨설팅 결과를 '신뢰 자산'으로 전환하자

정책 금융 기관이나 유관 기관(예: 중소벤처기업진흥공단, 신용보증기금, 창업진흥원, 테크노파크 등)에서 제공하는 컨설팅을 단순히 무료 멘토링 기회로만 활용하는 것은 아쉽다. 오히려 그 결과물인 '진단 보고서', '개선 권고안', 'IR 전략 제안' 등을 사업 계획서에 적극 반영하면, 외부 평가자에게 "이 기업은 이미 외부 전문가에 의해 사업 타당성을 검증받은 기업"이라는 인식을 줄 수 있다.

예를 들어, 재무 구조 개선, 수출 전략 보완, ESG 요소 반영 등 구체적인 피드백을 실제 계획서나 피칭 자료에 반영하면, 보증 기관, 정책 자금 평가위원, 민간 투자자에게 높은 신뢰를 주는 핵심 자료가 될 수 있다.

- 컨설팅 결과를 '별도 첨부 자료'로 함께 제출하거나

- 사업 계획서 내에 "외부 컨설팅을 통한 도출 전략"임을 명시하고
- 객관적 수치나 타 기관 피드백이 반영되었음을 강조하면 효과적이다.

이러한 전략은 자금 유치 경쟁에서 차별화된 신뢰도를 확보하는 데 큰 도움이 된다.

3. 비재무적 요소를 사업 계획서에 녹여 내는 전략

비재무 요소는 숫자처럼 바로 비교되거나 계량화되기 어렵기 때문에, 어떻게 서술하느냐에 따라 평가 결과가 크게 달라질 수 있다. 같은 ESG 사례라도 그 취득 배경, 활용 계획, 사업 성과와의 연계를 명확하게 제시한 경우 훨씬 높은 평가를 받을 수 있다. 특히 정부 지원 사업 평가자는 수백 건의 사업 계획서를 제한된 시간 내에 검토해야 하므로 비재무 요소도 명확하고 증빙 가능한 형태로 간결하게 서술해야 한다. 모호한 선언형 문구보다는 객관적 사실과 활용 계획 중심의 서술이 효과적이다.

다음은 인증과 실적을 효과적으로 서술하는 방법부터 고용·수출·ESG 항목별 작성 전략, 그리고 비재무 요소와 재무 성과를 연결해 설득력을 높이는 방식까지 비재무 요소를 사업 계획서에 녹여 내는 실전 전략을 구체적으로 살펴본다.

인증과 실적의 '서류화' 기술

사업 계획서나 IR 자료에서 인증이나 수상 실적을 단순히 나열하

는 방식을 흔히 볼 수 있다. 하지만 이는 평가자의 관심을 끌기 어려울 뿐만 아니라, 그 실적이 실제로 사업에 어떤 영향을 미치고 있는지를 설명하지 못한다는 점에서 평가에서 불리하게 작용할 수 있다. 특히 정부 지원 사업이나 투자 유치용 계획서에서는 단순히 "무엇을 보유하고 있다"는 언급이 아니라, "그 실적이 왜 중요한지, 어떤 배경에서 취득했는지, 현재 어떤 방식으로 사업에 활용되고 있는지"까지 연결해 서술되어야 한다. 다음은 사업 계획서를 어떻게 서술하는 것이 효과적인지 구체적 예시를 통해 살펴본다.

○ **예시 1: 환경인증(제조업)**

- 비효율적 표현

"ISO 14001 인증 보유"

인증의 존재만을 간단히 언급함으로써 평가자가 해당 인증이 실제 사업에 어떤 의미를 갖는지, 어떤 실효성이 있는지를 판단하기 어렵다.

- 개선된 표현

"2024년 6월 ISO 14001 인증 취득 → ESG 인증을 요구하는 대형 유통사(A사, B사)와 납품 계약 협의 중이며, 탄소 배출 저감 지표와 연계한 환경 마케팅 자료도 제작 완료"

취득 시점, 활용 대상, 진척 상황, 추가 연계 활동(환경 마케팅)까지 함께 제시함으로써 평가자로 하여금 단순 인증이 아니라 실제 매출 증대와 ESG 기반 시장 진입에 활용되는 '사업적 자산'으로 인정할 수 있게 만든다.

○ 예시 2: 청년 친화 기업 인증(서비스업)

- 비효율적 표현

"청년친화강소기업 지정"

어떤 기준으로 지정되었는지, 이후 어떤 성과로 이어졌는지 알 수 없다.

- 개선된 표현

"2023년 고용노동부 청년친화강소기업 지정 → 지정 사실을 기반으로 청년고용장려금 신청 및 청년내일채움공제 설명회 개최, 구직자 문의 증가로 채용 경쟁률 상승(2024 상반기 3.2:1)"

인증을 통해 어떤 지원 제도를 연계했는지, 실제 구직자 반응이나 채용 효과까지 연결하여 설명함으로써 평가자로 하여금 이 기업이 '제도적 인센티브를 적극 활용하는 기업'임을 직관적으로 이해할 수 있게 한다.

○ 예시 3: 벤처기업 인증(스타트업)

- 비효율적 표현

"벤처기업 인증 보유"

벤처기업 인증이 있다는 사실만으로는 차별성이 없다.

- 개선된 표현

"2024년 2월 기술평가 기반 벤처기업 인증 획득 → 2024년 3월 신용보증기금의 우대 보증 및 정책 자금 가점 적용으로 1.5억 원 규모의 초기 자금 확보 완료"

인증 → 자금 조달 → 사업 추진이라는 흐름을 보여 줌으로써 해당 인증이 사업 추진력의 실질적 근거가 되었음을 설득력 있게 전달할 수 있다.

○ **예시 4: 가족친화기업 인증(사회적 기업·복지 기업)**

• 비효율적 표현

"가족친화기업 인증 획득"

기업의 복지나 근무 환경 개선 노력은 보이지만, 그로 인해 어떤 경영 성과가 있었는지는 설명되지 않았다.

• 개선된 표현

"2023년 여성가족부 가족친화기업 인증 취득 → 탄력근무제와 유연출퇴근제 도입 → 직원 이직률 17%에서 8%로 절반 이하 감소, 채용 공고 노출 시 '복지 중심 기업' 키워드로 지원율 2배 증가"

내부 관리 지표(이직률), 대외 채용 효과 등으로 연결 지어 설명함으로써 단순한 '좋은 제도의 도입'을 넘어 '경영 성과에 기여하는 전략적 선택'으로 보이게 된다.

이처럼 인증과 실적을 서술할 때는 단순히 어떤 "인증을 획득했다"가 아니라 ① 왜 필요했는지, ② 언제 확보했는지, ③ 어떤 방식으로 활용되고 있는지를 연결해 설명하는 것이 중요하다. 평가자나 투자자는 이러한 실적이 매출, 자금 조달, 인재 확보, 사업 확장 등 실제 효과로 연결되었는가에 주목한다. 따라서 인증을 사업의 추진력, 시장 진입 전략, 대외 신뢰도 향상의 도구로 어떻게 활용하고 있는지를 구체적으로 보여 주는 것이 성공적인 서술 전략이다.

평가자 관점에서 보는 '신뢰를 주는 서술 방식'

사업 계획서를 평가하는 심사자들은 대부분 한정된 시간 안에 수십에서 수백 건의 계획서를 검토해야 한다. 따라서 모호한 추상적 문구보다는 수치화된 지표와 객관적 증빙이 포함된 서술 방식이 평가자에게 신뢰를 주는 핵심 기준이 된다. 특히 정책 자금, 보증, 투자 심사 등에서는 서술 방식 하나만으로도 계획의 현실성, 실행력, 지속가능성에 대한 평가 점수가 갈릴 수 있다.

○ **수치화된 계획이 신뢰도를 높인다**

많은 창업 기업들이 '청년 일자리 창출', '해외 진출 예정', '기술 고도화 추진 중'과 같은 모호한 키워드로 계획을 서술하지만, 이런 표현은 실행력 여부를 평가하기 어렵기 때문에 낮은 점수를 받는 경우가 많다. 실제 중소벤처기업부의 창업사업화 지원사업, 기술보증기금의 기술창업보증, 신용보증기금의 ESG 특례보증 등의 심사 기준을 보면, 다음과 같은 항목이 강조된다.

- 고용 계획의 정량적 수치 명시 여부(예: 고용 인원, 직무, 시점 등)
- 구체적인 추진 일정 또는 단계별 로드맵
- 재무 성과와 연결되는 계획 수립

○ **효과적인 표현 예시**

- 모호한 표현

"청년 인력 채용을 확대하겠다."

- 신뢰를 주는 서술

"향후 2년간 전담 연구 인력 정규직 5명 채용 계획 수립(2025년

2명, 2026년 3명), 고용노동부 청년 채용 가점 제도 활용 예정"
이렇게 수치를 명확히 제시하고, 제도적 연계까지 포함하면 실행력에 대한 신뢰도가 높아진다.

○ 외부 인증·수상·정부 과제 수행 경험은 핵심 신뢰 자료

사업 계획서에 외부 공인 기관으로부터의 인증, 수상 이력, 정부 과제 수행 실적이 포함되어 있으면, 기업의 기술력이나 경영 역량이 이미 검증된 것으로 간주되어 자체 신뢰 점수를 높일 수 있다. 특히 다음과 같은 사례는 내부분의 심사 기준에서 가점 요인 또는 감점 방지 요소로 작동한다

- ISO, 벤처기업 인증, 메인비즈, 이노비즈, ESG 인증 등: 기술력·경영 시스템·지속 가능성 검증 자료로 활용 가능
- 정부 R&D 과제 수행 경험: 자금 집행 역량, 행정 능력, 과제 성과 달성 경험을 보여 주는 근거
- 국내외 수상 이력: 기술이나 제품의 차별성을 외부가 인정한 사례

따라서 이런 실적은 반드시 본문에 반영하고, 증빙 서류를 첨부 자료로 함께 제출해야 한다.

○ 실제 심사 기준 참고 예시: 창업도약패키지 가점 항목

- 최근 3년 이내 R&D 과제 성공 판정: +1점
- ESG 인증 보유: 가점 또는 ESG 특례 트랙 자격
- 기술 혁신형 인증(이노비즈): 기술 평가 면제 및 서류 전형 통과 시 우대

○ 'ESG 추진 계획' 등 별도 항목으로 정리하면 가독성 제고

비재무 요소는 사업 계획서 전체에 흩어져 있으면 심사자가 핵심을 놓치기 쉽다. 따라서 'ESG 추진 계획', '고용 계획', '해외 진출 전략'과 같이 항목을 나눠 서술하는 것만으로도 가독성과 평가 효율이 높아진다. 이런 항목 구분은 단순한 디자인 문제가 아니라, 실제 심사자 입장에서 체크리스트 기반 평가 시 핵심 항목을 빠르게 확인할 수 있는 구조를 만들어 주는 전략이다.

○ 효과적인 항목 배치 예시

- '사업 추진 전략' 안에 ESG 경영, 고용, 수출 항목을 각각 별도 소단락으로 정리
- '사업의 기대 효과' 파트에서 재무 성과 외에도 사회적 기대 효과 항목을 별도로 구성
- IR 자료에는 '비재무 성과 및 사회적 가치 실현'이라는 슬라이드를 따로 구성

이렇게 하면 심사자는 '비재무 요소'를 평가하는 문항 체크 시 바로 해당 내용을 찾을 수 있어 평가 편의성이 높아지고, 점수 누락 가능성도 줄어든다.

표 8.1 비재무적 요소 실전 작성 Tip

구분	실무 적용 전략	활용 포인트
구성 전략	비재무 요소는 '별도 항목' 또는 '요약 위치'에 배치	'ESG 추진 계획', '정책 활용 실적' 등 항목화하여 가독성 제고
	기업 개요/대표자 이력에 자연스럽게 녹여 냄	R&D 수행 이력, 인증 보유 현황을 배경 자료로 활용
시각화 전략	핵심 비재무 내용은 도식화·표 형태로 요약	채용 계획 타임라인, ESG 추진 연혁표 등 한눈에 보이게
	심사자용 요약 슬라이드 별도 구성	IR 또는 정부 사업 제출 시, 1페이지 핵심 정리본 활용
첨부 자료 전략	첨부 자료는 본문과 '용도 연결'하여 제시	(붙임1) ISO14001 인증서 → ESG 공급망 입찰 자격 근거
	인증서, 수출 MOU, 과제 선정 통지서 등 주요 증빙 포함	수치로 서술한 내용과 증빙 자료가 논리적으로 일치해야 함
표현 최적화	"~중이다" 대신 "계획 수립 완료", "활용 확정" 등 확정형 표현 사용	실행력 강조를 통해 평가자의 신뢰 확보
	정성적 내용도 수치·시점 중심으로 전환	"청년 고용 예정" → "2025년까지 5명 정규직 채용 확정"

정리하자면, 평가자 관점에서 신뢰를 주는 서술 방식이란 단순히 잘 쓰는 것이 아니라 ① 수치로 표현된 계획, ② 외부 검증된 실적, ③ 항목별로 구분된 명확한 구조, 이 세 가지를 충족할 때 비로소 "이 기업은 실행력 있고, 검증된 성장 가능성을 가진다"는 인상을 줄 수 있다.

8장 핵심 포인트

구분	주요 내용	핵심 포인트
고용·수출·ESG 연계 자금 전략	• 스타트업 성장 전략은 단순 재무 지표를 넘어 고용, 수출, ESG 성과를 정책 자금과 연계하는 방식으로 진화.	비재무적 요소가 정책 자금 심사의 '핵심 평가 지표'
고용 창출 기반 자금	• 청년전용창업자금(중진공), 일자리창출 우대보증(신보), 청년일자리도약장려금(고용부) 등 고용과 연계된 다양한 금융·보조금 제도 운영.	'일자리 창출'이 정책 자금·보증·금리 혜택으로 직결
수출 기반 자금	• KOTRA 수출 바우처, 중진공 수출성장자금, 신보 수출기업 우대보증, Eximbank·K-SURE 지원 등 수출 실적·계획에 따라 폭넓은 자금 지원	'수출 준비 단계'부터 참여 가능, 글로벌 진출 레버리지
ESG 기반 자금	• 신보·기보·중진공·산은이 ESG 특례보증·우자금 제공. ISO 14001·26000 등 국제 인증과 ESG 활동 실적이 자금 확보와 투자 유치에 직접 연결.	ESG는 단순 이미지가 아닌 '자금·투자 연계 생존 전략'
인증·진단 연계 전략	• 벤처기업·이노비즈·메인비즈 인증, ISO 인증 등은 정책 자금·보증·투자 심사에서 가점 및 우대. 컨설팅·진단 프로그램과 연계해 활용 가능.	'인증→진단 →자금·보증'으로 이어지는 성장 경로
컨설팅·진단 프로그램	• 중진공 성장 전략/재도전 컨설팅, 창업진흥원 창업패키지, 지역TP 스마트제조·ESG 컨설팅, 신보 Start-up NEST·ESG 컨설팅 등.	사전 진단이 자금 지원과 직결되는 '실질적 준비 과정'
비재무 성과 서술 전략	• 사업 계획서에 고용, 수출, ESG 성과를 구체적 지표·외부 인증·정량적 계획으로 반영해야 심사·투자에서 신뢰성 확보.	'숫자+증빙+항목화'가 신뢰를 높이는 핵심

스타트업 정책 금융 칼럼

'창업', 고용 문제를 해결하는 새로운 방법

요즘 우리나라에서는 일자리 문제가 점점 심각해지고 있다. 대기업에서 많은 사람을 고용하던 시대는 이제 끝나 가고 있다. 기술과 산업이 바뀌면서 대기업은 더 이상 과거처럼 많은 일자리를 만들지 못하고 있다. 이제는 새로운 방식으로 일자리를 만들어야 할 때다. 그 새로운 방법 중 하나가 바로 창업이다. 창업은 새로운 회사를 만드는 일이자, 기존 대기업과는 다르게 새로운 산업과 기술을 통해 일자리를 창출하는 중요한 역할을 한다. 특히 스타트업은 혁신적인 아이디어와 기술을 기반으로 빠르게 성장하며 대기업보다 더 많은 일자리를 만들어 낸다. 실제로 연구에 따르면, 스타트업은 일반 회사보다 약 3배나 많은 일자리를 창출한다고 한다.

현재 정부는 창업을 지원하기 위해 다양한 프로그램을 운영 중이다. 그중 대표적인 것이 팁스(TIPS) 프로그램이다. 팁스는 초기 자금과 연구 개발 지원을 통해 유망한 스타트업의 성장을 돕는다. 팁스에 참여한 기업들은 2년 만에 직원 수를 두 배로 늘린 사례도 있다. 이외에도 정부는 창업 활성화를 위해 여러 정책적 지원을 위해 노력하고 있으며, 2025년까지 약 3조 원 수준의 예산을 창업 지원에 투입할 계획이다. 이러한 지원은 창업을 시작하려는 사람들이 초기 자금 부담을 줄이고, 회사를 성장시키는 데 큰 도움이 될 것이다.

창업은 새로운 기술과 아이디어를 현실로 만들어 일자리를 창출하고, 고용 위기를 극복하는 핵심 역할을 하고 있다. 하지만 창업을 활성화하려면 돈만 중요한 게 아니다. 사람들의 인식을 바꾸는 것도 중요하다. 많은 사람들이 창업을 두려워하고 실패를 걱정한다. 특히 창업에 관심이 있는 대학생, 청년, 시니어들에게 창업의 중요성과 도전 정신을 가르치는 창업가 정신 교육도 필요하다. 창업은 단순히 돈을 벌기 위한 것이 아니라, 사회의 문제를 해결하고 새로운 가치를 만드는 중요한 일이라는 것을 알려야 한다.

결론적으로, 현재의 일자리 문제를 해결하기 위해서는 창업이 꼭 필요하다. 대기업에 의존하던 과거 방식에서 벗어나 창업이 새로운 일자리와 산업을 창출하는 중심 역할을 맡아야 한다. 이를 위해 정부는 창업 지원을 강화하고, 창업가 정신 교육을 통해 더 많은 사람들이 창업에 도전할 수 있도록 장려해야 한다. 창업은 우리 사회를 더 나은 방향으로 변화시킬 수 있는 강력한 힘이다. 이제 모두가 창업을 통해 새로운 미래를 만들어 나가야 한다.

출처: 오경상

"

매출이 빠르게 늘면서 운영 자금, 설비 투자, 해외 진출까지 자금 수요가 커지고 있어요. 그런데 규모가 커질수록 어떤 금융 전략을 세워야 할지 고민됩니다.

중견기업 단계에서는 IS·BS를 연계한 자금 전략이 필요합니다. 스케일업 펀드와 정책 금융 보증·P-CBO를 통해 대규모 자금을 확보하고, 단기적으로는 매출 기반 대출(RBL)로 유동성을, 장기적으로는 CAPEX 자금으로 설비·인프라 투자를 지원받아야 합니다. 결국 단기·장기 균형과 정책 금융 활용이 성장의 핵심 전략입니다.

"

제9장

중소기업에서 중견기업으로 성장기 금융전략

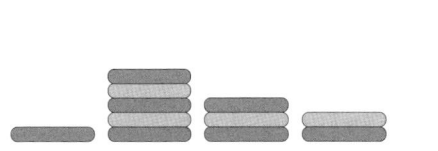

1. 매출 확장기 기업의 자금 수요

스타트업이나 중소기업이 일정 규모 이상의 성장을 이루어 매출이 본격적으로 발생하면, 다음 단계는 중견기업으로의 도약이다. 그러나 성장은 단순히 매출 확대만으로 완성되지 않는다. 매출이 늘어날수록 운전 자본(Working Capital)에 대한 수요가 급격히 증가하며, 이를 제대로 관리하지 못하면 오히려 재무적 위기에 직면할 수 있다.

중견기업 단계로 도약하기 위해서는 수백억 원 규모의 수주와 그에 따른 매출 확대 과정에서 원재료 매입, 인건비, 판매비와 관리비 등 다양한 비용이 선행 투자로 발생한다. 또한 대규모 재고 확보와 공급망 대응 과정에서 단기간에 자금이 묶이게 되므로 충분한 자금 조달 전략이 뒷받침되지 않으면 성장 자체가 기업에 부담으로 작용할 수 있다.

따라서 이 장에서는 "왜 돈이 더 필요해지는가?", "무엇을 준비할까?", "어떤 수단을 활용할까?", "어떻게 설계하고 실행할까?"라는 질문의 흐름을 중심으로, 성장기에 요구되는 금융 전략을 체계적으로 살펴본다. 특히 성장기의 재무 전략을 논할 때 흔히 손익계산서(Income Statement, IS) 중심의 성과 지표만을 주목하는 경우가 많다. 손익계산서는 '발생주의' 개념에 따라 매출·비용·이익을 보여 주지만, 매출이 늘어난다고 현금이 곧바로 증가하는 것은 아니다. 중견기업으로 성장하기 위해서는 반드시 재무상태표(Balance Sheet, BS)와의 연계를 함께 살펴야 한다.

- 매출 증가에 따라 늘어나는 매출 채권(Accounts Receivable)
- 생산 확대 과정에서 쌓이는 재고(Inventory)
- 원자재 매입으로 발생하는 매입 채무(Accounts Payable)

이 세 가지 요소가 실제 기업의 현금 흐름을 결정하는 핵심 요인이다. 결국 중견기업 도약의 금융 전략은 손익계산서의 숫자(매출·이익)와 재무상태표의 현실(현금 흐름)을 함께 고려하는 데서 출발해야 한다.

표 9.1 매출 성장과 현금 흐름 중요 요인

구분	의미	매출 증가 시 영향	현금에 미치는 효과
매출채권 (DSO)	외상 판매 후 회수 기간	매출이 늘수록 채권도 증가	현금 유출 (-)
재고자산 (DIO)	원자재·제품 보관 일수	판매 확대 위해 재고 증가	현금 유출 (-)
매입채무 (DPO)	공급업체에 지불 기한	일부 완화 가능	현금 유입 (+)

성장기 자금 수요의 특징

성장기에 들어선 기업은 단순한 생존을 넘어 시장 점유율 확보와 사업 확장을 위해 자금 운용 방식을 근본적으로 바꿀 필요가 있다. 이 시기의 자금 수요는 다음과 같은 세 가지 특징으로 요약할 수 있다.

중소기업이 매출 확장기에 접어들면 자금 수요의 성격은 창업 초기의 생존 중심 자금과는 크게 달라진다. 이제 기업의 핵심 과제는 시장 점유율을 확대하고, 경쟁사보다 앞선 생산 능력을 확보하며, 장기적으로 규모의 경제를 실현하는 데 있다. 따라서 필요한 자금 역시 단순한 운영비가 아니라 사업 확장을 위한 전략적 자금으로 성격이 전환된다.

이 시기 기업이 직면하는 가장 큰 문제 중 하나는 '현금 흐름의 압박'이다. 매출은 증가하지만 매출 채권, 재고 확대, 마케팅 투자 등으로 인해 실제 현금 유출은 오히려 커질 수 있다. 예를 들어 제품은 이미 판매되었으나 대금이 아직 회수되지 않아 매출채권으로 묶이는 경우가 발생한다. 또한 더 많은 주문에 대비하기 위해 원재료와 완제품을 확보하면서 재고가 늘어나고, 이는 곧 자금이 고갈되는 원인이 된다. 여기에 시장 점유율을 높이기 위한 판촉·광고·유통망 확충 등 마케팅 및 영업 비용이 대거 투입되면, 손익계산서상으로는 성장세를 보이더라도 재무상태표상으로는 오히려 현금 부족이라는 모순적인 상황이 나타날 수 있다.

아울러 매출 성장은 단순히 판매량 증가로 끝나는 것이 아니라, 생산과 공급 역량을 강화해야 하는 과제를 동반한다. 생산량 확대를 위한 설비 증설, 고도화된 업무를 담당할 전문 인력 채용, 그리고 늘어난 물량을 감당할 수 있는 물류·공급망 시스템의 강화가 필수적으로 뒤따른다. 결국 이 단계의 자금 전략은 단순한 유동성 관리가 아니라, 설비·인력·공급망까지 아우르는 종합적인 성장 전략과 맞물려야 한다.

표 9.2 성장기 기업의 주요 소요 자금

구분	주요 내용	자금 수요의 초점
규모의 경제 실현	시장 점유율 확대, 생산 능력 증대	전략적 확장 자금
현금 흐름 압박	매출 채권, 재고 증가, 마케팅 투자	유동성 확보
설비 및 인력 확충	신규 설비, 인력 채용, 물류 시스템	중·장기 투자 자금

성장기 필요 자금 세부 항목

성장기에 진입한 기업은 매출 확대에 따라 다양한 자금 수요에 직면하게 된다. 이러한 자금은 크게 운전 자금, 설비 투자(CAPEX), 해외 진출 자금의 세 범주로 구분할 수 있다.

첫째, 운전 자금이다. 매출이 늘어나면 자연스럽게 매출 채권이 증가하고, 판매량 확대에 대비한 재고 확보가 필요해진다. 또한 시장 점유율을 유지·확대하기 위한 마케팅과 판촉 활동에도 상당한 비용이 소요된다. 이와 더불어 생산 인력의 확충 역시 매출 원가와 영업 비용에 반영되는 성격을 지니므로 운전 자금 범주에 포함된다. 따라서 성장기의 기업에게 운전 자금은 가장 큰 압박 요인 가운데 하나로 작용한다.

둘째, 설비 투자(CAPEX)이다. 생산량 증가에 대응하기 위해 신규 생산 라인을 구축하거나 기존 설비를 자동화·고도화하는 작업이 필요하다. 품질을 일정 수준 이상 유지하기 위해 검사 장비를 도입하는 경우도 많다. 이러한 설비 투자는 단기 비용이 아니라 장기적 사용을 전제로 한 자본적 지출(capital expenditure) 성격을 갖는다. 더 나아가 연구 개발(R&D) 활동 또한 장래의 생산성 향상과 자산화를 전제로 이루어지므로 CAPEX 또는 비유동자산 투자의 범주로 분류하는 것이 타당하다. 따라서 설비 투자는 기업의 장기 성장 기반을 강화하기 위한 핵심 영역이다.

셋째, 해외 진출 자금이다. 매출이 확대되면 국내 시장에만 머물지 않고 글로벌 시장으로 진출할 필요성이 커진다. 이 과정에서 해외 거점 확보, 현지 마케팅과 영업 활동, 그리고 공적개발원조(ODA)나 수출 금융을 활용한 재원 조달 등이 중요한 과제가 된다. 해외 진출 자금은 기업이 새로운 성장 곡선을 그려 가기 위한 전략적 투자 성격을 지니며, 장기적으로 시장 다변화와 안정적 성장에 기여할 수 있다.

표 9.3 성장기 필요 자금 세부 항목

구분	세부 내용	비고
운전 자금	원재료 매입, 매출 채권, 재고 자산 확보, 생산 인력 확충, 마케팅·판촉비	매출 성장률에 비례해 증가
설비 투자 (CAPEX)	신규 설비·검사 장비 도입, 자동화, R&D 투자, 비유동자산 투자	장기적 생산 능력 확충 목적
해외 진출 자금	해외 법인 설립, 마케팅·영업 비용, ODA/수출 금융 활용	해외 시장 진출 관련

결국 성장기 기업의 금융 전략은 단순한 운영비 조달을 넘어, 운전 자금과 설비·인력·해외 진출을 포괄하는 종합적인 자금 수요를 충족시키는 방향으로 설계되어야 한다.

2. 스케일업 전용 정책 금융

중소기업이 일정 규모를 넘어 중견기업으로 도약하는 과정은 단순한 매출 성장만으로는 달성할 수 없다. 매출 100억 원 이상을 기록하며 빠른 성장세를 보이는 기업들은 설비 투자, 해외 진출, M&A, IPO 등 대규모 자금이 필요한 전략적 과제에 직면하게 된다. 이때 민간 금융 시장에서만 자금을 조달하기에는 신용도와 담보력 한계로 제약이 크다. 이러한 한계를 보완하기 위해 정부와 정책 금융 기관은 '스케일업 전용 정책 금융'을 마련하여, 기업이 성장 곡선을 이어갈 수 있도록 지원한다. 대표적인 수단이 '스케일업 펀드'와 '스케일업 보증'이다.

Scale-Up 펀드(지분 · 메자닌 중심의 성장 자본 공급)

스케일업 펀드는 단순한 운영 자금 대출이 아니라, 잠재력이 큰 중소·중견 기업을 글로벌 경쟁력을 갖춘 기업으로 육성하기 위해 설계된 제도다. 주된 대상은 매출 100억 원 이상, 빠른 성장세를 보이는 기업들이다. 이 펀드는 주로 '지분 투자(Equity)'와 '메자닌(Mezzanine)' 투자 방식으로 운영된다. 지분 투자는 보통주 인수, Pre-IPO 투자 등을 통해 기업의 자기 자본을 확충하여 장기적인 성장 기반을 제공한다. 메자닌 투자는 부채와 자본의 중간 성격을 갖는 전환 사채(CB), 신주인수권부 사채(BW), 상환전환우선주(RCPS) 등을 포함한다. 이 방식은 기업 입장에서 지분 희석을 최소화하면서도 대규모 자금을 유치할 수 있다는 장점이 있다.

예를 들어, '전환 사채(CB, Convertible Bond)'는 채권의 성격과 주식의 성격을 동시에 가진 금융 상품이다. 기업은 채권을 발행해 자금을 빌려 오면서도, 일정 조건이 되면 이 채권을 주식으로 바꿀 수 있는 권리를 투자자에게 준다. 기업 입장에서는 일반 대출보다 낮은 금리로 자금을 조달할 수 있고(금리 4~8%), 투자자는 채권에서 발생하는 이자 수익뿐 아니라 주식으로 전환했을 때 주가 상승에 따른 차익까지 동시에 기대할 수 있다.

'신주인수권부 사채(BW, Bond with Warrant)'는 채권과 더불어 일정 가격에 주식을 살 수 있는 권리(워런트)가 붙어 있는 채권이다. 투자자는 채권을 통해 안정적으로 원금과 이자를 받을 수 있고, 동시에 워런트를 활용해 주가가 오를 경우 추가 수익을 얻을 수 있다. 예를 들어 BW에 "3년 안에 1만 5,000원에 주식을 살 수 있는 권리"가 붙어 있다면, 실제 주가가 2만 원으로 오르면 투자자는 차익을 얻는다. 기업은 이런 구조 덕분에 상대적으로 낮은 금리(금리 4~8%)로 자금을 빌릴 수 있다.

'상환전환우선주(RCPS, Redeemable Convertible Preferred Stock)'는 우선주에 상환과 전환의 기능을 결합한 상품이다. 투자자는 우선배당을 받을 권리와 일정 기간이 지나면 기업에 상환을 요구할 권리, 그리고 보통주로 전환할 수 있는 권리를 모두 가진다. 기업은 이 RCPS를 자본(우선주)으로 회계 처리할 수 있기 때문에 부채 비율 관리에 유리하고, 투자자는 안정적인 배당을 받으면서 필요할 때는 상환을 요구하거나 주식으로 전환해 성장 이익을 추구할 수 있다. 예를 들어 투자자가 RCPS를 통해 연 5%의 배당을 받다가, 몇 년 뒤 회사의 기업 가치가 크게 높아지면 이를 보통주로 바꿔 지분을 확보하는 방식이다.

스케일업 펀드를 활용하면 기업은 수십억 원에서 수백억 원 단위까지 대규모 자금을 확보할 수 있다. 이는 설비 투자, M&A, 해외 진출 등 성장 동력 마련에 직접 투입될 수 있으며, 외부 투자자의 참여를 통해 IPO 준비와 시장 신뢰도 제고 효과도 함께 누릴 수 있다. 다만, 지분 투자의 경우 경영권 희석(dilution) 위험이 있으며, 메자닌 투자에는 청산 우선권이나 보호 조항 등 투자자 친화적 조건이 포함될 수 있으므로 계약 시 주의가 필요하다.

표 9.4 메자닌 투자 수단 비교

구분	정의	투자자 수익 구조	기업 장점	기업 리스크
CB (전환사채)	일정 조건에 따라 주식으로 전환 가능한 채권	이자 + 주가 상승 시 전환 차익	낮은 금리, 자본 전환 가능	만기 상환 부담
BW (신주인수권부 사채)	주식 매수권(워런트)이 부여된 채권	이자 + 워런트 행사 수익	낮은 조달 비용	지분 희석
RCPS (상환전환우선주)	상환 + 전환 옵션이 있는 우선주	배당 + 상환권 + 전환 차익	자본으로 분류, 재무 구조 개선	배당·상환 부담

○ 정책 금융과의 연계 및 중견기업 활용 방안

스케일업 펀드는 단순히 민간 투자 자본만으로 운영되지 않는다. 한국성장금융투자운용, 산업은행, 모태 펀드 등 정부와 정책 금융 기관이 '앵커 출자자'로 참여하여 민간 자금을 끌어들이는 구조로 설계된다. 즉, 정책 금융이 마중물 역할을 하여 대규모 펀드가 조성되고, 그 자펀드가 성장 기업에 투자하는 방식이다. 이 때문에 스케일업 펀드는 '민간 자본 + 정책 금융'이 결합된 전형적인 민관 협력형 투자 플랫폼이라고 할 수 있다.

중견기업으로 성장하고자 하는 기업 입장에서는 다음과 같은 정책 자금을 병행 활용할 수 있다.

- 모태 펀드 및 성장사다리 펀드: 특정 산업(예: 그린테크, 지역 혁신 기업)에 맞춰 조성된 자펀드를 통해 성장 단계별 맞춤형 투자가 가능하다.
- 산업은행(KDB) 스케일업 펀드: Pre-IPO 기업, 전략 산업(이차전지, 바이오, AI 등)에 대해 대규모 자본을 직접 공급하며, 글로벌 네트워크를 활용한 해외 투자자 유치와 연계된다.
- 기타 정책 금융 기관(신보·기보 등): 직접적인 펀드 운용보다는 보증 연계형 투자, 펀드 출자 등을 통해 스케일업 펀드와 결합하여 기업의 신용 보강 및 후속 투자 유치에 기여한다.

따라서 스케일업 펀드는 단순히 자본 시장의 투자 유치 수단에 그치지 않고, 정책 금융 기관이 앵커 출자자로 참여하여 민간 자본을 결집시키는 구조로 운영된다. 기업은 이를 통해 대규모 성장 자본을 안정적으로 확보할 수 있으며, 장기적인 글로벌 도약과 M&A, IPO 준비 과정에서도 정책 금융의 든든한 지원을 받을 수 있다.

스케일업 보증 및 정책 금융

스케일업 보증 및 정책 금융은 고성장 중소기업이 중견기업으로 도약하는 과정에서 직면하는 자금 제약을 해소하기 위해 마련된 제도다. 기업은 설비 투자, 글로벌 진출, M&A, IPO 준비 등 성장기에 막대한 자금 수요를 경험하지만, 담보와 신용도의 한계 때문에 민간 금융만으로는 이를 충족하기 어렵다. 이러한 상황에서 정책 금융 기관의 보증과 전용 프로그램은 기업이 성장의 기회를 놓치지 않고 안정적으로 자금을 확보할 수 있도록 든든한 안전망이 된다.

신용보증기금은 '혁신아이콘 프로그램'을 운영하며, 매출 10억 원 이상이면서 빠른 성장세를 보이는 스타트업을 대상으로 최대 200억 원 규모의 보증을 제공한다. 선정된 기업은 3년간 운전 자금과 시설 자금을 지원받을 수 있으며, 보증료 우대와 협약 은행 금리 인하, 컨설팅과 해외 진출 연계 지원 등 다양한 혜택도 함께 누릴 수 있다.

또한 신보는 P-CBO(유동화전환 사채) 제도를 통해 개별 기업의 신용도로는 자금 조달이 어려운 경우에도, 여러 기업의 채권을 묶어 유동화 증권 형태로 발행할 수 있도록 지원한다. 이 제도를 활용하면 신용 등급이 매우 높지 않은 기업도 채권 발행을 통해 대규모 자금을 확보할 수 있고, 기관 투자자 입장에서도 보증이 뒷받침된 안정적 투자 기회를 제공받을 수 있다.

기술보증기금은 '예비유니콘 특별보증'을 통해 기술력과 성장성을 동시에 갖춘 기업을 지원한다. 역시 최대 200억 원 규모의 보증이 가능하며, 누적 투자 50억 원 이상, 일정 매출 성장률 달성, 기술 평가 등급 BB 이상 등의 요건을 충족해야 한다. 기보 또한 P-CBO 보증을

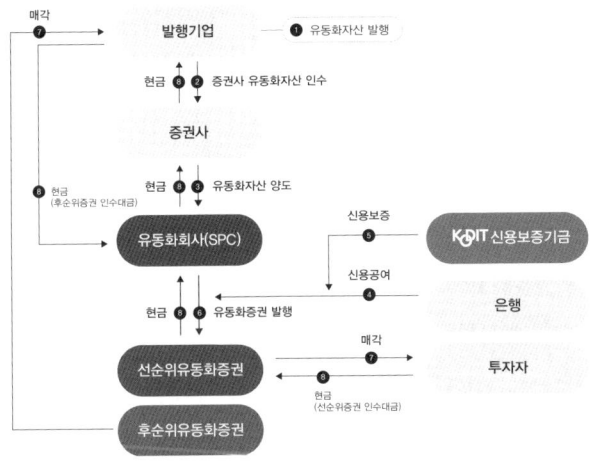

그림 9.1 유동화 회사 보증 구조

출처: 신용보증기금

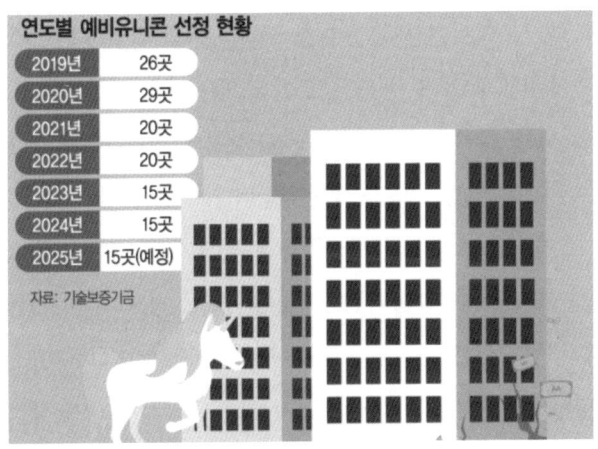

그림 9.2 기보 예비 유니콘

출처: 기술보증기금

운영하며, 신용도가 낮아 회사채 발행이 어려운 중소기업들이 다수 모여 유동화 증권을 발행할 수 있도록 지원한다. 이를 통해 기술 중심 기업은 보증을 기반으로 시장에서 안정적인 자금 조달 기회를 확보할 수 있다.

중소벤처기업진흥공단 역시 '스케일업 금융(P-CBO)'을 통해 자체 신용으로 회사채 발행이 어려운 중소기업에게 자금 조달 기회를 제공한다. 여러 기업의 채권을 모아 유동화 증권 형태로 발행하는 방식으로, 기업당 최대 120억 원 규모까지 지원이 가능하다. 또한 'Jump-Up 프로그램'과 연계한 지분 투자 및 메자닌 투자 프로그램을 통해 글로벌 진출이나 IPO 준비에 필요한 장기 자금을 공급한다.

이와 함께 산업은행은 Pre-IPO 단계 기업과 전략 산업을 대상으로 성장 지원 펀드를 조성해 대규모 자본을 공급하고 있으며, 글로벌 투자자 네트워크를 활용해 해외 자금 유치까지 연계하고 있다. 수출입은행과 한국무역보험공사도 수출 금융, 수출 대금 회수 보증, 해외 프로젝트 파이낸싱 등을 통해 글로벌 스케일업을 지원한다. 창업진흥원은 창업 도약 패키지와 글로벌 진출 지원 사업을 통해 정책 자금과 멘토링을 결합해 성장 기업을 뒷받침한다.

결국 스케일업 보증 및 정책 금융은 담보가 부족한 기업에게 대규모 자금을 조달할 수 있는 경로를 열어 주고, 정책 금융 기관이 참여함으로써 기업 신뢰도를 높여 민간 투자 유치와 IPO 준비 과정에도 긍정적 영향을 미친다. 특히 신보, 기보, 중진공이 공통적으로 운영하는 P-CBO 프로그램은 개별 기업의 한계를 넘어 다수 기업의 채권을 묶어 시장 접근성을 높이는 대표적인 스케일업 금융 수단이라 할 수 있다. 신보의 혁신 아이콘, 기보의 예비 유니콘, 중진공의 스케일업 금융과 함께 산업은행·수은·무보의 지원이 결합되면서, 고성장 기업은 중견기업으로 도약하는 데 필요한 금융 기반을 보다 안정적으로 확보할 수 있다.

3. 매출 기반 대출 및 CAPEX(설비 투자) 자금 조달

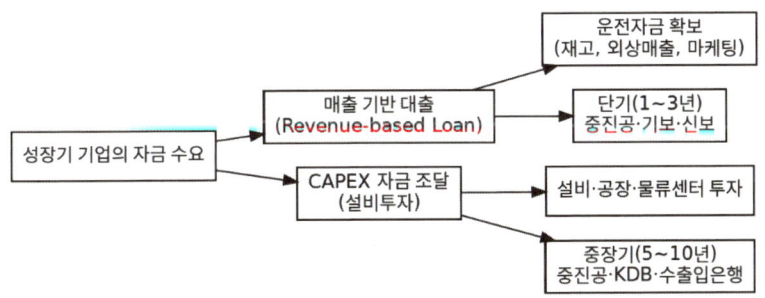

그림 9.3 매출 기반 대출 vs CAPEX 자금 조달 구조

그림 9.3은 성장기 기업이 직면하는 자금 수요와 이를 충족하기 위한 금융 수단의 구조를 도식화한 것이다. 성장기의 자금 수요는 크게 두 가지 축으로 구분된다. 하나는 매출 확대에 따라 발생하는 '운전 자금 수요'이고, 다른 하나는 장기적인 성장을 뒷받침하기 위한 '설비 투자(CAPEX) 수요'이다.

매출 기반 대출(Revenue-based Loan)은 담보가 부족한 성장 기업에게 새로운 자금 조달의 기회를 열어 주는 제도로 국내에서는 정책 금융 기관을 중심으로 다양한 형태로 운영되고 있다. 반면 설비 투자(CAPEX) 자금은 공장과 물류 센터 확충, 생산 라인 자동화 같은 대규모 투자를 뒷받침하는 성격을 지닌다. 이러한 투자는 금액이 크고 회수 기간도 길기 때문에 5년에서 10년 이상의 중장기 자금 조달이 필요하다. 따라서 중소벤처기업진흥공단, 산업은행, 수출입은행 등 정책 금융 기관이 시설 자금 융자와 장기 투자 프로그램을 통해 이러한 수요를 지원한다.

결국 이 그림은 성장기에 있는 기업이 단기 운전 자금과 장기 설비 투자라는 상반된 자금 수요를 동시에 관리해야 하며, 이에 대응하는 정책 금융 수단을 적절히 활용하는 것이 중견기업으로의 도약 과정에서 핵심적이라는 점을 강조한다.

○ **매출 기반 대출(Revenue-based Lending, RBL)**

매출 기반 대출(Revenue-based Lending, RBL)은 기업의 부동산이나 설비와 같은 전통적 담보가 아니라 '앞으로 발생할 매출 흐름'을 근거로 자금을 빌릴 수 있도록 설계된 금융 방식이다. 즉, 기업이 일정 규모의 매출을 안정적으로 창출하고 있다는 사실을 입증하면, 이를 신용의 기반으로 삼아 대출을 받을 수 있다. 상환 구조 역시 고정된 원리금 상환이 아니라 매출액의 일정 비율을 상환하도록 설계되므로 매출이 적은 시기에는 상환 부담이 줄고, 매출이 늘어나는 시기에는 상환 규모가 커지는 유연성을 지닌다. 이러한 구조 덕분에 스케일업 단계에서 현금 흐름의 불안정성이 큰 기업들도 초기 자금 압박을 완화할 수 있다는 장점이 있다.

특히 담보가 부족한 중소·중견 기업에게 매출 기반 대출은 매우 의미 있는 수단이다. 유형 자산은 부족하지만 꾸준히 매출을 올리는 IT 서비스 기업이나 제조업체는 매출 기반 대출을 통해 필요한 성장 자금을 확보할 수 있다. 해외에서는 SaaS 기업을 중심으로 'Clearco', 'Pipe'와 같은 전문 기관이 활발히 운영하고 있으며, 국내에서도 정책 금융 기관을 중심으로 유사한 개념이 도입되고 있다.

정책 금융의 관점에서 보면, 매출 기반 대출은 단순한 금융 상품을 넘어 '스케일업 기업을 위한 맞춤형 신용 지원 장치'로 평가할 수 있다. 매출 흐름에 연동된 대출 구조는 기업의 성장성과 정책 금융의 리스크 완화가 조화를 이루는 방식으로, 향후 국내 정책 금융 기관이 제도화할 경우 중소기업이 중견기업으로 도약하는 과정에서 안정적인 운전 자금 조달 통로가 될 수 있다.

다만 국내에서는 아직 RBL 구조가 본격적으로 도입되지는 않았다. 대신 몇몇 정책 금융 기관이 매출 채권을 기반으로 한 유사 제도를 운영하고 있다. 신용보증기금은 '매출채권보험'과 '매출채권팩토링보증'을 통해 매출 채권을 현금화하거나 부실 위험을 줄일 수 있도록 지원한다. 기술보증기금은 기업의 기술력 평가 중심이지만, 매출 실적을 보조 지표로 활용해 보증 심사를 보완한다. 중소벤처기업진흥공단은 '매출채권팩토링' 및 B2B 전자 계약 기반의 디지털 팩토링 제도를 통해 기업이 납품 대금을 조기에 확보할 수 있게 돕는다. 또한 한국무역보험공사(K-SURE)는 수출 기업을 대상으로 '수출보험'과 '수출팩토링'을 운영해, 해외 바이어 매출 채권을 담보로 대출을 받거나 보험을 통해 미회수 위험을 줄일 수 있도록 한다.

아울러 시중 은행도 전자 어음, 전자 세금 계산서 등 매출 채권 데이터를 활용한 담보 대출 상품을 취급하고 있으며, 이 과정에서 신보·무보·중진공 등 정책 금융 기관의 보증서나 보험 증권과 연계해 정책+민간 융합형 상품으로 확장하고 있다. 따라서 국내 정책 금융은 아직 전형적인 RBL(매출 기반 대출, Revenue-based Lending) 모델을 제공하지는 않지만, 매출 채권 기반의 다양한 제도와 민·관 연계 방식을 통해 사실상 '준(準) RBL' 기능을 수행하고 있다고 볼 수 있다.

결국 이러한 제도들은 정책 금융 기관과 민간 금융 기관이 각기 다른 방식으로 매출 흐름을 신용 평가와 자금 조달의 기반으로 삼고 있음을 보여 준다. 이는 곧 매출 기반 대출이 국내에서 '정책 금융형 RBL(매출 기반 대출, Revenue-based Lending) 모델'로 자리 잡아가고 있으며, 성장기에 있는 기업들이 담보 부족이라는 전통적 한계를 넘어설 수 있는 중요한 수단으로 작동하고 있음을 의미한다.

표 9.5 국내 매출 기반 대출 및 보증 제도의 비교

구분	제도명	특징
신용보증기금	매출채권보험/ 매출채권팩토링보증	담보 없이 매출 채권 활용 가능, 유동성 개선
기술보증기금	기술 보증(매출 실적 반영)	담보 부족 기업 대상, 매출 기반 RBL은 아님
중소벤처 기업진흥공단	매출채권팩토링/디지털팩토링	외상 매출 회수 기간 단축, 현금 흐름 안정
무역보험공사(K-SURE)	수출보험/수출팩토링	수출 기업 중심, 환 리스크·회수 리스크 완화
시중 은행 (민간+정책 연계)	매출채권 담보대출(전자 어음, 전자 세금 계산서 기반)	은행 대출 접근성 확대, 민관 융합형 모델

💡 매출 기반 대출 해외 사례 활용 Tip

1. **클리어코(Clearco): 인보이스 기반 자금 조달과 지분 희석 없는 성장**

클리어코는 캐나다에서 시작된 대표적인 매출 기반 대출 기업으로, 전통적인 담보나 지분 투자를 요구하지 않고 매출 채권과 결제 데이터를 근거로 기업에 자금을 공급한다. 특히 기업이 발행한 인보이스(매출 채권)를 분석하여 이를 담보처럼 활용하고, 자금을 빠르게 집행한 뒤 매출이 발생할 때마다 일정 비율을 상환하도록 설계한다. 이러한 구조 덕분에 기업은 초기 현금 흐름의 압박을 크게 줄일 수 있다. 실제 사례로, 신발 브랜드 '라루데(Larroudé)'는 클리어코의 자금을 활용하여 생산 기간을 120일에서 45일로 단축했고, 1년 만에 매출을 두 배 이상 성장시켰다. 더욱 주목할 점은 이 과정에서 창업자가 지분의 88%를 유지할 수 있어 매출 기반 대출이 단순한 금융 지원을 넘어 창업자의 지분 희석을 방지하면서 성장을 촉진하는 효과를 보여 준다는 점이다.

2. 파이프(Pipe): 반복 매출을 자산화한 실시간 자금 조달 플랫폼
파이프는 미국에서 등장한 플랫폼으로, 반복적인 매출을 보유한 기업이 미래의 구독 수익을 투자자에게 할인된 가격으로 판매하고, 그 대가로 즉각적인 현금을 확보할 수 있도록 지원한다. 특히 SaaS 기업이나 정기 구독 서비스 기업처럼 예측 가능한 매출 흐름을 가진 기업에게 최적화된 모델이다. 파이프는 승인 절차가 간단하고 자금 집행 속도가 매우 빨라 경우에 따라 몇 시간 이내에 자금이 기업 계좌로 들어오기도 한다. 기업 입장에서는 지분을 내주지 않고도 빠르게 성장 자금을 확보할 수 있고, 투자자 입장에서는 안정적인 매출 기반의 수익 기회를 얻을 수 있다. 이러한 구조 덕분에 파이프는 반복 매출을 새로운 자산군으로 만들어, 담보 없이도 기업이 성장 자금을 마련할 수 있는 혁신적인 모델로 자리 잡았다.

CAPEX(Capital Expenditure, 설비 투자) 자금 조달

CAPEX(Capital Expenditure, 설비 투자)는 공장, 생산 설비, IT 시스템, 물류 인프라처럼 장기간 사용하는 자산에 투입되는 자금을 뜻한다. 회계상 비용으로 즉시 처리되는 운영비와 달리 자산으로 인식한 뒤 사용 기간에 걸쳐 감가상각한다. 그러나 현금은 선투입된다. 그래서 '투자 기간과 상환 기간을 맞추는' 장기 자금 구조가 필요하다. 핵심은 투자로 창출될 현금 흐름을 상환원으로 삼아 만기, 거치 기간, 금리 구조를 설계하는 것이다.

자금 구조 설계의 출발점은 네 가지다. 첫째, 투자 목적과 범위(증설·자동화·물류센터 등)를 명확히 한다. 둘째, 총투자비와 집행 일정(중도금·잔금)을 세분화한다. 셋째, 상환원(증가 EBITDA·감가상각·세후 현금 흐름)을 보수적으로 추정한다. 넷째, 담보와 보증, 재무 약정(DSCR, 부채 비율 등)을 점검한다. 일반적으로 은행은 대출 상환 능력을 검토하기 위해 DSCR(Debt Service Coverage Ratio, 부채 서비스 보장 비율) 같은 현금 흐름 지표와 담보 가치를 함께 본다. 주요 조달 방식은 다음과 같다.

○ 은행 장기 대출

일반 시설 자금 대출은 만기 5~10년, 거치 1~2년 구조가 많다. 공장 신축·부지 매입은 부동산 담보 대출로, 라인 증설·장비 도입은 기계 담보 대출로 나뉜다. 특정 사업의 현금 흐름을 상환원으로 삼는 프로젝트 파이낸스도 활용된다. 이때는 EPC(설계, 조달, 시공) 계약, 핵심 원재료·판로 계약, 보험·담보 패키지까지 함께 설계해 리스크를 분리한다.

○ 정책 금융 기관 시설 자금

중진공은 일반 설비·자동화·스마트 공장 등 장기·저리의 시설 자금을 제공하고, 산업은행은 전략 산업 설비 투자와 대규모 프로젝트 금융을 다룬다. 해외 생산 기지·물류 센터에는 수출입은행의 해외 투자·수입 자금 융자가 적합하다. 신보·기보는 '시설 자금 보증'으로 은행 장기 대출의 신용을 보완한다. 정책 금융을 끼우면 금리·만기에서 유리하고, 민간 금융의 동참을 유도하는 효과가 크다.

○ 메자닌 활용

전환 사채(CB), 상환전환우선주(RCPS)는 부채와 자본의 중간 성격을 가진다. 초기 현금 상환 부담을 낮출 수 있어 대규모 CAPEX(Capital Expenditure, 설비 투자)와 궁합이 좋다. 은행 대출의 '에쿼티 쿠션(자기 자본 완충력)'을 보강해 레버리지를 높이는 용도로도 쓴다. 다만 지분 희석, 보호 조항, 상환·전환 조건을 면밀히 검토해야 한다.

○ 리스·대체 조달

금융 리스는 설비를 사용권 자산으로 인식해 매달 리스료로 분납한다. 초기 CAPEX(Capital Expenditure, 설비 투자)를 분산시키는 장점이 있다. 운용 리스는 교체·반납 유연성이 높다. 기존 자산을 매각 후 다시 임차하는 '세일앤리스백'은 묶인 자본을 풀어 재투자할 때 유용하다. 설비 벤더의 할부·공급자 금융, 중도금 보증 등도 보조 수단이 된다. 팩토링은 CAPEX(Capital Expenditure, 설비 투자) 자체 조달보다는 투자와 동시에 늘어나는 운전 자금 부담을 줄여 DSCR을 개선하는 데 도움이 된다.

설비 투자 자금 조달 사례 활용 Tip

사례 1

한 전장 부품 업체가 불량률을 낮추고 생산성을 20% 끌어올리기 위해 50억 원의 자동화를 추진했다고 가정하자. 자금 구조는 자기 자본 10억 원(20%), 은행 시설 자금 25억 원(7년 만기·1년 거치), 중진공 자동화 자금 10억 원(8년 만기·2년 거치), 핵심 장비 5억 원은 금융 리스로 분납했다. 감가상각 기간 7년에 맞춰 상환 일정을 짜고, 생산성 개선으로 늘어날 연간 EBITDA 12억 원 중 보수적으로 8억 원만 상환원으로 반영해 DSCR을 1.3 이상으로 맞췄다. 동시에 증설 초기의 재고·매출 채권 증가분은 매출채권담보대출로 커버했다. 결과적으로 초기 현금 압박을 줄이면서도 상환 일정이 사업의 현금 창출과 일치하도록 설계했다.

사례 2

이커머스 기업이 동남아 시장 대응을 위해 80억 원 규모의 해외 물류 센터를 구축했다. 자기 자본 16억 원(20%), 수출입은행의 해외 투자 자금 40억 원(10년 만기·거치 2년), 남은 24억 원은 RCPS로 조달했다. 현지 법인 매출을 상환원으로 하고, 물류 센터 임대차 계약과 보험을 패키지로 구성했다. RCPS는 배당 부담을 제한하고 5년 차에 일부 상환 또는 보통주 전환 옵션을 설정해 향후 IPO와의 정합성을 확보했다.

○ **실무 팁**

- '투자 효익의 타이밍'과 '대출 집행 스케줄'을 맞춘다. 중도금·잔금 일정에 맞춰 트랜치로 집행(계좌 이체 등 자동화된 금융 시스템을 이용하여 자금을 지출하라는 의미)하고, 준공 검수 후 본 대출 전환 조건을 명확히 둔다.
- 금리 구조는 변동·고정 혼합을 검토한다. 금리 상승기에 대비

해 금리 헤지 옵션을 검토하면 좋다.
- 보험·보증 패키지(건설·화재·영업 중단, 중도금·이행 보증)를 조기에 설계한다.
- 재무 약정은 '지킬 수 있는 수준'으로 협의하고, 분기별 모니터링 체계를 내부 KPI에 연결한다.

표 9.6 정책 금융 기관별 CAPEX(설비 투자) 자금 조달 제도 비교

구분	제도명	세부 내용	특징
중소벤처 기업진흥공단	시설 자금 대출	공장 신축, 기계 구입, 물류 센터 구축 자금 지원	10년 내외 장기 자금, 거치 기간 가능
산업은행(KDB)	CAPEX 프로젝트 파이낸싱	대규모 설비 투자 기업 대상	대기업·중견기업 중심, 중소기업도 전략 산업군일 경우 가능
신보/기보	설비 투자 보증	기계·설비 구매 시 보증 지원	금융권 대출 연계
한국수출입은행	해외 투자·설비 자금	해외 법인 설립·현지 공장 건설	글로벌 진출 기업 중심
민간 은행 (정책 협약)	스마트 공장·ESG 전환 대출	자동화 설비, 친환경 설비	정부 보증과 연계 운용

[표 9.6]에서와 같이 정책 금융 기관들은 중소기업과 중견기업의 CAPEX(설비 투자) 수요를 충족시키기 위해 다양한 자금 조달 제도를 운영하고 있다. 중소벤처기업진흥공단은 공장 신축, 기계 구입, 물류 센터 구축 자금 등을 지원하는 '시설 자금 대출'을 통해 10년 이내의

장기 자금을 제공하며, 거치 기간을 부여해 기업의 상환 부담을 완화하고 있다. 산업은행(KDB)은 대규모 설비 투자를 추진하는 기업을 대상으로 'CAPEX(Capital Expenditure, 설비 투자) 프로젝트 파이낸싱'을 운영하고 있는데, 이는 대기업이나 중견기업뿐만 아니라 일정 요건을 충족한 중소기업에도 적용될 수 있는 제도이다.

기술보증기금과 신용보증기금은 기업이 기계·설비를 구매할 때 이를 담보로 보증을 지원하는 '설비투자보증'을 제공하며, 이를 통해 금융권 대출과 연계하여 기업이 필요한 자금을 보다 안정적으로 확보할 수 있도록 돕고 있다. 한국수출입은행은 해외 진출을 추진하는 기업을 위해 해외 법인의 설립이나 현지 공장 건설 자금을 지원하는 '해외투자·설비 자금' 제도를 운영하고 있으며, 이는 글로벌 진출을 준비하는 기업에게 중요한 수단이 되고 있다.

한편 민간 은행도 정책 금융 기관과의 협약을 통해 '스마트 공장·ESG 전환 대출'과 같은 특화 상품을 제공하고 있다. 이 제도는 자동화 설비, 친환경 설비 등 기업의 혁신 및 지속 가능 경영과 관련된 투자를 지원하며, 정부의 보증과 연계해 보다 안정적으로 운용된다.

결론적으로 성장기에 들어선 기업에게 필요한 자금은 크게 두 가지 축으로 나뉜다. 하나는 매출 확대 과정에서 발생하는 단기 운전자금 수요이고, 다른 하나는 장기적인 경쟁력을 확보하기 위한 설비 투자(CAPEX) 수요다. 매출 기반 대출은 매출 채권 증가, 재고 확보, 마케팅 확대 등으로 불어난 단기 유동성 문제를 해소하는 데 효과적이며, CAPEX(Capital Expenditure, 설비 투자) 자금은 공장·설비·물류 인프라와 같은 장기 성장 인프라를 구축하는 데 필수적이다. 결국 두 자금을 균형 있게 활용해야만 스케일업 단계의 자금 구조가 안정성을 갖출 수 있다.

정책 금융의 역할도 단순히 보증이나 융자를 제공하는 수준에 머물지 않는다. 정책 금융은 기업의 성장 전략과 맞물려 실행될 때 비로소 효과를 발휘한다. 예컨대, 매출 기반 대출로 단기 현금 흐름을 안정화시키고, 동시에 CAPEX(Capital Expenditure, 설비 투자) 자금을 활용해 장기 설비 투자를 진행하는 과정에서 정책 금융 기관이 보증·투자·융자를 결합해 지원하면 기업은 성장 곡선을 이어갈 수 있다. 따라서 중소기업이 중견기업으로 도약하기 위해서는 단기와 장기를 아우르는 자금 조달 전략을 체계적으로 설계해야 하며, 이 과정에서 정책 금융은 '성장의 촉진제'이자 '위험 분산 장치'로서 결정적인 역할을 수행한다는 점이 이 장의 핵심적인 시사점이라 할 수 있다.

설비 투자를 위한 정책 자금 실무 활용 Tip

스마트 팩토리 설비 투자로 중견기업으로 도약한 A사

경기도에 위치한 A사는 자동차 전장 부품을 생산하는 중소기업이었다. 창업 이후 꾸준히 협력사 물량을 공급하며 연 매출 150억 원 규모까지 성장했지만, 글로벌 완성차 업체와의 신규 계약을 수주하면서 더 큰 도약의 기회를 맞이하게 되었다. 문제는 생산 능력이 한계에 다다른 상태였다는 점이다. 단순히 기존 설비를 가동하는 것으로는 대규모 수주를 소화하기 어려웠고, 스마트 팩토리 전환을 통한 자동화 설비 구축이 필수적이었다.

그러나 필요한 투자 금액은 총 80억 원 이상으로, 기업 내부의 유보금(10억 원)만으로는 감당할 수 없었다. 담보도 부족했기 때문에 일반 시중 은행의 장기 대출을 받는 데 어려움이 컸다. 이때 A사가 눈을 돌린 곳이 바로 정책 금융 기관이었다.

먼저 중소벤처기업진흥공단(중진공)의 '자동화설비자금'을 통해 30억 원을 확보했다. 장기·저리 조건으로 공급되는 이 자금은 초기 설비 계약금과 일부 공장 개보수 비용을 충당하는 데 큰 도움이 되었다. 동시에 신용보증기금(신보)의 '설비투자 보증'을 신청하여 기업의 신용을 보완했고, 이를 바탕으로 시중 은행에서 25억 원 규모의 추가 대출을 실행할 수 있었다.

여기에 산업은행은 전략 산업 CAPEX 지원 프로그램을 통해 친환경·전장 부품 분야 기업을 대상으로 15억 원을 직접 융자해 주었다. 또 해외 수출 비중 확대를 고려해, 한국수출입은행의 해외 생산 기지 설립 자금도 일부 연계하여 해외 물류 거점 구축까지 준비할 수 있었다.

결과적으로 A사는 총 80억 원 규모의 스마트 팩토리 투자를 성공적으로 집행했고, 생산성이 30% 이상 향상되면서 글로벌 완성차 업체에 대한 안정적 공급 체계를 마련할 수 있었다. 그 결과 3년 만에 매출은 300억 원을 넘어섰고, A사는 더 이상 '중소기업'이 아닌 '중견기업'으로 도약하게 되었다.

이 사례는 정책 금융 기관의 설비 투자 지원이 단순히 자금을 공급하는 것을 넘어 중소기업이 성장의 한계를 돌파하고 글로벌 경쟁력을 확보하는 데 얼마나 중요한 역할을 하는지를 잘 보여 준다. 특히 '중진공의 장기·저리 자금 + 신보 보증 기반 은행 대출 + 산업은행 전략 산업 금융 + 수출입은행 해외 진출 금융'이라는 조합은, 성장기에 있는 기업들에게 매우 현실적이고 효과적인 금융 전략임을 입증한다.

9장 핵심 포인트

구분	주요 내용	핵심 포인트
매출 확장기 자금 수요	• 운전 자금, 설비 투자, 인력 투자, 해외 진출 등 네 가지 범주로 구분. • 매출 확대로 매출 채권·재고 증가, 마케팅 비용 확대로 현금 흐름 압박 심화 • 손익계산서(IS)와 재무상태표(BS)를 함께 고려하여 자금 전략 수립 필요	• IS + BS 연계 자금 전략 필요
스케일업 펀드	• 지분·메자닌 중심의 성장 자본 공급. • CB, BW, RCPS 활용해 지분 희석 최소화와 대규모 자금 확보 가능 • 정책 금융 기관(성장 금융, 산은, 모태 펀드 등)이 앵커 출자자로 참여하는 민관 협력형 투자 플랫폼	• 민관 협력형 성장 자본 공급
스케일업 보증 및 정책 금융	• 신보 '혁신아이콘' 보증, 기보 '예비유니콘 특별보증', 중진공 '스케일업 금융(P-CBO)' 등. • 산업은행, 수출입은행, 창업진흥원도 전용 프로그램 운영	• 대규모 보증(최대 200억) • 글로벌 진출 지원 • IPO 준비 안전망
매출 기반 대출(RBL)	• 담보 부족 기업의 단기 운전 자금 조달 수단. 정책 금융의 신용 지원 장치로 작동 • 매출 흐름을 근거로 상환 구조 설계. 국내는 매출 채권 담보 대출, 매출 기반 보증 제도. 해외는 CLEARCO, PIPE 사례	• 단기 운전 자금 • 담보 부족 기업 • 정책 금융 신용 지원
CAPEX 자금 조달	• 공장·설비·물류 센터·IT 시스템 등 장기적 투자. • 장기 대출, 정책 금융 시설 자금, 메자닌, 리스·팩토링 등 활용 • 장기 성장 인프라 조성. 정책 금융(중진공, 산은, 수은, 신보·기보)이 핵심적 지원 역할	• 장기 성장 인프라 • 시설 자금·프로젝트 파이낸스 • 정책 금융 핵심 지원
시사점	• 단기·장기 자금 균형과 정책 금융 활용이 중견기업 도약의 관건 • 매출 기반 대출은 단기 유동성, CAPEX 자금은 장기 인프라에 초점. • 정책 금융은 성장 전략과 맞물려야 효과 극대화	• 단기·장기 균형 • 정책 금융 연계 • 스케일업 핵심

공장을 새로 짓거나 설비를 들이려니
초기 비용이 너무 커서 자금 조달이 걱정이에요.

시설 자금은 장기적 경쟁력을 위한 투자라 구조 설계가
중요합니다. 신보·기보 보증을 활용하면 담보 부족 문제를
해결할 수 있고, 중진공 융자는 장기·저리 자금으로
혁신 설비를 지원받을 수 있어요. 또 금융 리스나 산업 단지
입주 혜택을 활용하면 초기 부담을 줄이고
최신 설비를 활용할 수 있습니다.

제10장

중소기업 및 스타트업을 위한 시설자금 조달전략

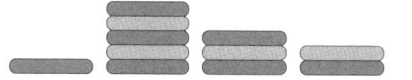

1. 공장 설립과 생산 기반 강화

기업이 지속적으로 성장하고 경쟁력을 강화하기 위해서는 단순한 운영 자금뿐 아니라, 공장 건설·생산 설비 확충·R&D 인프라 구축 등 대규모 투자가 필수적이다. 특히 제조업, 첨단 기술, 식품·바이오 등 생산 기반이 핵심 경쟁력인 업종에서는 설비와 인프라 투자가 곧 기업의 미래를 좌우한다. 그러나 이러한 투자는 초기 소요 자금이 크고, 투자금 회수까지의 기간이 장기적으로 소요되므로 자금 조달 구조를 어떻게 설계하느냐가 성패를 결정한다.

많은 중소기업 대표들은 '좋은 설비만 들이면 매출이 오른다'는 생각으로 투자를 시작하지만, 자금 흐름 설계와 정책 금융 제도 활용 전략이 부족해 착공 지연·대출 불가·보증 한도 초과 등 시행착오를 겪는다. 반면, 숙련된 컨설턴트와 협력하여 자금 조달 구조를 사전에 설계한 기업은 보증·대출·리스·세제 혜택 등을 적시에 결합하여 재무 부담을 최소화하고, 투자 효과를 극대화한다. 이 장에서는 기업 대표자와 컨설턴트가 대규모 투자와 설비 자금 조달 시 반드시 알아야 할 다음의 내용을 체계적으로 다룬다.

- 공장·설비·R&D 인프라 투자 시 활용할 수 있는 정책 금융 제도 전반
- 보증 기관·정책 금융 기관·민간 금융을 결합한 설비 자금 조달 구조 설계법
- 지역 특화·산업 단지 입주·전략 산업 연계 프로그램과 세제 혜택 활용 방법
- 실전 사례를 통해 본 성공·실패 포인트와 리스크 관리 전략

즉, 이 장은 "설비 투자 계획을 어떻게 자금 조달 구조로 연결할 것인가"라는 질문에 대한 종합 가이드이다. 기업 대표자는 이를 통해 자사의 투자 규모·재무 상태·성장 전략에 맞는 맞춤형 조달 방식을 찾을 수 있고, 컨설턴트는 고객사별 최적 솔루션을 제시하는 데 필요한 근거와 절차를 확보할 수 있다.

공장의 개념과 유형

공장이란 일정한 장소에 건물을 신축하거나 기존 건물을 매입한 뒤, 기계와 설비를 갖춰 제품이나 재화를 대량으로 생산하는 물리적 기반 시설을 말한다. 이는 전통적인 제조업뿐만 아니라, 식품 가공·의약품·전자 기기 조립·자동차 부품 생산 등 다양한 산업 분야에서 필수적인 자산이다. 공장의 유형은 투자 규모와 운영 방식에 따

라 다음과 같이 나눌 수 있다.

① 신축형 공장: 부지를 확보해 직접 설계·건설한 뒤 설비를 들이는 형태로, 맞춤형 설비 구성과 확장이 용이
② 매입형 공장: 기존 공장을 매수하여 즉시 생산에 투입하는 방식으로, 초기 구축 기간을 단축할 수 있음
③ 임대형 공장: 장기 임대 계약을 맺어 설비만 자체적으로 구축하는 방식으로, 초기 투자금 부담 감소

직접 생산 vs 외주 생산(OEM/ODM)

기업이 제품을 생산하기 위해 설비를 확보하는 방식은 크게 '직접 생산'과 '외주 생산(OEM/ODM)'으로 나눌 수 있다. 직접 생산은 기업이 자체적으로 공장을 건설하고 필요한 기계를 구입해 생산 전 과정을 수행하는 방식이다. 이 경우 생산 품질과 일정에 대한 통제가 용이하고, 장기적으로 수익성을 극대화할 수 있다는 장점이 있다. 예를 들어 A 전자는 자체 반도체 생산 라인을 운영함으로써 원가를 절감하고 고품질 제품을 안정적으로 공급하고 있다. 다만, 초기 투자 비용이 크고 투자금 회수까지 오랜 시간이 걸린다는 부담이 따른다.

외주 생산은 다른 기업의 공장을 활용해 생산을 위탁하는 방식으로 OEM(주문자상표부착생산)과 ODM(제조자개발생산)으로 구분된다. OEM은 발주처가 설계와 브랜드를 제공하고 제조사는 생산만 담당하는 형태이며, ODM은 제조사가 제품의 설계·개발부터 생산까지 전 과정을 수행한다. 즉 OEM은 제품 설계·브랜드를 다 준비하고, ODM은 발주처가 완성된 제품을 브랜드만 붙여 판매하는 구조이다.

외주 생산의 장점은 초기 설비 투자 부담을 줄이고, 시장 수요 변화에 따라 생산량을 유연하게 조절할 수 있다는 점이다. 반면, 품질 관리와 브랜드 통제력은 자체 생산에 비해 다소 약해질 수 있다. 예를 들어 B 스타트업은 창업 초기 자본 여력이 충분하지 않아 대규모 설비 투자가 어려웠기 때문에, 3년간 OEM 방식을 활용해 생산 비용과 리스크를 최소화했다. 이 과정에서 생산 공정과 품질 관리 체계를 점차 내재화하며 제품 신뢰도를 확보했고, 매출이 안정적으로 확대되자 자체 공장을 설립해 생산 전 과정을 직접 관리하는 체제로 전환하였다.

그림 10.1 OEM과 ODM의 개념 비교
출처: https://japansupplement.co.jp/supplements-guide/

공장이 필요한 사업의 조건

　공장 설립이나 대규모 설비 투자가 필요한 경우는 주로 기업의 성장 전략과 직접적으로 맞닿아 있다.

첫째, 이익 증대 측면에서 대량 생산 체제를 갖추면 단위당 제조 원가를 낮출 수 있어 이익률이 상승한다. 이는 원자재 구매 단가 절감, 생산 효율 향상, 불량률 감소 등과 맞물려 장기적인 수익성 개선으로 이어진다.

둘째, 매출 증대를 위해서는 생산 능력을 확대하는 것이 필수적이다. 기존 설비로는 감당하기 어려운 신규 주문이나 대규모 프로젝트를 수주했을 때, 생산 인프라를 확충하면 납기 준수와 공급 안정성을 확보할 수 있다. 이는 곧 신규 거래처 확보와 매출 성장으로 연결된다.

셋째, 경쟁력 확보를 위해 독자적인 생산 기술과 품질 관리 시스템을 갖추는 것은 매우 중요하다. 외주 생산에 의존하면 생산 공정과 품질 관리에서 한계가 생길 수 있지만, 자체 생산 기반을 확보하면 기술 차별화와 제품 신뢰성을 강화할 수 있다.

마지막으로, 시장 진입 속도를 높이는 데에도 자체 생산 공정은 큰 역할을 한다. 외부 생산 일정에 의존하지 않고 자체 생산 일정을 조율할 수 있어, 신제품을 시장에 더 빠르게 출시하고 변화하는 수요에 민첩하게 대응할 수 있다. 이는 특히 경쟁이 치열한 산업에서 시장 점유율을 선점하는 데 중요한 요소가 된다.

시설 자금(Facility Capital)의 개념

시설 자금(Facility Capital)은 기업이 성장과 경쟁력 강화를 위해 반드시 마련해야 하는 '물리적 자산 투자' 자금이다. 여기서 말하는 물리적 자산은 공장 설립, 기계·장비 구입, 기존 설비 확충, 연구 개발(R&D) 시설 구축 등 장기간 사용되는 자산을 포함한다. 이러한 투자는 단순히 생산 능력을 늘리는 것을 넘어, 품질 향상과 기술 경쟁력 강화, 신규 시장 진출을 위한 기반이 되기 때문에 기업의 장기 전략에서 핵심적인 위치를 차지한다.

회계적으로 시설 자금은 '비유동자산'의 증가로 나타난다. 재무상태표(대차대조표)에서 자산 항목 중 설비, 건물, 토지 등으로 기록되며, 투자 금액이 크고 사용 기간이 길기 때문에 재무 구조와 현금 흐름에 미치는 영향도 상당하다. 따라서 시설 자금 조달 계획을 세울 때는 투자 규모와 자금 집행 일정, 상환 계획까지 종합적으로 고려해야 한다.

표 10.1 시설 자금 사용 계획(예시) (단위: 백만 원, %)

자산 항목	금액	자본	비율	세부 내용
토지	200	40	20	공장 부지 매입
건물(건설 중인 자산)	500	100	50	생산동·창고 신축
기계 장치	300	60	30	생산 설비 및 설치비
합계	1,000	200	100	

자금 조달 구조를 보면, 먼저 자기 자본이 필요하다. 일반적으로 전체 투자금의 최소 20% 이상은 자본금이나 이익 잉여금으로 충당하는 것이 안정적이다. 나머지 80%까지는 금융 기관 대출로 조달할 수 있으며, 이때 신용보증기금이나 기술보증기금의 보증서를 활용하면 대출 승인 가능성이 높아지고, 금리 조건도 유리해질 수 있다.

표 10.2 자금 조달 구조(예시) (단위: 백만 원, %)

구분	금액	비율	주요 특징
자기 자본	300	30	자본금(200/백만 원) + 이익 잉여금(100/백만 원)
차입금	700	70	금융 기관 대출, 보증 기관 보증서 활용 시 승인 가능성·조건 개선
합계	1,000	100	공장·설비·기계 투자에 필요한 총 시설 자금

또한 정책 금융 제도를 활용하면 시설 자금 마련이 훨씬 수월해진다. 예를 들어, 신용보증기금과 기술보증기금은 설비 투자를 위한 '시설자금 보증'을 제공하고, 중소벤처기업진흥공단은 장기·저리의 시설자금 대출 프로그램을 운영하고 있다. 여기에 금융 리스를 결합하면 초기 현금 부담을 줄이고 장기 분할 상환이 가능해 대규모 투자에도 재무 안정성을 유지할 수 있다.

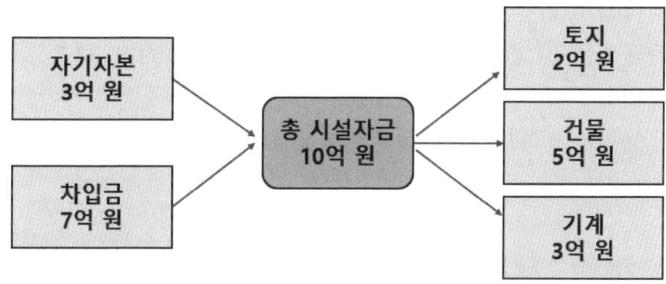

그림 10.2 시설 자금 조달 및 집행 구조

사례로 알아 보는 정책 자금 활용 Tip

경기도에서 식품 가공업을 운영하는 C사는 제품 수요 증가와 시장 확대에 대응하기 위해 최신형 자동 포장 라인 도입을 추진했다. 총 투자 규모는 40억 원으로, 공장 내 유휴 공간에 설비를 설치하는 조건이었다.

C사는 먼저 자금 조달 계획을 세울 때, 설비 투자의 경우 최소 자기 자본 비율이 20% 이상 필요하다는 점을 고려했다. 자체적으로 8억 원의 자금을 확보한 상태였기에, 이를 기반으로 나머지 32억 원을 정책 금융과 민간 금융을 조합해 마련하기로 했다.

우선, 신용보증기금의 '설비자금 보증'을 통해 20억 원 규모의 은행 대출을 확보했다. 자가 사업장이었으므로 보증 심사가 비교적 수월했고, 담보 부족 문제를 해결할 수 있었다. 이어서 중소벤처기업진흥공단에 '시설자금 대출'을 신청해 10억 원의 장기·저리 자금을 추가로 조달했다. 최종 자금 구조는 '자기 자본 8억 원(20%) + 신보 보증 기반 은행 대출 20억 원(50%) + 중진공 시설 자금 대출 12억 원(30%)'로 완성됐다.

설비 도입 후 생산 속도는 1.5배 향상되었고, 불량률은 35% 감소했다. 이러한 효율성 개선으로 원가가 절감되고 매출이 증가하면서, C사는 2년 반 만에 투자금을 모두 회수했다. 이후에는 생산 능력 확장과 신제품 라인 추가를 위한 2차 설비 투자 계획도 검토하게 되었다.

2. 정책 금융 기관을 활용한 시설 자금 조달 전략

설비 투자는 공장 신·증축, 생산 라인 확충, 자동화 설비 도입, 스마트 공장 전환, 연구 개발 인프라 강화 등 기업 경쟁력의 핵심 기반을 마련하는 과정이다. 그러나 이러한 설비 투자에는 대규모 자금이 소요되며, 대부분의 중소기업은 내부 유보금만으로 이를 감당하기 어렵다. 이때 정책 금융 기관과 민간 금융의 다양한 수단을 조합하면, 자금 부담을 완화하고 실행 속도를 높일 수 있다. 구체적으로는 보증 기관의 신용 보증을 활용해 은행 대출을 받는 방법, 중소벤처기업진흥공단과 같은 정책 금융 기관의 장기·저리 직접 대출, 그리고 금융 리스사의 장비 임대 프로그램을 활용하는 방법이 있다. 특히 신용보증기금과 기술보증기금은 담보력이 부족한 기업의 자금 접근성을 높이는 핵심 역할을 하며, 중진공은 시설 자금·스마트 공장·R&D 인프라 등 목적별 자금을 제공한다. 또한 금융 리스는 초기 현금 유출을 줄이면서 최신 장비를 확보할 수 있는 유연한 대안이 된다.

표 10.3 시설 자금 조달 방법 비교

구분	설비 자금 보증	중진공 대출	금융 리스
지원 주체	신보·기보	중진공	금융리스사
주요 목적	은행 대출 승인·조건 개선	장기·저리 직접 대출	초기 부담 완화·분할 상환
대상 투자	공장·설비·자동화·교체	공장·설비·스마트 공장·R&D	고가 장비·특수 설비
장점	담보 부족 해결, 대출 승인율↑	금리·기간 우대, 정책성	초기 자금 최소화, 유연한 상환
한계	보증료 부담	심사 기간 길 수 있음	총 리스료가 직접 구매보다 높을 수 있음
사례	부품 공장 자동화	R&D 센터 구축	검사 장비 도입

보증 기관을 통한 시설 자금 조달

시설 자금 보증은 신용보증기금과 기술보증기금이 담보력이 부족한 기업을 위해, 설비 투자 목적의 대출에 대해 보증서를 발급해 주는 제도다. 일반적으로 기업이 은행에서 대출을 받기 위해서는 부동산이나 기계, 유가증권 등 담보를 제공해야 하지만, 많은 중소기업은 충분한 담보를 확보하기 어렵다. 이때 보증 기관이 발급하는 보증서를 담보로 활용하면, 은행은 이를 담보 요건 충족으로 인정하여 대출 승인을 내리게 된다.

시설 자금 보증은 공장·생산 설비의 신·증설, 자동화·스마트 공장 구축, 노후 설비 교체 등과 같은 생산 기반 확충에 폭넓게 활용할 수 있다. 보증 비율은 일반적으로 90% 내외이며, 특화·우대 프로그램이 적용되면 95~100%까지 가능하다. 보증 기간은 대출 기간과 동일하게 설정되며, 담보 확보 부담을 줄이고 대출 심사 통과 가능성을 높여 설비 투자 계획을 안정적으로 실행할 수 있도록 돕는다.

표 10.4 보증 기관 시설 자금 보증 개요

구분	내용
지원 대상	공장·생산 설비 신·증설, 자동화·스마트 공장 구축, 노후 설비 교체 등
보증 비율	일반적으로 90% 내외, 특화·우대 프로그램 적용 시 95~100% 가능
보증 기간	대출 기간과 동일하게 설정
장점	담보 확보 부담을 줄이고, 대출 심사 통과 가능성을 크게 높임

보증 기관은 기업의 신용 평가를 통해 보증 승인 여부와 보증 한도를 결정하는데, 이때 평가 요소로는 기술력, 재무 상태, 사업 계획, 대표자의 경영 역량 등이 종합적으로 반영된다. 특히 창업 초기 기업의 경우에는 기업 재무 자료가 충분하지 않기 때문에 대표자의 개인

신용 등급이 매우 중요한 판단 기준이 된다. 또한 기술 기반 기업은 TCB(기술 신용 평가) 등급이 보증 심사 과정에서 큰 비중을 차지하므로, 사전에 등급 관리와 기술력 입증 자료 준비가 필요하다.

> **참고** 시중 은행 및 보증 기관을 통한 시설 자금 조달 개요
>
> 1. 시중 은행 대출과 신용 평가 기준
> - 대출 대상: 기업 신용도에 따라 선정
> - 평가 항목
>   ① 재무 등급: 재무제표 기반 수익성·안정성·성장성
>   ② 비재무 등급: 대표자 신용, 업력, 사업 아이템의 신뢰성
>   ③ 정성 평가: 거래 실적, 통장·카드·예적금 등 금융 거래 내역
> - 특이 사항
>   ① 창업 3년 미만 기업은 재무 자료 부족 시 대표자 개인 신용이 중요
>   ② 기술 기업은 TCB 등 기술 평가 결과 반영
> - 대출 조건: 소요 자금의 최대 80%까지 가능, 상환 기간 5~10년
>
> 2. 보증 기관(신용보증기금·기술보증기금) 역할
> - 보증 심사 요소: 사업성, 기술력, 대표자의 경영 역량 등을 종합적으로 평가
> - 보증서 발급 시 고려사항: 보증 비율, 보증 조건, 담보력
> - 보증 구조: 일부 또는 전액 보증 가능
> - 주요 장점
>   ① 담보 문제 해소 → 담보 부족 시 보증서로 은행 대출 가능

② 비용 절감 → 우대 금리 적용

③ 대외 신용도 제고 → 우수 기업으로 선정 시 추가 지원 가능

④ 대표자 연대 보증 면제 가능(조건 충족 시)

3. 보증부 대출 시설 자금 조달 프로세스 요약
- 기업이 은행 대출 신청
- 은행이 신용·재무·정성 평가 진행
- 담보 부족 시 보증 기관에 보증 신청
- 보증 기관 심사(사업성·기술력 등) 후 보증서 발급
- 은행이 보증서를 담보로 대출 실행

은행 시설 자금 심사 사례

1. **계획 사업**
   - 사업명: S사 공장 신축 공사
   - 소재지: 경기도 양평군
   - 건설 기간: 5개월
   - 업종: 소시지, 햄 등

2. **시설 투자 계획** (단위: 백만 원)

시설명	필요 자금	자기 자금	금융 자금
건물	770	155	615
기계	754	154	600
합계	1,524	309	1,215

3. 은행 신용 평가: 시중 은행에 의한 평가 (신용 등급: BBB)

평가 구분	내용	등급
재무 평가	가. 대표 신용 등급: 900점 이상의 신용 점수 나. 관계 기업: 매출 6억(제조 및 유통) 규모 기업 운영 중으로 매출이 높지는 않음	B(+)
비재무 평가	가. 사업성 평가 　• 최근 매출액 구성 　• 추정 매출액 구성 및 증빙 자료 (구매 의향서, 계약서 등) 나. 기술성 평가 　• TCB 평가	B(0)
정성 평가	가. 거래 실적: 통장(입출금/급여 등), 카드 및 각종 예적금 나. 기타: 지기 자본 증빙 및 증가분- 5억	B(+)

4. 후취 예상 유효 담보 가액 (단위: 백만 원)

품목	사전 평가 금액	담보 인정 비율	선순위 채권	후취 예상 유효 담보 가액
건물	470	75%	38	314.5
기계	715	50%	—	357.5
합계	1,185	—	38	672

주1) 감정 평가 금액, 탁상 감정 평가 금액, 기타 자체적으로 산정한 평가 금액 등
주2) 선수위채권=선순위 설정액+임대 보증금+임금 채권 등
주3) 후취 예상 유효 담보 가액 = (사전 평가 금액×담보 인정 비율)

5. 보증서 조건 (건물+기계)

- 대출 금액: 1,066(백만 원), 보증 비율: 90%

- 보증 금액: 659.4(백만 원)

- 특약 사항: 준공 및 설치 완료 후 감정 평가 유무에 관계없이 680백만 원(후취 예상 유효 담보 가액 672백만 원을 초과) 이상 해지 조건(잔존 보증 금액: 280백만 원)

중소벤처진흥공단 융자를 통한 시설 자금 조달

중소벤처기업진흥공단(중진공)은 중소기업의 경쟁력 강화를 위한 정책 자금을 운용하여 장기·저리의 설비 자금을 직접 '융자'한다. 일반 설비 자금뿐 아니라 자동화 설비 자금, 사업장 건축 자금, 사업장 매입 자금 등을 운용하며, 기업당 최대 60억 원까지 지원이 가능하다. 특히 생산 공정 혁신, 스마트 공장 전환, 연구 개발(R&D) 인프라 구축 등 성장성과 혁신성이 높은 설비 투자 사업을 우선적으로 지원한다.

중진공 융자는 민간 금융권에 비해 금리가 낮아 초기 설비 투자로 인한 자금 부담을 줄일 수 있다는 장점이 있다(단 상환 기간은 일반적으로 4년 거치 6년 분할 상환으로 민간 은행 시설 자금이 보통 10년인 점을 감안 다소 짧은 편임). 특히 생산 공정 혁신, 스마트 공장 전환, 연구 개발(R&D) 인프라 구축 등 성장성과 혁신성이 높은 설비 투자 사업을 우선적으로 지원한다.

중진공이 운용하는 시설 자금 관련 정책 자금 프로그램(시설 자금/스마트 공장 구축 자금/R&D 인프라 자금)은 크게 세 가지다. 첫째, '시설 자금'은 공장의 신·증설이나 신규 장비 도입 등 물리적 생산 능력을 확충하는 데 활용된다. 둘째, '스마트 공장 구축 자금'은 자동화·디지털화 설비 도입에 중점을 두어 제조 효율성을 높이는 것을 목표로 한다. 셋째, 'R&D 인프라 자금'은 시험·검사 장비나 연구 시설을 확충하여 기술 개발 역량을 강화하는 데 지원된다.

표 10.5 중진공의 융자 조건

구분	내용
대출 한도	수억 ~ 수십억 원
금리	약 1~3%대(정책 금리 변동, 평균 2.8%)
상환 기간	최대 10년(거치 기간 2~3년 포함)

중소벤처기업진흥공단의 시설 자금 융자를 받기 위해서는 몇 가지 절차를 거쳐야 한다. 우선, 기업은 사전에 온라인 상담 예약을 통해 정책 자금 상담을 진행한다. 상담은 현장 또는 비대면 방식으로 이루어지며 기업의 투자 목적, 사업 계획, 재무 현황 등을 기반으로 기본 검토가 진행된다. 이후 '정책 우선도 평가' 단계에서 자금 신청 가능 여부가 결정된다. 중진공은 평가 과정에서 기업이 속한 분야와 사업 특성을 고려하는 데 있어 그린 산업, 혁신 성장 분야, 지역 주력 산업, 고용 창출, 수출 등 국가 전략과 부합하는 경우 높은 우선순위를 부여한다. 이 평가는 단순히 순위를 매기는 것이 아니라, 자금 지원 필요성과 타당성을 종합적으로 검토하여 신청 기회를 부여하는 절차다.

정책 우선도 평가를 통과한 기업은 온라인으로 융자 신청서를 제출한다. 이때, 신용 대출 또는 담보 대출 조건으로 신청할 수 있지만, 보증서를 확보하지 못한 경우 일부 제한이 발생할 수 있다.

마지막으로 중진공은 현장 방문 또는 비대면 심사를 통해 '기업 평가'를 수행한다. 기업 평가는 기술성, 사업성, 미래 성장성, 경영 능력, 사업 계획의 타당성 등을 종합하여 등급을 산정한다. 필요시 '기업 진단'을 통해 세부 분석과 해법 제시, 자금 활용 방안 제언까지 지원한다. 이러한 절차를 거쳐 최종적으로 자금 지원 여부와 조건이 확정되며, 이후 대출 집행과 사후 관리가 이루어진다.

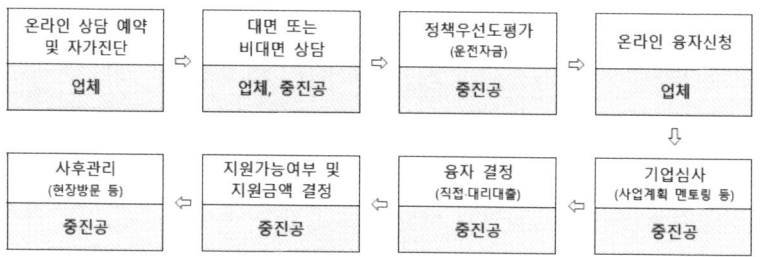

그림 10.3 중진공의 융자 절차

출처: 중소벤처기업진흥공단

금융 리스를 통한 시설 자금 조달

금융 리스는 중소기업이 고가의 설비나 장비를 한 번에 구입하지 않고, 금융 리스 회사를 통해 장기 임대 형태로 사용하면서 계약 기간 동안 분할 상환하는 방식이다. 쉽게 말해, 설비를 '빌려 쓰면서 할부로 갚는' 구조다. 리스 계약이 종료되면 사전에 약정한 조건에 따라 설비를 완전히 인수하거나 반납 후 신형 설비로 교체하는 선택을 할 수 있다. 금융 리스의 가장 큰 장점은 초기 자금 부담을 크게 줄일 수 있다는 점이다. 예를 들어, 5억 원 규모의 장비를 현금으로 구매하면 한 번에 큰 자금이 빠져나가지만, 금융 리스로 도입하면 매월 혹은 분기별로 일정 금액을 납부하면 되므로 기업의 현금 유동성을 유지할 수 있다.

또한 리스료는 회계상 자산으로 인식되며 감가상각이 가능해 세무상 비용 처리 측면에서도 장점이 있다.

그러나 금융 리스가 장점만 있는 것은 아니다. 우선, 총 납부 금액을 계산하면 일시 구매보다 비용이 더 높을 수 있다. 또한 계약 기간 동안 의무적으로 리스료를 납부해야 하므로 사용하지 않는 기간이 생기더라도 비용 부담은 계속된다. 그리고 계약 해지가 쉽지 않고, 해지 시 위약금이 발생할 수 있다는 점도 유의해야 한다. 즉 금융 리스는 중·장기 설비 수요에 대응하는 유연한 민간 금융 수단으로, 계약 전 리스크와 비용 구조를 충분히 검토한 후 선택하는 것이 중요하다.

표 10.6 금융 리스 vs 현금 구매 비교

구분	금융 리스	현금 구매
초기 자금 부담	낮음. 계약 시 일부 보증금 또는 첫 달 리스료만 납부	높음. 전액을 일시에 지급
현금 유동성 유지	용이. 매월·분기별 분할 납부로 운영 자금 보전 가능	어려움. 초기 현금 유출이 커 운영 자금 감소
장비 교체 유연성	높음. 계약 종료 시 신형 장비로 교체 가능	낮음. 재구매 시 전액 신규 투자 필요
총 비용	상대적으로 높음. 장기 납부로 총액이 구매가보다 클 수 있음	낮음. 일시 구매로 총 비용 절감 가능
세무 처리	자산 인식 후 감가상각 가능. 리스료 일부 비용 처리 가능	자산 인식 후 감가상각 처리
계약 해지	제약 있음. 해지 시 위약금 발생 가능	자유로움. 소유권이 있어 처분 가능
정책 금융 연계	가능	제한적. 보통 직접 대출과 연계

따라서 금융 리스는 "장비를 빨리 확보해야 하지만, 초기 자금 투입을 최소화하고 싶은 경우"에 적합하다. 특히 기술 변화 주기가 짧아 설비를 자주 교체해야 하는 산업(예: 반도체 검사 장비, 첨단 의료 기기)에서는, 리스를 통해 최신 장비를 주기적으로 도입하는 전략이 장

기적으로 더 경제적일 수 있다.

표 10.7 중소기업 설비 투자 자금 조달 전략 비교표

구분	보증 기관 (신용보증기금·기술보증기금)	중소벤처기업진흥공단(중진공)	금융 리스
핵심 목적	담보력이 부족한 기업의 대출 실행 지원	장기·저리 시설 자금 직접 대출	고가 설비·장비의 장기 임대 및 분할 상환
지원/ 운영 방식	기업 평가 후 보증서 발급 → 은행 대출 실행	정책 우선도 평가 → 온라인 신청 → 기업 평가·기업 진단 → 대출 집행	리스사 소유 자산을 장기 임대 형태로 사용, 계약 종료 시 인수 또는 반납
주요 대상	창업 기업, 기술 기반 기업, 담보 부족 중소기업	생산 공정 혁신, 스마트 공장, R&D 인프라 구축 등 성장성 높은 설비 투자 기업	고가 장비·설비 도입 기업
조건/특징	보증 비율 일반 90% 내외, 특화/우대 시 최대 100%	대출 한도 수억~수십억 원, 금리 약 2~3%, 상환 기간 최대 10년(거치 2~3년)	리스료 월/분기별 납부, 자산 인식 및 감가상각 가능
장점	담보 부담 완화, 대출 승인 가능성 확대	낮은 금리, 장기 상환 가능, 대규모 투자 자금 조달 용이	초기 투자 부담 완화, 현금 유동성 유지
유의 사항	보증료 부담, 심사 통과 필요	정책 금리 변동 가능, 신청 절차·평가 엄격	총 비용이 현금 구매보다 높을 수 있음, 계약 조건 주의 필요

💡 시설 자금 관련 정책 금융 기관 자금 조달 Tip

정책 금융 기관을 통한 시설 자금 조달은 단순히 '대출을 받는다' 수준을 넘어 신용 평가·담보 평가·자기 자본 비율 등 세부 조건을 충족해야 원활하게 진행된다. 다음은 실제 보증·대출 심사에서 자주 확인하는 항목과 실무 유의 사항이다.

1. 자기 자본 비율 확보
- 대부분의 시설 자금 보증·대출은 최소 20% 이상 자기 자본이 필요
 (예시) 총 사업비 10억 원 → 자기 자본 2억 원 이상
- 자기자본 부족 시, 보증 기관이 대출 승인을 꺼리거나 보증비율이 낮아질 수 있음.

2. 신용 등급 관리

- 시중 은행은 내부 신용 평가와 보증 기관의 보증 가능 등급을 모두 고려
- 일반적으로 기업 신용 등급 BBB⁻ 이상이면 유리하고 대표자 개인 신용도 함께 평가됨
- 창업 3년 미만 기업은 재무 자료가 부족하므로 대표자의 경력·기술성·시장성 등 비재무 평가가 중요

3. 담보·후취 담보 요건

- 보증 기관은 부족한 담보를 후취 담보(건물·기계 등의 시설에 대한 대출 완료 후 설정하는 담보)로 설정
- 후취 담보 유효 담보 가액 = (사전 평가 금액 × 담보 인정 비율) - 선순위 채권액
(예시) 어떤 기계의 사전 평가 금액 3억 원, 담보 인정 비율 80%, 선순위 채권 5,000만 원일 때, 후취 담보 유효 담배 가액 = (3억 × 0.8) - 0.5억 = 1.9억 원

4. 보증 비율과 조건

- 신용보증기금·기술보증기금의 시설 자금 보증 비율은 최대 90%.
- 전액 해지 조건부, 조건부 해지 조건(잔존 보증 금액 일정 비율 해소) 등이 적용될 수 있음.

5. 정책 금융 조합 활용

- 신보/기보 보증 + 시중 은행 대출: 담보 부족 문제 해결
- 중진공 장기 저리출: 자기 자본 일부와 병행하여 대규모 설비 투자
- 금융 리스: 고가 장비 일부를 분할 납부로 부담 완화

6. 실무 진행 절차

① 사전 컨설팅: 금융 기관 또는 보증 기관 담당자와 투자 계획·재무 현황 공유

② 필요 서류 준비: 사업 계획서, 견적서, 재무제표, 기술 평가 자료
③ 심사·평가: 재무·비재무 종합 평가, 담보·후취 담보 산정
④ 보증 승인·대출 실행: 보증서 발급 후 은행 대출 집행
⑤ 사후 관리: 공장·설비 완공 후 사용 검증, 담보 해제 진행

시설 자금 조달 핵심 Tip

① 가능하다면 착공 전부터 보증 기관·대출 기관과 협의해 승인 조건을 사전에 확보하라.
② 총 투자금의 20~30%를 자기 자본으로 준비하면 심사 통과율이 크게 높아진다.
③ 후취 담보 평가액이 낮으면 대출 가능 금액도 줄어드니 사전 감정가 조정에 신경을 써야 한다.

3. 효율적인 시설 자금 조달을 위한 실전 전략

시설 투자는 단순히 건물과 설비를 확보하는 차원을 넘어 기업의 생산 효율성, 물류 편의성, 인력 수급, 세제 혜택 등 경영 전반에 직결되는 장기적 전략 요소다. 특히 중소기업은 한정된 자금으로 최대 효과를 내기 위해 입지 선정 단계에서부터 정부 및 지방자치단체가 제공하는 각종 지원 제도(보조금, 세제 감면, 저리 융자 등)를 종합적으로 검토해야 한다. 이러한 정책적 혜택은 산업 단지 입주 기업이나 지방 소재 기업에 집중되는 경향이 있으며, 입지 전략과 자금 조달 계획을 연계해 설계하면 초기 투자 비용 절감과 운영 효율성 제고를 동시에 달성할 수 있다.

지역 특화·입지 전략과 지원 프로그램 활용

○ 지방투자촉진보조금

　산업통상자원부와 지방자치단체는 수도권 외 지역에 투자하는 중소·중견 기업을 대상으로 '지방투자촉진보조금' 제도를 운영한다. 이 제도는 공장 신설, 증설, 설비 확충과 관련된 투자금의 일정 비율(통상 11~24%)을 현금으로 환급해 주는 특징이 있다. 예를 들어, 50억 원 규모의 투자를 진행할 경우 최대 12억 원가량의 지원을 받을 수 있다. 다만 지원을 받기 위해서는 반드시 투자 의향서를 제출하고 사전 승인 절차를 거쳐야 하며, 지역 특화 산업과의 연계성, 고용 창출 효과, 환경·안전 준수 여부 등이 심사에 반영된다.

○ 산업 단지 입주 혜택

　산업 단지에 입주하는 기업은 토지 분양가 인하, 취득세·재산세 감면, 기반 시설 지원 등 다양한 혜택을 받을 수 있다. 특히 국가 산업 단지나 지역 전략 산업과 연계된 특화 단지의 경우, 정책 자금 지원과 세제 혜택이 동시에 적용되어 투자 부담을 크게 줄일 수 있다. 예를 들어, 농공 단지나 도시 첨단 산업 단지에 입주하면 일반 분양보다 낮은 가격으로 장기 임대가 가능하며, 일부 단지에서는 입주 기업 전용 보증 프로그램이 별도로 운영된다. 세제 측면에서도 취득세는 최대 75%까지 감면되고, 법인세는 3년간 50% 또는 100%까지 감면되는 혜택을 받을 수 있다. 또한 산업 단지 입주 기업은 우대 금리 적용, 세제 인센티브, 용지 제공 등 금융·비금융 지원을 폭넓게 누릴 수 있으며, 해당 단지가 지역 주력 산업 또는 전략 산업으로 지정된 경우에는 정책 자금이 우선 배정되어 자금 조달 경쟁력도 한층 높아진다.

표 10.8 산업 단지 입주 시 주요 지원 혜택

구분	지원 내용	세부 혜택
토지·시설	토지 분양가 인하	일반 분양가 대비 저렴한 가격 적용
	장기 임대	농공 단지·도시 첨단 산단 등 장기 임대 가능
세제 혜택	취득세 감면	최대 75% 감면
	법인세 감면	3년간 50% 또는 100% 감면
	재산세 감면	일정 기간 재산세 경감
금융 혜택	우대 금리 적용	산업 단지 입주 기업 대상 정책 금융 우대 금리 제공
	전용 보증 프로그램	입주 기업 전용 보증 상품 운영
기반 시설 지원	공공 인프라 제공	도로, 상·하수도, 전력, 통신망 등 기반 시설 지원
정책 자금 우선 배정	지역 전략 산업 연계	지역 주력·전략 산업 지정 시 정책 자금 우선 배정

○ 지역 전략 산업 연계 정책 자금

정부와 지방자치단체는 지역별로 육성 중인 전략 산업(예: 전북의 탄소 소재, 경남의 항공 산업, 전남의 해양 에너지 등)에 속하거나 이와 연계된 기술을 보유한 중소기업에 대해 정책 자금과 보증을 우선 배정한다. 이러한 지역 전략 산업 분야에 진입하는 기업은 사업 계획 수립 단계에서부터 해당 분야 지정 여부와 가점 부여 조건을 확인하면, 자금 조달 과정에서 큰 이점을 얻을 수 있다. 특히 중소벤처기업진흥공단은 전략 산업 분야를 영위하는 기업에게 특화 자금을 제공하며,

신용보증기금은 '지역 정착·확장·활력 창업 보증'과 같은 지역형 성장 지원 프로그램을 통해 보증 비율을 상향(최대 95%)해 주고 보증료 감면 혜택을 제공한다. 이러한 보증 제도는 지역 주력 산업에 진입하거나 기술력을 접목시켜 지역 내 기반을 다지는 기업에 유리하다.

또한, 지방자치단체의 이차 보전(중소기업육성자금) 제도를 활용하면, 은행 대출 시 발생하는 이자의 일부(통상 0.75%~2.0%)를 지자체가 보전해 주어 사실상 저리로 자금을 운용할 수 있다. 이 제도는 지역 내 사업장 유지, 중소기업기본법상 중소기업 요건 충족 등의 조건을 만족해야 하며, 신청 시기는 각 지자체 공고에 따라 달라진다. 아울러, ESG 경영 실천 기업, 고용 창출 우수 기업, 혁신 기술 보유 기업 등은 정책 자금과 보증에서 추가의 우대 혜택을 받을 수 있다. 예를 들어, ESG 인증 기업은 보증 비율 상향과 보증료 인하를, 고용 창출 기업은 정부 고용 보조금과 정책 자금 우선 배정을, 혁신 기술 기업은 기술보증기금의 우대 보증 대상 지정 등 다양한 인센티브를 제공받을 수 있다.

표 10.9 지역 전략 산업 연계 시 주요 지원 혜택

지원 유형	주관 기관	주요 혜택
지역 전략 산업 특화 자금	중소벤처기업진흥공단	전략 산업 분야 영위 기업에 정책 자금 우선 배정, 특화 금리 적용, 장기·저리 융자
지역형 창업·성장 보증 (예: 지역 정착·확장·활력 창업 보증)	신용보증기금	전략 산업·지역 주력 산업 기업 대상 보증 비율 상향 (최대 95%), 보증료 감면
기술 기반 우대 보증	기술보증기금	혁신 기술 보유 기업 대상 보증 비율 상향, 보증료 인하, 심사 간소화
이차 보전 (중소기업육성자금)	지방자치단체	은행 대출 이자 0.75~2.0% 보전, 사실상 저리 자금 운용 가능
ESG·고용 창출·혁신 기업 우대 정책	중소벤처기업진흥공단, 신용보증기금, 기술보증기금, 지자체	ESG 인증·고용 창출·혁신 기술 보유 기업에 정책 자금 우선 지원, 보증 비율 상향, 보증료 감면

시설 투자 관련 세금 절감 및 비용 최적화

공장 설립 시 초기 투자 비용에서 세금이 차지하는 비중은 결코 작지 않다. 특히 농지 전용 부담금, 취득세, 등록세는 사전에 제도를 이해하고 요건을 충족하면 상당한 절감이 가능하다. 반대로, 규정을 간과하거나 사후 관리가 미흡하면 추징 등 불필요한 비용이 발생할 수 있어 주의가 필요하다.

○ **시설 투자 관련 세금, 절감 전략 및 실무 팁**

- 공장 부지 매입 전, 해당 토지가 농지인 경우 부담금 감면 요건 충족 여부를 반드시 검토한다.
- 세금 감면은 대부분 '사전 승인' 절차가 필수적으로 동반되므

로 착공 전 지자체 세무 담당 부서와 협의한다.
- 감면 기간 종료 후 매각·용도 변경 계획이 있다면 추징 가능성을 사전에 반영해 자금 계획을 수립한다.
- 창업 후 3년(벤처기업 7년) 이내에 감면 혜택이 집중되므로 설립 시기와 투자 시기를 전략적으로 조율한다.

표 10.10 시설 투자 관련 세금 감면 요약표

구분	세부 내용
농지 전용 부담금	산출 방식: 전용 면적(m^2) × (개별공시지가 × 30%) ※ 개별공시지가의 30%기 5만 원을 초과하면 m^2당 5만 원 적용 예시: 1,000m^2 × (10만 원 × 30%) = 3,000만 원 **감면 요건** • 「중소기업창업 지원법」 제33조에 따른 창업 승인 공장 • 창업 후 3년 이내 설립된 공장 • 건축 면적 1,000m^2 미만 기업
취득세·등록세 감면	**대상 기업** • 수도권 과밀 억제 권역 외 지역 창업 중소기업(2023.12.31 기준) • 창업 후 3년 이내 기업(벤처기업 확인 시 7년까지 확대) • 창업보육센터 입주 창업자 **감면 혜택** • 사업용 부동산 취득 시 취득세·등록세 일정 비율 감면 • 세율은 지자체 조례·업종에 따라 상이 **주의사항** • 취득 후 3년 이내 미사용·매각·증여 시 감면분 추징

전문가가 제안하는 시설 자금 조달 로드맵

공장 설립과 같은 대규모 시설 투자는 단순한 건축 행위가 아니라, 장기적인 기업 경쟁력을 좌우하는 종합 경영 전략이다. 특히 자금 조달 과정은 사전 준비부터 실행, 사후 관리까지 일관된 로드맵을 갖추고 있어야 안정적으로 마무리할 수 있다.

○ **재무 설계와 자기 자본 확보**

자금 조달의 출발점은 전체 사업비에 대한 체계적인 재무 설계다. 금융 기관 대출이나 정책 자금 지원을 받기 위해서는 일반적으로 총 투자금의 최소 20% 이상을 자기 자본으로 확보해야 한다. 이는 사업 안정성을 높이고 외부 자금 조달 협상에서 신뢰를 확보하는 기본 조건이다. 또한, 자기 자본 비율이 높을수록 대출 조건이 유리해질 수 있으므로, 초기 자금 마련 전략을 세밀하게 계획해야 한다.

○ **다양한 금융 수단의 조합**

자금원은 단일 경로가 아니라 중진공의 시설 자금, 신용보증기금·기술보증기금의 보증, 시중 은행 대출 등 다양한 금융 수단을 조합하는 것이 효과적이다. 이때 각 제도의 한도, 금리, 심사 요건을 미리 비교·분석하고, 우선순위를 설정해 두면 자금 집행 과정에서 불필요한 지연을 줄일 수 있다.

○ **절차의 순서와 타이밍 관리**

시설 자금 조달의 핵심 절차는 허가 → 보증 → 감정 → 대출의 순서로 진행된다.
① 허가 단계: 착공에 필요한 인허가를 확보하고 사업 계획서와 설계 도면을 확정한다.
② 보증 단계: 금융 기관 대출에 앞서 보증 기관과 조건을 협의한다. 특히 일부 해지 조건과 전액 해지 조건의 차이를 사전에 확

인해 자금 흐름에 반영해야 한다.
③ 감정 단계: 감정 평가를 통해 담보 가치를 산출한다. 예상 담보 가액을 시뮬레이션하여 대출 가능 금액을 사전에 예측하면 자금 부족 사태를 예방할 수 있다.
④ 대출 단계: 승인된 한도 내에서 대출을 실행하고 자금 집행 계획에 따라 공사비·부대 비용을 적시에 지급한다.

○ **리스크 대비 전략**
- 신용 등급 관리: 시설 투자 과정에서 부채가 증가하면 신용 등급이 하락할 수 있으므로 정기적인 신용 평가와 부채 비율 관리를 병행해야 한다.
- 거래처 신용 검증: 건설사·기계 공급사의 재무 상태를 사전에 확인해 유치권 분쟁이나 부도 위험을 차단한다.
- 부대 비용 확보: 부가세, 전력·통신 인입비, 취득세 등 공사비 외의 비용을 미리 반영해 자금 부족을 방지한다.

○ **현장에서 자주 발생하는 실수와 예방 방법**
현장에서 발생하는 다음과 같은 실수는 초기 단계에서 자금 흐름과 절차를 하나의 프로세스로 체계적으로 설계하고, 관련 전문가와 지속적으로 소통하면 충분히 예방할 수 있다.
- 보증 기관 협의 없이 설계를 변경하여 대출 조건이 변경되는 사례
- 부대 비용 누락으로 완공 직전에 추가 자금이 급히 필요한 상황
- 감정 평가액이 예상보다 낮아 대출금이 부족해지는 문제

공장 설립은 '현재의 건물'을 짓는 것이 아니라 '미래의 경쟁력'을 구축하는 일이다. 자금 조달, 행정 절차, 정책 금융 활용이 하나의 흐름으로 이어질 때 비로소 시행착오 없는 안정적인 설비 기반을 완성할 수 있다. 건축사, 감정평가사, 금융 기관, 보증 기관과의 협업은 필수이며, 모든 서류와 절차를 철저히 준비하는 것이 성공의 지름길이다.

공장 설립과 설비 확충 시설
자금 조달 성공 사례 및 정책 자금 활용 Tip

식품 가공업체 A사의 공장 신축 사례: HACCP 인증 목표

A사는 동결 건조 과일을 전문적으로 가공·판매하는 중소기업으로, 제품 위생과 품질 경쟁력을 높이기 위해 HACCP 인증을 획득할 수 있는 전용 공장을 신축하기로 했다. 공장 설립은 단순한 생산 시설 확보를 넘어, 해외 수출 확대와 프리미엄 시장 진입을 위한 필수 조건이었다. 총 사업비는 40억 원으로 산정되었으며, 자금 조달은 다음과 같이 3단계로 구성했다.

① 자기 자본 8억 원(20%) 확보: 금융 기관의 심사 통과를 위해 최소 자기 자본 비율을 맞추고 투자 안정성을 높임

② 중소벤처기업진흥공단 융자 16억 원(40%) 활용: 장기 저리의 시설 자금을 확보해 금융 비용 부담 최소화

③ 신용보증기금 일부 해지형 보증 + 은행 대출 16억 원(40%)

담보 부족분을 보완하고, 보증 조건을 일부 해지형으로 설정해 차후 일부 상환

시 담보를 신속히 해제할 수 있도록 설계했다. 자금 조달 외에도 다양한 정책 지원을 병행했다.

- 중소기업육성자금(이차 보전) 적용: 지자체에서 대출 이자의 1.5%를 보전받아 연간 금융 비용을 절감.
- 농지 전용 부담금 감면: 창업 기업 요건을 충족해 농지를 공장 용지로 전용할 때 부담금을 면제받았다.
- HACCP 시설 설계 지원: 식품 안전 관련 설계 기준을 충족하도록 초기 설계 단계부터 전문가 자문을 받았다.

절차는 부지 매입 및 인허가 → 보증 기관 사전 협의 → 감정 평가 → 융자·대출 실행 → 착공 → HACCP 인증 준비의 순으로 진행되었다. 특히, 감정 평가액을 사전에 시뮬레이션하여 대출 부족 사태를 방지했고, 보증 기관·중진공·은행 간 일정 조율을 통해 자금 집행 지연을 최소화했다.

결과적으로 A사는 공장 완공 후 HACCP 인증을 취득했고, 생산 능력이 기존 대비 2배로 확대되었다. 또한, 이차 보전과 세금 감면 덕분에 연간 약 1억 2,000만 원의 비용을 절감했으며, 시설 현대화로 해외 바이어와 장기 공급 계약을 체결하는 성과를 거두었다.

기계 제조업체 B사의 설비 확충 사례: 자동화 생산 라인 구축

B사는 산업용 기계를 제조하는 중소기업으로, 늘어나는 주문 물량에 대응하고 제품 품질을 균일하게 유지하기 위해 자동화 생산 라인을 구축하기로 결정했다. 기존의 수작업 공정 일부를 자동화하면 생산 효율성이 높아지고, 불량률을 줄여 수익성을 개선할 수 있다는 판단이었다. 총 투자금은 25억 원이었으며, 자금 조달 계획은 다음과 같이 구성되었다.

① 시중 은행 대출 20억 원(80%): B사는 신용 등급 BBB 수준으로 비교적 양호했으나, 대규모 설비 자금 대출을 실행하기 위해서는 추가 담보가 필요했다. 이에 기술보증기금의 기술특례보증을 연계해 은행 대출 한도를 확보했다. 기술보증기금은 B사가 보유한 핵심 특허 2건과 최근 기술 평가 A 등급을 기반으로 20억 원 전액에 대해 일부 해지형 보증서를 발급해 주었다. 은행은 이를 담보로 저리(연 3%대) 대출을 승인하고, 또한 설비 도입 일정과 대출금 집행 일정을 사전에 은행과 협의해 불필요한 이자 부담을 최소화하였다.

② 기술보증기금 기술특례보증의 역할: 담보가 부족한 제조업체의 특성을 고려해 부동산 담보 대신 기술 가치를 평가해 보증을 제공한다. 이를 통해 B사는 기존 담보 여력을 소진하지 않고도 고액의 장기 자금을 조달할 수 있었으며, 신용 등급 하락 없이 자금 운용이 가능했다.

③ 자기 자본 5억 원(20%) 투입: 자기 자본 비율을 20% 이상 유지해 금융 기관의 대출 심사 요건을 충족했고, 자금 조달 구조의 안정성을 높임. 자기 자본은 초기 계약금, 부대 설비 구입, 운송·설치 비용 등 대출이 적용되지 않는 항목에 우선 배정했다.

설비 자금을 운용하는 데 있어 감가상각비 반영이 핵심이었다. B사는 투자금 회수 기간을 고려해 정액법과 정률법 시뮬레이션을 병행하여 연간 감가상각비 부담을 분석했고, 이를 기반으로 재무 계획과 자금 상환 계획을 수립했다.

절차는 투자 계획 수립 → 기술 평가 신청 및 보증 승인 → 대출 실행 → 설비 발주 → 설치·시운전 순으로 진행되었다. 특히 기술보증기금과 은행의 심사 과정을 병행하여 대출 승인까지의 기간을 단축했고, 설비 제작사와 공급 계약 시 '납기 지연 시 위약금' 조항을 삽입해 프로젝트 리스크를 줄였다.

결과적으로 B사는 자동화 설비 가동 후 생산 능력이 35% 향상되었고, 불량률이 절반 이하로 감소했다. 또한, 품질 안정화 덕분에 대형 발주처와 장기 공급 계약을 체결하였으며, 연간 약 4억 원의 인건비 절감 효과를 거두었다.

위의 두가지 성공 사례와 달리 시설 자금 조달에 실패하는 경우도 있다. 공통적으로 드러나는 실패 요인으로는 자기 자본 부족으로 인한 자금 집행 지연, 착공 전 인허가 미비로 인한 보증서 발급 불가, 신용 평가서 준비 미흡으로 인한 대출 불가 등이 있다. 따라서 사업 추진 전, 자기 자본을 최소 20% 이상 확보하고, 사전에 감정 평가 및 담보 설정을 준비하는 것이 중요하다. 아울러 정책 금융을 활용할 때는 제도별 적용 순서와 자금 구조를 명확히 이해하고 실행해야 한다.

시중 은행의 경우, 기업의 신용 등급에 따라 대출 가능 금액과 조건이 달라지므로 사업 계획서 작성 시에는 반드시 이를 반영해야 한다. 특히 사업 계획서에는 자금 조달 구조, 보증 및 대출 활용 계획, 예상 상환 일정 등을 구체적으로 포함해야 하며, 금융 기관 심사 과정에서 요구되는 자료와 절차를 사전에 준비하는 것이 성공적인 자금 조달의 핵심 포인트라 할 수 있다.

10장 핵심 포인트

구분	주요 내용	핵심 포인트
시설 자금 개념 및 필요성	• 공장·설비·R&D 인프라 등 장기적 투자 필요 • 초기 투자금 크고 회수 장기 소요 → 자금 조달 구조 설계가 성패 좌우	장기적 경쟁력 기반, 자금 구조 설계 중요
공장 유형 및 생산 방식	• 신축·매입·임대형 공장 직접 생산 VS 외주 생산 (OEM·ODM) 비교	생산 방식 선택에 따라 자금·품질·리스크 달라짐
시설 자금 정의 및 재무 구조	• 토지·건물·기계 등 비유동자산 투자 • BS(대차대조표)에 반영, 자금·상환 계획 필수	장기 투자, BS 영향이 크므로 재무 설계 중요
보증 기관 통한 자금 조달	• 신보·기보의 시설 자금 보증 • 담보 부족 시 보증서로 은행 대출 실행 • 보증 비율 최대 95~100%	담보 부족 해결, 신용도 보완, 대출 승인율 ↑
중진공 융자	• 일반 설비 자금·스마트 공장·R&D 인프라 자금 최대 60억, 장기·저리 대출	장기 저리 자금, 성장·혁신 설비 투자 우선 지원
금융 리스	• 고가 설비 장기 임대·분할 상환 구조. • 초기 투자 부담 완화, 유동성 유지 • 단, 총 비용은 현금 구매보다 높을 수 있음	초기 자금 부담 완화, 최신 설비 활용 가능
지역 특화· 세제 혜택	• 지방투자촉진보조금, 산업 단지 입주 혜택 (세제·금융 지원), 지역전략산업 특화자금·이차보전제도	입지 전략 + 세제 혜택 결합, 초기 비용 절감

"

회사가 어느 정도 성장했는데,
이제 상장이나 M&A를 준비하려니
자금이 가장 큰 걸림돌이네요.

이 시기엔 정책 금융을 적극 활용해야 합니다.
신보·기보의 인수 보증, 중진공의 M&A 자금 대출,
그리고 산업은행·성장사다리 펀드의 PRE-IPO
투자 같은 제도를 연계하면 자금 부담을 줄이면서
안정적으로 엑시트를 준비할 수 있습니다.

"

제11장

IPO, M&A 등 엑시트 전략과 정책 금융 기관 활용

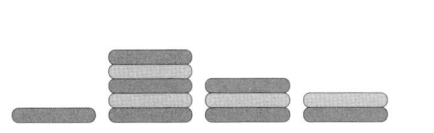

창업가에게 '엑시트(Exit)'는 단순히 회사를 팔거나 주식을 상장하는 절차를 넘어 지금까지의 사업 성과를 눈에 보이는 결과로 실현하고, 다음 단계로 도약할 수 있는 결정적인 전환점이다. 창업 초기부터 함께한 벤처 캐피탈, 엔젤 투자자, 전략적 투자자(SI) 등 외부 투자자들은 투자한 자금을 회수해야 하는 시점이 오면, 'IPO(기업 공개)'나 'M&A(인수·합병)'를 주요 방법으로 고려한다. 창업자 역시 이런 시점에 맞춰 엑시트를 진행하면, 경영에서의 위험 부담을 줄이고, 확보한 자금을 새로운 사업이나 확장 전략에 재투자해 더 큰 성장을 준비할 수 있다.

예를 들어, IPO는 증권 시장에 주식을 공개해 기업의 가치를 공식적으로 평가받고, 대규모 자금을 한 번에 조달할 수 있는 방법이다. 덕분에 대중의 신뢰를 얻고 브랜드 인지도를 높이는 부가 효과도 있다. 그러나 IPO를 추진하려면 까다로운 상장 요건을 충족해야 하고, 상장 후에는 공시 의무와 각종 규제 준수를 지속적으로 관리해야 하는 부담이 따른다.

반면, M&A는 다른 기업이나 투자자에게 회사를 매각하거나 사업 일부를 넘기는 방식으로, IPO보다 더 빠르게 자금을 확보할 수 있고, 인수 기업과의 결합을 통해 기술·인력·시장에서의 시너지를 창출할 수도 있다. 하지만 협상 과정에서 기업 가치 산정, 인수 구조 설계, 세금·법률 문제 등 복잡한 변수가 많아 철저한 준비가 필요하다.

출처:데일리안(https://www.dailian.co.kr/news/view/1445480)

이 과정에서 정책 금융 기관은 매우 중요한 '촉진자' 역할을 한다. 예를 들어, 신용보증기금과 기술보증기금은 IPO를 준비하는 기업에 '상장 연계 보증'이나 '코넥스·코스닥 스케일업 보증'을 제공해, 부족한 운영 자금을 보완하고 상장 준비 속도를 높인다. 또한 M&A를 추진하는 기업에는 인수 자금 보증이나 기술 평가 기반 자금 지원을 통해 자금 조달 리스크를 줄이고, 거래 성사 가능성을 높인다.

이 장에서는 IPO와 M&A를 창업가의 성장 전략 속에서 어떻게 활용할 수 있는지, 그리고 각 단계에서 정책 금융 기관이 제공하는 다양한 제도와 그 실무 적용 방법을 실제 사례와 함께 구체적으로 살펴본다.

1. IPO를 위한 기업 가치 제고와 재무 전략

IPO의 의의와 장단점

IPO(Initial Public Offering, 기업 공개)는 기업이 처음으로 주식을 일반 투자자에게 공개해 판매하는 절차를 뜻한다. 쉽게 말해, 자본 시장에 상장해 투자자들로부터 자금을 조달하고, 동시에 시장에서 기업 가치를 공식적으로 평가받는 과정이다.

IPO의 가장 큰 장점은 한 번에 대규모 자금을 확보할 수 있다는 점이다. 이렇게 조달한 자금은 신사업 진출, 생산 설비 확충, 연구 개발(R&D) 투자 등 다양한 성장 전략에 활용할 수 있다. 더불어 상장을 통해 언론과 투자자의 주목을 받음으로써 브랜드 인지도와 대외 신뢰도를 높일 수 있으며, 결국 신규 고객 확보 및 우수 인재 채용에도 긍정적 영향으로 작용한다. 상장 후 주식이 자유롭게 거래되면 주주 가치가 상승하고, 보유 지분의 현금화가 가능해져 주식의 유동성도 확보된다.

그러나 IPO에는 부담도 따른다. 상장 기업이 되면 분기·반기·연간 단위로 재무제표와 경영 현황을 공개해야 하는 공시 의무가 부여되고, 각종 규제를 준수해야 하는 관리 부담이 커진다. 주식이 공개되면서 경영권이 분산될 수 있고, 경영진이 원치 않더라도 외부 주주의 영향력이 확대될 수 있다. 또한 상장 후에는 투자자 기대에 부응하기 위해 단기 실적을 지속적으로 개선해야 하는 압박이 따른다. 이로 인해 장기적인 투자와 성장 전략보다는 단기 성과에 치중하는 경영이 이루어질 가능성이 있으며, 이는 기업의 본래 비전과 전략적 방향성을 약화시킬 위험이 있다.

IPO 경로와 시장별 특성

우리나라의 IPO는 상장 시장의 종류에 따라 진입 요건과 특징이 다르다. 먼저 코넥스 시장은 자본금과 재무 요건에 별도의 제한이 없어, 초기 단계 중소기업이나 스타트업이 상장을 통해 자본 시장을 경험하는 데 적합하다. 주로 사전 시장(pre-market) 성격을 가지며, 이후 코스닥이나 유가 증권 시장으로 이전 상장하는 발판이 된다.

표 11.1 IPO 경로와 시장별 특성

상장 시장	자본금 요건	재무 요건	특징
코넥스	제한 없음	별도 요건 없음	초기·중소 기업 중심, 사전 시장
코스닥	30억 이상	최근 매출·이익 요건 충족 또는 기술 특례	벤처·혁신 기업 중심
유가 증권	300억 이상	최근 3년 순이익 합계 100억 이상	대기업·중견기업 중심

코스닥 시장은 자본금 30억 원 이상을 갖추어야 하며, 일반적인 재무 요건(매출, 이익 등) 또는 특례 제도를 충족해야 한다. 특히 벤처 기업, 혁신기업을 중심으로 활발하게 거래되는 시장으로, 기술력과 성장성이 인정되면 재무 요건 일부가 완화되는 장점이 있다. 상장 요건은 크게 '일반 상장'과 '특례 상장'으로 나뉜다.

○ **일반 상장**

최근 사업 연도의 매출액, 영업 이익, 자기 자본 요건 등을 충족해야 하는 가장 보편적인 상장 방식으로 안정적인 재무 성과를 보유한 기업이 대상이다.

표 11.2 일반 상장 요건

구분	일반 상장 요건
기본 조건	자본금 30억 원 이상, 최근 사업 연도 기준 재무 요건 충족 필요
심사 기준	최근 사업 연도 매출액, 영업 이익, 자기 자본 등 재무 성과 중심
주요 유형	일반 상장(재무 성과 중심)
장점	안정성과 신뢰성 확보(재무 구조 건전한 기업 중심)

○ **특례 상장 제도**

재무 요건을 일부 충족하지 못하더라도 기술력이나 성장성을 인정받아 상장할 수 있도록 마련된 제도다. 주요 유형은 다음 표와 같다.

표 11.3 특례 상장 주요 유형

구분	내용	특징
기술 특례 상장	성장 가능성이 있는 핵심 기술을 보유한 기업이 전문 기관의 기술성 평가를 통과하면 상장 가능	기술력 중심 심사
성장성 특례 상장	상장 주선인(증권사)의 기술력 보장과 추천을 통해 기업 상장을 지원	주관사 보증 기반
테슬라 요건 상장	이익이 발생하지 않았더라도 성장 잠재력이 큰 기업은 상장 기회를 제공	적자 상태여도 성장성 인정 시 상장 가능(테슬라 사례에서 유래)
유니콘 특례 상장	시장 평가가 우수한 기업은 시가 총액을 기준으로 기술성 평가 절차를 간소화	일정 규모 이상의 기업 가치 인정 시 요건 완화

기술성장기업 상장 특례 종류와 특징

01 기술특례상장
성장성 있는 기술을 보유한 기업이 상장할 수 있도록 지원하는 제도

02 성장성 특례상장
상장 주선인의 기업의 기술력 보장 및 추천으로 기업상장을 지원하는 제도

03 테슬라 요건
상장 요건에 미달되더라도 성장 잠재력이 있는 기업에 상장 기회를 주는 제도

04 유니콘 특례상장
시장평가 우수 기업의 시가 총액을 기준으로 기술성 평가 절차를 완화한 제도

출처: 예금보험공사(https://m.blog.naver.com)

유가 증권 시장은 대기업과 중견기업이 주로 상장하는 시장으로, 자본금 300억 원 이상과 최근 3년 순이익 합계 100억 원 이상이라는 엄격한 재무 요건을 충족해야 한다. 이 시장은 기업의 안정성과 규모를 중시하며, 상장 후에도 높은 공시·규제 기준이 적용된다. 즉, 기업은 성장 단계와 업종 특성, 재무 상태에 따라 가장 적합한 상장 시장을 선택해야 하며, 각 시장별 진입 요건과 특징을 충분히 이해한 후 IPO 전략을 수립하는 것이 중요하다.

IPO를 위한 기업 가치 제고 전략

IPO를 준비하는 기업이 가장 먼저 해야 할 일은 기업 가치를 높이는 것이다. 상장 심사에서는 단순히 현재 실적만 보는 것이 아니라, 앞으로 얼마나 성장할 수 있는 기업인지를 종합적으로 평가하기 때문이다. 이를 위해 다음과 같은 네 가지 방향에서 전략적으로 준비해야 한다.

첫째, 핵심 재무 지표를 관리해야 한다. 상장 심사에서는 매출 성장률, 영업 이익률, EBITDA(이자·세금·감가상각비 차감 전 이익), ROE(자기 자본 이익률), 부채 비율 등이 중요한 평가 기준이 된다. 예를 들어, 매출 성장률이 매년 20% 이상 유지된다면 시장의 성장성을 잘 보여 줄 수 있고, 부채 비율이 낮으면 재무 안정성을 높게 평가받을 수 있다. 따라서 매년 재무제표를 검토하며 이 지표들이 꾸준히 개선되도록 관리하는 것이 필수다.

둘째, 사업을 다각화하는 것이 중요하다. 특정 제품이나 고객 한곳에 매출의 대부분을 의존하면 위험이 크다. 예를 들어, 매출의

80%가 한 거래처에서 나온다면 해당 거래처의 상황에 따라 회사 전체 실적이 크게 흔들릴 수 있다. 이를 방지하기 위해 신제품을 개발하거나 새로운 시장에 진출해 매출원을 다양화하는 것이 필요하다.

셋째, 지배 구조를 개선해야 한다. 상장 기업은 투명하고 공정한 경영을 위해 독립적인 이사회 운영이 요구된다. 이를 위해 사외 이사를 적극적으로 선임하고, 감사 기능을 강화해 회사 운영이 객관적으로 검증될 수 있는 체계를 마련해야 한다. 이렇게 하면 투자자들에게 신뢰를 줄 수 있다.

마지막으로, 무형 자산의 가치를 높이는 노력이 필요하다. 무형 자산은 눈에 보이지 않지만 기업 경쟁력의 핵심 요소다. 예를 들어, 강력한 브랜드 인지도, 등록된 특허, 독점적인 데이터베이스나 고객 정보 등은 기업 가치 평가에서 높은 점수를 받을 수 있다. 따라서 브랜드 마케팅을 강화하고, 기술 개발을 통해 특허를 확보하며, 데이터와 고객 정보를 체계적으로 관리하는 것이 중요하다.

이 표는 기업이 IPO를 준비하는 과정에서 반드시 점검해야 할 주요 요소를 정리한 것이다. 표는 '재무 지표', '사업 구조', '지배 구조', '무형 자산' 네 영역으로 구분되며, 각 영역은 세부 점검 항목과 구체적인 점검 내용을 포함하고 있다.

먼저 재무 지표 영역에서는 매출 성장률, 영업 이익·EBITDA, ROE, 부채 비율 등을 통해 기업의 성장성과 안정성을 평가한다. 최근 3년간 매출이 꾸준히 증가했는지, 영업 이익률과 EBITDA가 긍정적 추세를 보이는지, ROE가 업계 평균 이상인지, 부채 비율이 200% 이하로 안정적인지 여부를 확인하는 것이 핵심이다.

사업 구조 영역에서는 특정 제품이나 고객에 대한 매출 의존도가

50% 이하인지 여부와 신제품 개발이나 신규 시장 진출 계획이 있는지를 점검한다. 이는 매출원 다각화와 시장 확장 가능성을 확보했는지를 판단하는 기준이 된다.

표 11.4 IPO 경로와 시장별 특성

구분	점검 항목	세부 내용	점검 여부(✓)
재무 지표	매출 성장률	최근 3년간 매출이 꾸준히 증가했는가?(예: 연평균 20% 이상)	
	영업 이익·EBITDA	영업 이익률이 안정적으로 유지되고 있는가? EBITDA가 긍정적인 추세인가?	
	ROE	자기 자본 이익률이 업계 평균 이상인가?	
	부채 비율	부채 비율이 200% 이하로 안정적인가?	
사업 구조	매출원 다각화	특정 제품·고객 의존도가 50% 이하인가?	
	신사업 진출	신제품 개발 또는 신규 시장 진출 계획이 있는가?	
지배 구조	이사회 독립성	사외 이사 비중이 충분하며 독립적으로 운영되는가?	
	감사 기능	감사위원회 또는 감사 기능이 제 역할을 하고 있는가?	
무형 자산	브랜드 가치	브랜드 인지도 향상을 위한 마케팅 활동이 있는가?	
	지식재산권	특허·상표·저작권 등 핵심 IP가 확보되어 있는가?	
	데이터베이스	고객·시장 데이터를 체계적으로 축적·관리하고 있는가?	

지배 구조 영역에서는 이사회 독립성과 감사 기능의 실효성을 확인한다. 사외 이사 비중이 충분한지, 감사위원회 또는 감사 기능이 제 역할을 하고 있는지를 살펴봄으로써 경영의 투명성과 건전성을 확보할 수 있다.

무형 자산 영역에서는 브랜드 가치, 지식재산권, 데이터베이스 관리 수준을 점검한다. 브랜드 인지도 향상을 위한 마케팅 활동이 있는지, 특허·상표 등 핵심 지식재산권이 확보되어 있는지, 그리고 고객·시장 데이터를 체계적으로 축적·관리하고 있는지를 확인한다. 이는 향후 기업의 장기적인 성장 잠재력과 경쟁 우위를 판단하는 중요한 기준이 된다.

IPO를 위한 기업 재무 전략

IPO를 준비할 때는 재무적 측면에서도 꼼꼼한 전략이 필요하다. 상장 심사 과정에서는 단순히 재무제표 제출을 넘어 기업의 재무 안정성과 신뢰성을 객관적으로 입증해야 하기 때문이다. 이를 위해 다음과 같은 세 가지 준비가 필수적이다.

첫째, 회계의 투명성을 확보해야 한다. 상장 기업은 국제회계기준(K-IFRS)에 맞춰 재무제표를 작성해야 하며, 분기·반기 단위로 보고서를 공시하는 체계를 갖춰야 한다. 예를 들어, 매출 인식 시점이나 비용 처리 기준이 모호하면 투자자 신뢰를 잃게 된다. 따라서 IPO를 준비하는 시점부터 회계 처리 방식을 명확히 하고, 외부 감사인의 검증을 받을 수 있는 기록과 자료를 체계적으로 관리해야 한다.

둘째, 재무 구조를 안정화해야 한다. 재무 구조가 불안정하면 상장 심사에서 부정적 평가를 받을 수 있다. 일반적으로 부채 비율은 200% 이하, 유동 비율은 150% 이상을 유지하는 것이 바람직하다. 쉽게 말해 빚이 지나치게 많지 않고, 단기적으로 갚아야 할 돈을 충분히 감당할 수 있는 재무 상태를 의미한다. 이를 위해 불필요한 차입금은 줄이고, 현금 흐름을 개선하는 노력이 필요하다.

셋째, 투자자 설득을 위한 IR 스토리를 설계해야 한다. 단순히 '성장하고 있는 회사'라는 설명만으로는 투자자를 설득하기 어렵다. "왜 지금 상장을 해야 하는가?"라는 질문에 명확하게 답할 수 있어야 한다. 예를 들어, 신사업이 본격적으로 성장 궤도에 올랐고, 이를 확장하기 위해 대규모 자금이 필요하다는 논리를 제시하면 설득력이 높아진다. IR 스토리는 재무 데이터, 시장 전망, 경쟁우위 요소를 종합해 하나의 '성장 이야기'로 완성하는 것이 중요하다.

정책 자금 활용 IPO 성공 Tip

창업 초기의 자금 부족을 극복하고 IPO에 성공하다

A사는 창업 초기부터 독자적인 기술력을 기반으로 빠르게 성장했지만, 상장을 준비하는 과정에서 자금 부족이라는 현실적인 벽에 부딪혔다. 특히 R&D 투자와 글로벌 마케팅을 동시에 진행하려다 보니 운영 자금이 빠듯했고, 주관사와의 협상에서도 재무 여력이 충분치 않다는 평가를 받았다.

이때 A사가 선택한 것은 신용보증기금의 스케일업 지원 프로그램이었다. 창업 초기부터 '퍼스트펭귄 보증', 'Pre아이콘' 등의 스타트업 지원 상품을 통해 지속적인 기업 가치 향상을 위해 노력하였고, 이를 발판으로 제품 개발 속도를 높였다. 이후 신보가 혁신성·성장성을 인정한 기업에게 제공하는 '혁신아이콘 보증'에도 선정되었다. 이 보증은 단순한 자금 지원을 넘어, 기업의 시장 지위와 브랜드 가치를 한층 높여 주는 신호탄이 되었다.

혁신아이콘 보증을 기반으로 A사는 국내외 투자자들에게 '고성장·고신뢰 기업'이라는 인식을 심어 주었다. 확보한 자금으로는 핵심 기술 고도화와 해외 진출 마케팅을 본격화했고, 해외 전시회 참가와 현지 파트너십 체결로 글로벌 판매 채널을 확대했다.

이러한 준비와 실행의 결과, A사는 상장 직전 단계에서 이미 시장과 투자자들의 높은 관심을 끌었고, 공모주 청약에서도 흥행에 성공했다. 상장 이후에는 확보한 자금을 다시 연구 개발과 해외 사업 확장에 재투자하며 '혁신기업에서 글로벌 강소기업'으로의 도약을 이어 가고 있다.

2. M&A(인수 합병)와 정책 금융 활용 사례

M&A의 개념과 유형

M&A(Mergers & Acquisitions, 인수·합병)는 한 기업이 다른 기업의 '경영권(Control)'이나 특정 '사업 자산'을 사들여 자기 조직과 '이전·통합'하는 모든 거래를 말한다. 여기서 핵심은 "경영을 통제할 수 있느냐"와 "무엇을 어디까지 가져오느냐"에 있다. 지분(주식)을 사서 의사결정권을 확보하면 인수(Acquisition)라 부르고, 두 회사가 법적으로 하나의 법인으로 합쳐지면 합병(Merger)이라 부른다. 실무에서는 경영권 확보에 필요한 지분율(예: 이사 선임이 가능한 수준)을 기준으로 통제력을 판단하고, 거래 이후에는 조직·인력·IT·브랜드·재무를 엮는 통합(PMI, Post-Merger Integration)을 통해 시너지를 현실화한다.

M&A는 **인수합병**이라는 의미로,
인수는 회사의 지분을 취득하여 경영권을 소유하는 것,
합병은 두 개의 기업이 한 개의 기업으로 합쳐지는 것을 의미합니다.

출처:기업은행(https://blog.ibk.co.kr/)

기업이 M&A를 택하는 목적은 비교적 분명하다. '시장 확대(고객·채널 확보), 기술·인재 확보, 원가 절감과 규모의 경제, 수직 통합(원재료~판매까지 가치사슬 내재화), 포트폴리오 다각화, 경쟁 강도 완화' 등이다. 반대로 매각 측(파는 쪽)은 자본 회수, 비핵심 사업 정리, 재무 구조 개선, 전략적 제휴 강화를 위해 사업을 넘기기도 한다. 중요한 점은 '왜 지금, 무엇을, 어떤 방식으로' 사거나 파는지가 거래 구조와 조건을 좌우한다는 것이다.

실무에서 가장 많이 쓰이는 M&A의 세 가지 방식은 다음과 같다.

첫째, '지분 거래(주식 매매)'다. 대상 회사의 주식을 사서 경영권을 확보하는 가장 직관적인 방법이다. 예를 들어 A사가 B사 지분 60%를 취득하면 이사 선임 등 핵심 의사결정을 통제할 수 있다. 절차가 비교적 단순하고 회사라는 '그릇'을 그대로 유지한다는 장점이 있지만, 주식을 사는 순간 '부채·소송·장기 계약 등 기존 권리·의무가 통째로 따라온다'는 점을 유의해야 한다. 그래서 본계약 전 '재무·법무·세무 실사'로 숨은 위험을 최대한 찾아 가격이나 보증·면책 조항에 반영한다.

둘째, '영업 양수도(사업부 인수)'다. 회사 전체가 아니라 '커피 사업부', '게임 스튜디오'처럼 '원하는 사업만 골라 사는' 방식이다. 필요한 자산·인력·계약만 넘겨받으므로 '부채 승계 위험을 줄일 수' 있고, 인수 후 정리 비용이 적다. 대신 자산·계약·고객·직원 승계 절차를 '항목별로 이전'해야 해서 시간이 걸리고, 거래 상대방 동의(주요 고객·거래처·임대인 등)가 필요할 수 있다. '좋은 것만 골라 담는다'는 장점과 '절차가 복잡하다'는 현실을 함께 고려해야 한다.

셋째, '합병'이다. 두 회사가 법적으로 하나의 법인이 되는 형태로, 중복 조직을 정리하고 브랜드·기술·고객망을 통합해 '시너지를 극대화'하기에 유리하다. 다만 주주 총회 특별 결의, 채권자 보호, 공정 거래 심사 등 '법적 절차가 까다롭고', 조직 문화 충돌 같은 통합 리스크가 크다. 합병은 '장기적 하나됨'을 전제하므로 PMI 계획(조직·보상·IT·제품 로드맵·브랜드 사용 계획)을 계약 단계에서부터 구체적으로 설계해야 성과가 난다.

정리하면, '지분 거래'는 빠르고 단순하지만 리스크를 함께 감수하며, '영업 양수도'는 필요 부분만 매입하므로 깨끗하지만 절차가 복잡하며, '합병'은 시너지가 크지만 준비와 통합이 어렵다. 어느 방식이 최선인지는 '인수 목적(시장·기술·규모), 리스크 수용도, 시간 제약, 세무·규제 환경'을 놓고 비교 결정하는 것이 바람직하다.

매각 기업의 준비 사항

매각을 고려하는 기업이라면, 단순히 '팔겠다'는 의지만으로는 성공적인 거래를 이끌기는 어렵다. 매각이 성사되기 위해서는 사전에 철저한 준비가 필요하며, 특히 다음과 같은 세 가지 영역을 점검해야 한다.

첫째, 매각 가능성을 진단해야 한다. 매수자 입장에서의 우선적 관점은 회사가 '바로 운영 가능한 상태에 있는지' 여부에 있다. 그러므로 매각을 준비하는 경우 조직이 안정적으로 운영되고 있는지, 핵심 인재가 유지되고 있는지, 그리고 생산·영업·재무 시스템은 체계적으로 갖춰져 있는지를 확인해야 한다. 또한 회사의 핵심 역량, 예를 들어 독자적인 기술, 강력한 브랜드, 안정적인 고객 기반이 확실히 존재하는지도 중요하다. 매각 시점 또한 성패를 가른다. 업황이 호황일

때, 주요 성과가 가시화된 직후, 혹은 신제품 출시 등 회사 가치가 최고조에 있을 때가 유리하다.

둘째, 가치 평가와 스토리 라인 구성이다. 매각 가격은 감정이 아니라 수치와 논리로 설득해야 한다. 일반적으로 EV/EBITDA(기업 가치/영업 이익), PER(주가 수익 비율) 등 재무 지표를 활용해 기업 가치를 산출한다. 하지만 숫자만으로는 부족하다. "왜, 이 회사를 인수해야 하는지", "인수 후 어떤 시너지가 가능한지"를 명확히 설명하는 스토리 라인이 필요하다. 예를 들어, "이 회사를 인수하면 매출이 30% 증가하고, 3년 내 해외 시장 진출이 가능하다"는 식의 구체적인 성장 시나리오가 설득력을 높인다.

셋째, 자문사 선정이다. M&A 거래는 회계, 세무, 법률, 재무 등 복잡한 전문 영역이 얽혀 있다. 따라서 경험이 풍부한 회계 법인, 로펌, 재무 자문사를 조기에 선정해 협력하는 것이 필수다. 이들은 매각 구조 설계, 세금 절감 방안, 계약 조건 협상, 실사 대응 등 전 과정을 지원하며, 거래 리스크를 최소화하는 역할을 한다. 특히 해외 기업에 매각하는 경우, 현지 법규와 거래 관행을 잘 아는 글로벌 네트워크를 보유한 자문사를 선택하는 것이 안전하다.

매수 측 자금 조달 전략

M&A를 추진하는 매수 기업에게 가장 큰 과제 중 하나는 '어떻게 인수 자금을 마련할 것인가'다. 인수 대상 기업의 규모가 클수록 자금 조달 전략이 복잡해지고, 여러 금융 수단을 조합해야 한다. 인수 금융 구조는 크게 세 가지 방식으로 나눌 수 있다.

첫째, '차입형(LBO, Leveraged Buyout)' 방식이 있다. 이 방식은 매수 기업이 인수 대상 기업을 사들이기 위해 금융 기관에서 돈을 빌리고, 이후 인수 대상 기업의 미래 현금 흐름으로 차입금을 갚는 방식이다. 예를 들어, A 회사가 B 회사를 인수하면서 은행 대출을 받고, 인수 후 B 회사의 영업 이익으로 원리금을 상환하는 구조다. 장점은 자기 자본 투입을 최소화할 수 있다는 점에 있지만, 인수 후 기업이 벌어들이는 현금 흐름이 예상보다 적으면 재무 부담이 커질 수 있다.

둘째, 'SPC(특수목적회사)형' 방식이 있다. 인수를 위해 별도 법인(SPC, Special Purpose Company)을 설립하고, 이 SPC가 차입 또는 투자 유치를 통해 마련한 자금으로 대상 회사를 인수하는 방식이다. SPC는 인수 후 합병되거나, 지주사 형태로 인수 기업을 소유한다. 이 구조는 리스크를 SPC에 한정시킬 수 있어, 본래 매수 기업의 재무 건전성을 보호할 수 있다는 장점이 있다.

셋째, '합병형 LBO' 방식이 있다. 이 방식은 LBO의 변형으로 매수 기업과 인수 대상 기업을 인수 직후 합병하고, 합병된 법인의 현금 흐름으로 차입금을 상환하는 방식이다. 규모가 큰 인수 거래나 두 회사 간 시너지가 확실한 경우에 주로 활용된다.

이러한 인수 금융 외에도 매수 측은 정책 금융을 적극 활용할 수 있다. 예를 들어, 신용보증기금과 기술보증기금은 인수 자금에 대해 보증을 제공해 은행 대출을 쉽게 받을 수 있도록 돕는다. 중소벤처기업진흥공단은 중소·중견 기업의 전략적 M&A를 위해 장기·저리의 'M&A 자금 대출'을 운영하고 있다. 또한 산업은행과 수출입은행은 국가 전략 산업(예: 반도체, 2차 전지, 바이오) 분야의 M&A에 대해 대규모 자금 지원과 해외 인수 금융까지 제공한다.

결국, 매수 측은 인수 목적과 대상 기업의 재무 구조, 거래 규모에 맞춰 차입·SPC·합병형 LBO를 적절히 조합하고, 여기에 정책 금융 기관의 보증과 대출을 더해 자금 조달 비용과 리스크를 최소화하는 전략을 세워야 한다.

표 11.5 M&A 자금 조달 정책 금융 지원 제도

기관명	지원 내용 및 조건	주요 특징
신용보증기금/ 기술보증기금	'기업인수보증' 제공: M&A에 필요한 자금 (운전 자금, 시설 자금) 보증 일반 보증 최대 90%, 우대·특화 프로그램 최대 95~100%	보증 활용 → 은행 대출 접근성 향상
중소벤처 기업진흥공단 (중진공)	기업 인수 자금의 직접 융자·대리 대출·투자 조건부 융자 등 다양한 정책 자금 지원 방식 제공	맞춤형 자금, VC 투자 연계 가능
산업은행/ 수출입은행	글로벌 M&A 자문 및 인수 금융 주선, 일부 직접 투자 사례 있음 (예: 반도체 기업 M&A 금융 주선)	대규모 자금 및 해외 네트워크 제공

정책 금융 기관 M&A 보증을 통한 기업 승계와 고용 안정 사례

철도 및 전철 분야에 특수 전선을 납품하는 A 기업은 30년 넘게 지역 내에서 안정적으로 운영되어 온 중견 제조업체였다. 종업원 수는 약 50명 수준으로, 숙련된 기술 인력과 안정된 거래처를 보유하고 있었다. 그러나 A 기업을 이끌어 온 A 대표는 70세가 넘은 고령으로 은퇴를 심각하게 고민하고 있었다. 문제는 경영을 승계할 적임자가 없다는 점이었다. 두 자녀 모두 전문직에 종사하고 있어 가업 승계 의사가 전혀 없었고, 회사의 향후 운영과 직원들의 고용 유지에 대한 우려가 점점 커졌다. A 대표는 단순히 회사를 매각하는 것이 아니라, 회사를 안정적으로 운영하고 직원들의 일자리를 지켜 줄 수 있는 인수자 물색을 최우선 목표로 삼았다.

이러한 상황에서 A 대표는 오랫동안 지역 내 중소기업 대표들과 교류해 온 모임에서 함께 활동하던 B 대표를 떠올렸다. B 대표는 50대 중반으로, 건설사 및 철자재 생산업체를 건실하게 운영하며 성실한 경영자로서 신뢰를 받고 있었다. 수년간의 교류를 통해 B 대표의 경영 철학과 책임감을 잘 알고 있었던 A 대표는, 그라면 회사를 더욱 발전시킬 수 있고 직원들의 고용도 안정적으로 승계할 수 있을 것이라는 확신을 가졌다. 이에 A 대표는 직접 B 대표에게 회사를 인수해 보지 않겠느냐는 제안을 건넸다.

B 대표는 제안을 받은 뒤 장기간 깊이 고민했다. 인수 대상 기업은 이미 안정적인 수익 구조와 기술력을 갖추고 있었으며, 자신의 기존 사업과도 일정 부분 시너지를 낼 수 있는 구조였다. 그러나 인수 대금을 마련하는 과정에서 현실적인 문제가 발생했다. 보유 중인 회사 자금과 개인 자금만으로는 인수 대금을 모두 충당하기 어려웠고, 시중 은행 대출만으로는 담보 부족 등의 이유로 원하는 금액을 확보하기 힘든 상황이었다.

이 시점에서 B 대표는 정책 금융 기관인 신용보증기금에서 운영하는 M&A 보증 제도에 대해 알게 되었다. 이 제도는 중소기업 간 인수·합병 시, 인수 기업이 금융 기관 대출을 받을 때 필요한 보증서를 발급해 주는 방식으로, 담보력이 부족한 기업도 인수 자금을 원활히 마련할 수 있도록 돕는다. B 대표는 해당 제도를 신청하였고, 신용보증기금의 심사를 거쳐 M&A 보증 승인을 받았다. 이를 통해 부족했던 인수 자금을 은행 대출로 조달할 수 있었고, 마침내 A 기업 인수를 위한 계약이 성사되었다.

인수 이후, 두 기업은 각자의 사업 영역을 유지하면서도 기술 및 영업 네트워크를 공유하며 협력 체계를 구축했다. A 기업의 모든 임직원은 기존과 동일한 조건으로 고용이 유지되었고, B 대표는 인수 이후 신제품 개발과 신규 거래처 발굴에 적극 나서며 회사의 경쟁력을 한층 강화했다. A 대표는 은퇴 후에도 회사가 안정적으로 운영되고 직원들이 계속 일할 수 있는 모습을 보며 안도감을 느꼈다.

이 사례는 정책 금융 기관의 M&A 지원이 단순한 자금 지원을 넘어 우량 중소기업의 지속 가능성을 확보하고 고용을 안정시키는 사회적 가치 실현에 기여할 수 있음을 잘 보여 준다. 특히, 고령화로 인한 후계자 부재 문제로 매각을 고민하는 중소기업들에게, 신용보증기금 M&A 보증 제도는 실질적인 해결책이 될 수 있다는 점에서 중요한 시사점을 준다.

3. 정책 금융 기관의 IPO·M&A 지원 제도

신용보증기금(KODIT)

신용보증기금은 중소기업이 성장 단계에서 겪는 자금 조달의 어려움을 해소하기 위해 다양한 보증 상품을 운영하고 있다. 특히 IPO(기업 공개)와 M&A(인수·합병) 과정은 대규모 자금이 필요하고, 동시에 투자자와 금융 기관의 신뢰를 확보해야 한다는 점에서 정책 금융의 역할이 중요하다. 신보는 '상장 준비 기업 보증'과 'M&A 보증'을 중심으로, 기업이 자본시장에서 원활히 안착할 수 있도록 제도적 장치를 제공하고 있다.

먼저 신보는 중소기업의 성장단계별로 보증을 중심으로 한 지원제도를 운영하고 있다. 특히 기술력과 사업전망이 우수하고 향후 기업공개(IPO) 가능성이 있는 기업을 대상으로 보증료율 차감 또는 보증비율 우대 등의 혜택을 제공하고 있다. 이를 통해 기업은 상장 추진 과정에서 안정적인 자금 조달 기반을 마련할 수 있고, 잠재 투자자에게는 재무적 신뢰도를 제고하는 효과가 있다. 또한 신보의 '융합금융(보증연계투자)' 제도는 보증과 직접 투자를 결합한 구조로, 성장 잠재력이 큰 비상장 기업에 대해 보통주·우선주·전환사채 등 다양한 방식으로 최대 30억 원 규모의 자금을 지원한다. 이러한 복합금융은 상장 준비 기업의 재무구조를 개선하고 향후 투자 유치와 기업가치 제고를 뒷받침하는 데 효과적으로 활용되고 있다.

둘째, 'M&A 보증'은 기업이 인수 합병을 추진할 때 필요한 자금의 60~80%를 보증해 주는 상품이다. 자기 자본 규모와 피인수 기업의 지분 평가 금액을 기준으로 한도를 정하며, 신보는 인수 목적의 대출에 대해 보증을 제공하여 금융 기관이 적극적으로 대출을 집행할 수 있도록 한다. 이 과정에서 신보는 피인수 기업의 사업성, 시너지 효과, 고용 안정성 등을 종합적으로 평가해 보증 여부를 결정한다. 따라서 인수 기업은 대규모 자금 부담을 완화하고, 피인수 기업은 안정적으로 경영이 승계되는 효과를 기대할 수 있다.

마지막으로, 신보는 IPO와 스케일업을 동시에 지원하기 위해 '혁신 아이콘 프로그램'을 운영한다. 이 제도는 선정된 혁신기업에게 3년간 최대 200억 원의 보증을 제공하고, 보증 연계 투자 및 투자 옵션부 보증을 통해 최대 30억 원의 자금도 지원한다. 더불어 컨설팅, 글로벌 진출 지원, 법률 자문 등 비금융 서비스를 함께 제공해 IPO를 준비하는 기업이 종합적인 성장 인프라를 확보할 수 있도록 돕는다.

종합하면, 신용보증기금의 IPO·M&A 지원 상품은 단순히 보증을 넘어 투자와 비금융 지원까지 포함하는 종합 패키지로 발전하고 있다. 'IPO 연계 보증'은 상장을 준비하는 기업의 신용도를 보강하고, 'M&A 보증'은 인수 합병 자금의 리스크를 분담하며, '복합 금융'과 '혁신 아이콘 프로그램'은 성장 단계 기업에게 자금과 신뢰를 동시에 제공한다. 이러한 제도들은 중소·벤처기업이 자본 시장에서 성공적으로 안착하고 외형 성장을 달성할 수 있도록 뒷받침하는 핵심 수단으로 자리매김하고 있다.

표 11.6 혁신 아이콘 지원 프로그램: 지원 대상 요건

구분	모집 요건
업력	선정 절차 개시일 현재 업력 2년 이상 ~ 12년 이하
대상 분야	다음 중 어느 하나에 해당하는 분야를 영위하는 중소기업 • 신성장 동력 산업 • 유망 서비스 • 초격차 미래 전략 사업
기업 규모	• 당기 또는 최근 1년간 매출액 10억 원 이상 • 최근 2개년 연평균 매출 증가율 10% 이상 기업 • 기관 투자자(신보 제외) 누적 투자 금액 30억 원 이상 기업

기술보증기금(KIBO)

기술보증기금은 기술 금융 전문 기관으로서 혁신 기술을 보유한 중소·벤처 기업이 IPO와 M&A 과정에서 안정적으로 자금을 조달하고 시장 신뢰를 확보할 수 있도록 특화된 제도를 운영하고 있다. 무엇보다 기술 평가 역량을 기반으로 '기술 중심'의 심사 체계를 갖추고 있어, 담보력이 부족한 기업도 성장성과 기술력을 인정받아 정책 금융을 활용할 수 있다는 점이 특징이다.

먼저, 기보는 'M&A 특화 보증'을 통해 중소기업의 인수 합병을 적극 지원하고 있다. 세부적으로는 '기술 혁신형 M&A 특례 보증', '기업 승계형 M&A 특례 보증', 그리고 '기업 인수 보증(구조 조정형)'으로 구분된다. '기술 혁신형 M&A 특례 보증'은 우수한 기술을 보유한 기업이 전략적 인수를 통해 외형 성장을 추진할 때 활용된다. '기업 승계형 M&A 특례 보증'은 고령의 경영자가 운영하는 기업을 새로운 경영자가 승계하는 경우 안정적인 기업 이전을 지원한다. 또한 구조 조정이나 영업 양수를 목적으로 하는 경우에는 '기업 인수 보증'을 통해 필요한 자금을 보증해 주어 시장 재편 과정에서 중소기업의 경쟁력 유지를 뒷받침한다. 이들 보증은 인수 자금의 60~80%를 보증하며, 기업 상황에 따라 최대 수백억 원 규모까지 지원이 가능하다. 이를 통해 중소기업은 대규모 인수 자금 조달의 부담을 줄이고, 보다 안정적으로 M&A 전략을 추진할 수 있게 된다.

둘째, 기보는 보증과 투자를 결합한 '보증 연계 투자 제도'를 운영하고 있다. 이는 은행 대출을 위한 보증 제공과 동시에 보통주, 전환 사채, 조건부 지분 인수 계약(SAFE) 등 다양한 형태로 직접 투자까지 병행하는 방식이다. 개별 기업당 최대 30억 원까지 지원되며, 특히 IPO를 준비하는 혁신기업이나 고속 성장 단계에 있는 스타트업이 자본 시장에서 신뢰를 확보하고 후속 투자를 유치하는 데 효과적이다. 단순한 보증 지원을 넘어, 자금 조달과 투자 유치가 동시에 이뤄질 수 있다는 점에서 '시장 친화적인 성장 금융'으로 평가된다.

셋째, 기보는 성장성과 혁신성을 동시에 갖춘 기업을 대상으로 '예비유니콘 특별보증'을 제공한다. 이는 기업 가치 1,000억 원 이상 또는 지역 스타 기업 기준을 충족하는 비상장 혁신기업을 선정해 최대 200억 원의 특별 보증을 지원하는 제도다. 또한 성과 연동형 구조를 도입해, 후속 투자 유치나 매출 성과를 달성한 기업에게는 별도의 심사 없이 추가 보증을 제공한다. 이와 함께 글로벌 컨설팅, 해외 투자 매칭, IR 지원 등 비금융 서비스도 병행하여 IPO 직전 단계의 기업이 시장 신뢰를 확보하고 안정적으로 상장에 도전할 수 있도록 돕고 있다. 실제로 이 제도를 통해 다수의 기업이 후속 투자 유치, 코스닥 상장, 유니콘 기업으로의 성장을 이루는 성과를 보였다.

결국, 기술보증기금의 IPO·M&A 지원 제도는 'M&A 특화 보증'을 통해 인수·승계·구조 조정 과정의 자금 조달을 지원하고, '보증 연계 투자'로 성장 기업의 자본 시장 진출을 촉진하며, '예비유니콘 특별보증'을 통해 스케

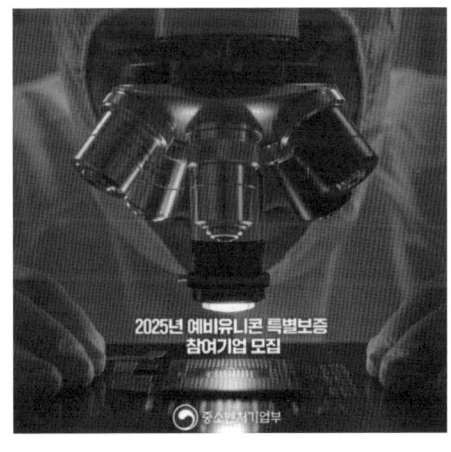

출처:중소벤처기업부

일업 단계 기업의 IPO 도전을 종합적으로 지원하는 데 핵심적 역할을 하고 있다. 이는 기술력을 바탕으로 성장하는 중소기업이 외형 확장과 상장이라는 중요한 전환점을 성공적으로 넘어설 수 있도록 뒷받침하는 제도적 기반이 되고 있다.

중소벤처기업진흥공단(KOSME)

중소벤처기업진흥공단은 중소기업의 성장을 촉진하고 자본 시장 진입을 뒷받침하는 핵심 기관으로, 특히 IPO를 준비하는 기업과 외형 확장을 추진하는 기업들이 안정적으로 자금을 조달할 수 있도록 다양한 정책 자금을 운용하고 있다. 일반적인 운전 자금이나 시설 자금 융자를 넘어, 상장 추진 기업의 재무 구조 개선과 성장 자금 확보를 직접 지원하는 점에서 의미가 크다. 이는 민간 자본이 쉽게 접근하지 못하는 초기·성장기 기업에 정책 금융을 공급함으로써, 시장의 자금 단절을 메워 주는 정책적 보완 장치라 할 수 있다.

그중에서도 대표적인 제도가 '성장 공유형 정책 자금 투자'다. 성장 공유형 정책 자금은 기업의 형태에 따라 CB, BW, RCPS 형태로 투자하는 상품이다. 이 상품은 IPO 가능성이 높은 기업을 대상으로 최대 60억 원 규모의 장기·저리 자금을 제공하는데, 단순한 자금 지원을 넘어 '성과 공유 구조'를 도입하고 있다는 점에서 주목할 만하다. 즉, 정책 자금이 기업에 투입된 이후, 해당 기업이 IPO 성공이나 매출 성장 등 가시적인 성과를 창출하면 일정 부분을 환원해 다시 금융 재원으로 활용하는 방식이다. 이러한 구조는 정책 자금의 지속 가능성을 높이고, 성공 기업의 성과를 다시 후속 기업 지원에 재투자할 수 있다는 점에서 정책 금융의 선순환 모델로 평가된다. 기업 입장에서는 자금 조달 과정에서 부담을 덜 수 있고, 공단 입장에서는 재원을 효율적으로 운용할 수 있는 장점이 동시에 작동한다. 특히 이 제도는 IPO 준비 과정에서 자주 발생하는 '유동성 부족' 문제를 해소하고, 회계 투명성 강화 및 재무 구조 개선을 뒷받침한다는 점에서 실질적인 도움이 된다.

또한, 중진공은 '스케일업 금융(P-CBO 기반 자금 조달)' 제도를 통해, 직접 금융 시장에 진입하기 어려운 기업들이 회사채 발행을 통해 대규모 자금을 확보할 수 있도록 지원하고 있다. 일반적으로 중소기업은 신용 등급이 낮아 회사채 발행이 어렵지만, 중진공은 이를 유동화 증권(P-CBO) 구조로 전환해 신용을 보강하고 민간 투자자와 함께 자금을 매입하는 방식으로 시장 접근성을 높인다. 기업당 평균 25억 원, 최대 120억 원까지 지원이 가능하며, 실제로 이 제도를 활용한 기업들 중 다수가 매출 1,000억 원 이상을 달성하거나 IPO에 성공하는 성과를 보여 주었다. 이처럼 스케일업 금융은 IPO와 직접 연결된 제도는 아니지만, 기업이 자본 시장에서 신뢰를 쌓고 대규모 자금을 조달하는 경험을 제공한다는 점에서 상장을 준비하는 기업들에게 중요한 '간접 지원 장치'로 기능한다.

결국 중소벤처기업진흥공단의 제도는 신보·기보처럼 직접적인 보증 제공에 한정되지 않고, '정책 자금 융자와 자본 시장 연계형 지원을 통해 IPO 준비 기업의 자금 조달 기반을 다져 주는 역할'을 수행하고 있다. 특히 성장 공유형 정책 자금은 IPO 직전 단계에서 필요한 재무 안정성을 높이는 직접 지원 제도로, 스케일업 금융은 기업의 자본 시장 경험을 확장해 향후 상장 과정에서 시장 신뢰를 높이는 간접 지원 제도로서 의미가 있다. 두 제도는 서로 다른 방식이지만, 결과적으로는 혁신기업이 상장과 외형 확장이라는 중요한 전환점을 넘어설 수 있도록 발판을 마련해 준다는 공통된 목적을 가지고 있다.

출처:중소벤처진흥공단(https://youtu.be/pP24j_Z8C-c?si=eSoVZJUEYfluU0P-)

한국성장금융(성장사다리 펀드 운용 기관)

한국성장금융투자운용은 벤처·스타트업 등 유망 기업의 성장을 지원하기 위해 모험 자본을 공급하는 FoF(Fund of Funds) 전문 운용 기관이다.(성장사다리 펀드) 주요 역할은 ▲건강한 기업 성장 생태계 조성을 위한 모펀드 기획 및 운용 ▲우수한 벤처 캐피탈(GP)에게 자펀드 위탁 ▲시장 친화적인 방식으로 모험 자본 공급 ▲창업-성장-회수-재도전으로 이어지는 선순환 구조 구축 등을 통해 국내 벤처 생태계 활성화에 기여하는 것이다. 모태 펀드는 말 그대로 '모태(母胎)'가 되는 기금으로, 정부 재원과 민간 벤처 캐피털의 자금을 함께 모아 펀드를 조성하고, 이를 통해 창업 초기 기업부터 성장기, IPO 직전 단계의 기업까지 성장 단계별로 필요한 자금을 공급한다. 한국성장금융은 이러한 펀드를 실질적으로 운용하면서 기업이 성장 과정에서 맞닥뜨리는 자금 단절을 해소하고, 나아가 IPO와 M&A와 같은 중요한 전환점을 준비할 수 있도록 돕고 있다.

특히 IPO 직전이나 전략적 인수 합병을 추진하는 기업을 위해서는 대규모 펀드 기반 지원이 마련되어 있다. 대표적인 사례가 'IBK 성장 M&A펀드'이다. 이 펀드는 중소기업이 시장 확대나 신사업 진출을 위해 인수 합병을 추진할 때 자금 부족으로 어려움을 겪지 않도록 지원하는 것을 목적으로 한다. 2025년 하반기에는 약 5,000억 원 규모로 조성될 예정이며, 한국성장금융이 직접 출자자로 참여해 민간 자금과 정책 자금이 함께 결합되는 구조를 갖춘다. 이를 통해 기업은 은행 대출에 의존하지 않고, 안정적인 투자 유치를 통해 인수 합병 전략을 실행할 수 있는 기반을 마련하게 된다. 경영 승계, 해외 진출, 사업 구조 개편 등 굵직한 전략적 과제를 추진하는 과정에서 실질적인 자금 조달 수단이 되는 것이다.

출처:한국성장금융(https://www.kgrowth.or.kr)

이와 함께 '글로벌펀드'는 해외 벤처 캐피털의 투자와 모태 펀드 출자가 결합된 형태로, 펀드 자금 이상의 금액을 반드시 한국 기업에 투자하도록 설계되어 있다. 지금까지 총 74개 글로벌 펀드가 조성되어 약 1조 3,000억 원 규모가 국내 혁신기업에 투입되었으며, 이를 통해 토스, 당근마켓, 리벨리온 등과 같은 유니콘 기업들이 탄생할 수 있었다. 글로벌 펀드는 단순한 자금 공급을 넘어 해외 투자 네트워크와의 연결 창구 역할을 수행함으로써, IPO를 준비하는 기업들이 글로벌 자본 시장에 안착할 수 있도록 돕는 중요한 수단으로 자리매김하고 있다.

아울러 한국성장금융은 성장 단계별로 자금 공백이 생기지 않도록 다양한 출자 사업을 병행하고 있다. '초기 기업 증액 투자 펀드'는 이미 한 차례 투자를 받은 기업에 추가 자금을 공급해 성장세를 이어갈 수 있도록 지원하며, 'LP 세컨더리 펀드'는 기존 투자자의 지분을 매입해 유동성을 제공함으로써 기업이 원활하게 후속 투자를 유치할 수 있는 환경을 조성한다. 이러한 제도들은 직접적으로 IPO나 M&A 자금으로 쓰이지는 않더라도, 결과적으로는 상장을 준비하는 과정에서 기업이 안정적으로 성장 동력을 확보하도록 하는 보조적 장치로 작동한다.

결국 한국성장금융은 단순히 벤처 펀드 운용 기관에 그치지 않고, 기업의 성장 단계 전반을 연결하는 금융 플랫폼으로서 역할을 확대하고 있다. M&A 자금을 직접 지원하는 'IBK 성장 M&A 펀드', 해외 자본을 국내로 유입시키는 '글로벌 펀드', 그리고 성장 단계별 맞춤형 펀드들은 모두 기업이 IPO와 M&A라는 중요한 도전에 직면했을 때 자금 부족으로 발목 잡히지 않도록 돕는다. 이는 혁신기업이 국내 시장에서 글로벌 시장으로, 비상장에서 상장 기업으로 도약할 수 있도록 하는 중요한 촉매제가 되고 있다.

M&A 및 IPO 지원 기타 정책 금융 지원 제도

한국산업은행(KDB)과 정부가 주도하는 정책형 뉴딜 펀드는 중소·중견 기업이 성장 과정에서 맞닥뜨리는 구조적 자금 수요를 해결하기 위해 설계된 제도적 장치다. 특히 M&A를 통한 기업 확장이나 IPO 준비 과정에서 안정적인 자금 기반을 제공함으로써, 시장 신뢰를 확보하고 성장 전략을 실행할 수 있도록 지원한다는 점에서 의미가 크다.

우선, 산업은행은 'M&A·세컨더리 회수 시장 활성화 펀드'를 조성하여 인수 합병 자금과 세컨더리 시장 유동성을 동시에 공급하고 있다. 산업은행은 위탁 운용사 8곳에 총 1,500억 원을 출자하여 약 5,000억 원 규모의 자펀드를 마련했으며, 이 중 3,000억 원은 M&A 자금, 2,000억 원은 세컨더리 투자를 목적으로 활용된다. M&A 펀드는 기업이 전략적 인수 합병을 추진할 때 직접적인 인수 자금으로 투입되며, 세컨더리 펀드는 기존 주식을 매입하거나 회수 시장을 활성화함으로써 구조 조정 및 경영권 이전을 원활히 지원한다. 이를 통해 기업은 은행 대출이 아닌 펀드 기반의 자금 조달을 통해 외형 확장과 IPO 준비를 병행할 수 있다.

표 11.7 정책 금융 기관별 IPO·M&A 지원 제도 비교

기관	주요 지원 상품·제도	지원 방식	IPO·M&A 지원 포인트
신용보증기금 (KODIT)	IPO 연계 보증 인수 자금 보증 혁신 아이콘 보증	보증	상장 추진 기업의 신용도 보강 M&A 자금 조달 부담 완화 혁신 아이콘 보증으로 기업 가치 제고
기술보증기금 (KIBO)	M&A 특화 보증 (기술 혁신형, 기업 승계형, 구조 조정형) 보증 연계 투자 예비 유니콘 특별 보증	보증 + 투자	인수·승계·구조 조정 과정 자금 지원 보증과 직접 투자를 결합해 IPO 직전 기업 신뢰 확보 고성장 기업의 스케일업과 상장 준비 지원
중소벤처 기업진흥공단 (KOSME)	성장 공유형 정책 자금 투자(CB, RCPS등) 스케일업 금융(P-CBO 기반)	융자 + 채권 발행 지원	IPO 준비 기업에 최대 60억 원 정책 자금 투자 성과 공유 구조로 재무 안정성 강화 스케일업 금융으로 자본 시장 간접 경험 제공
한국성장금융 (모태 펀드 운용)	성장사다리 펀드 IBK 성장 M&A 펀드 글로벌 펀드 초기 기업 증액 투자·세컨더리 펀드	펀드 투자	M&A 추진 기업에 대규모 자금 공급 글로벌 VC 연계, 해외 IPO·스케일업 지원 기업 성장 단계별 자금 공백 해소
산업은행 (KDB)	M&A·세컨더리 회수 시장 활성화 펀드 Pre-IPO·메자닌 투자	펀드 출자 + 직접 투자	5,000억 원 규모 펀드로 인수 자금 지원 세컨더리 시장 활성화, 구조 조정 지원 Pre-IPO 단계 투자 확대
정책형 뉴딜 펀드	뉴딜 펀드 (디지털·그린 중심) 뉴딜 인프라 펀드	펀드 투자 + 세제 인센티브	메자닌 투자·인수 금융을 통한 성장 연계 공모 인프라 펀드로 민간 자금 유입 IPO 전후 혁신기업 자금 조달 확대

또한 정부는 '정책형 뉴딜 펀드'를 통해 디지털·그린 뉴딜 분야의 혁신기업을 집중적으로 육성하고 있다. 이 펀드는 모(母)펀드와 자(子)펀드 구조로 운영되며, 창업 초기 기업부터 상장 직전 기업까지 전 생애주기에 걸쳐 투자가 가능하도록 설계되어 있다. 특히 메자닌(Mezzanine) 투자나 인수 금융 선순위 대출(PDF)과 같은 맞춤형 수단을 포함해, IPO 단계에서 자주 발생하는 자금 단절 문제를 해소하는 역할을 한다. 즉, 단순한 성장 자금 지원을 넘어, 기업이 자본 시장에서 신뢰를 확보하고 상장 준비를 원활히 진행할 수 있도록 금융적 사다리를 제공한다는 점에서 차별화된다.

아울러, 정책형 뉴딜 펀드에는 '뉴딜 인프라 펀드'가 포함되어 있다. 이는 디지털 및 그린 인프라 분야에 일정 비율 이상을 투자하는 공모 펀드로, 투자자에게는 배당 소득에 대해 9% 분리 과세라는 세제 혜택을 제공한다. 이러한 구조는 민간 투자자의 참여를 유도하고, 동시에 신산업·혁신기업이 자금 조달 경로를 확대하는 데 기여한다. 결과적으로 뉴딜 인프라 펀드는 상장 전후 기업들이 안정적으로 자금을 유치하고, 미래 성장 산업 중심의 M&A와 IPO를 추진하는 데 간접적인 지원 효과를 발휘한다.

이처럼 산업은행과 정책형 뉴딜 펀드는 직접적인 인수 자금 지원부터 상장 전후 기업의 자금 조달 기반 마련까지 다양한 방식으로 작동하고 있다. 이는 신보·기보·중진공·성장 금융의 제도들과 함께, 우리나라 정책 금융 전반이 기업 성장 단계별로 정교하게 맞물려 작동하고 있음을 보여 주는 사례라 할 수 있다.

11장 핵심 포인트

구분	주요 내용	핵심 포인트
IPO 개념 및 필요성	• IPO는 기업이 주식을 공개해 자금을 조달하고 시장에서 기업 가치를 평가받는 절차. • 대규모 자금 확보, 브랜드 신뢰도 제고 가능하나 공시 의무·규제 부담 존재	대규모 자금 조달, 신뢰도 제고 vs 규제·단기 성과 압박
IPO 경로와 시장별 특성	• 코넥스(초기 스타트업), 코스닥(벤처·혁신 기업, 기술 특례 가능), 유가증권시장(중견·대기업 중심, 요건 엄격)	성장 단계별 시장 선택, 기술 특례·유니콘 상장 활용
IPO 기업 가치 제고 전략	• 재무 지표 관리(매출 성장률, ROE, 부채 비율 등), 사업 다각화, 지배 구조 개선, 무형 자산 가치 제고	재무·사업 구조·지배 구조· 무형 자산 4대 영역 점검
M&A 개념과 유형	• 지분 거래(단순·빠름, 리스크 승계), 영업 양수도(필요 사업부만, 절차 복잡), 합병(시너지 크나 통합 리스크)	인수 목적·시장·규모에 맞는 방식 선택
매각 측 준비 사항	• 매각 가능성 진단(핵심 역량·시점), 가치 평가·스토리라인 구성, 전문 자문사 선정	매각 전 사전 준비 필수, 스토리·자문 역량 중요
매수 측 자금 조달 전략	• LBO, SPC, 합병형 인수 금융 등 구조 활용. 신보·기보 보증, 중진공 장기 융자, 산은·수은 대규모 인수 금융	차입 + 정책 금융 결합, 리스크 최소화
정책 금융 기관 지원 제도	• 신보: IPO 연계 보증·M&A 보증·혁신 아이콘, • 기보: 특화 보증·보증 연계 투자·예비 유니콘, • 중진공: 성장 공유형 정책 자금·P-CBO, • 성장 금융: 모태 펀드·M&A 펀드, • 산은: 세컨더리·뉴딜펀드	정책 금융 종합 지원, 보증 + 투자 + 융자 결합
시사점	• IPO와 M&A는 단순 엑시트 수단이 아니라 성장 전략의 전환점. • 정책 금융은 신뢰도 제고와 자금 조달 촉진자로 기능	IPO·M&A = 성장 도약, 정책 금융의 촉진자 역할

"

사업이 잘 풀리지 않아 부채가 늘고
자금 흐름이 막혔습니다.
여기서 다시 일어설 방법이 있을까요?

물론이죠.
신보의 '재창업보증'이나 중진공의 '재도전자금'을
활용하면 부채 조정과 신규 자금 지원을 동시에
받을 수 있습니다. 실패가 끝이 아니라,
정책 금융을 통해 다시 도전할 수 있는
'두 번째 기회'가 열려 있습니다.

"

제12장

실패 방지와 회생을 위한 안전장치

창업은 도전이지만, 늘 성공만을 보장하진 않는다. 실제로 상당수의 스타트업은 매출 정체, 자금 유동성 부족, 초기 시장 부적응 등의 이유로 3년 이내 폐업하거나 방향을 잃는 경우가 많다. 그러나 실패가 곧 끝은 아니다. 정부는 창업 기업의 부실을 예방하고, 실패 이후 재기를 지원하기 위한 다양한 제도적 장치를 마련하고 있다.

이 장에서는 ① 실패 예방을 위한 위기 관리 정책 자금, ② 재기 및 회생을 돕는 제도, 그리고 ③ 실패를 방지하기 위한 자금 운용 전략을 순서대로 살펴본다. 단순한 제도 설명을 넘어 언제 어떤 상황에서 어떤 수단을 활용해야 하는지, 그리고 실전에서 자주 발생하는 실패 사례를 어떻게 회피할 수 있는지에 대해 실행 중심의 안내를 제공하고자 한다.

1. 정책 금융을 통한 기업 위기 관리 방법

초기 창업 기업은 보통 매출이 안정되기 전까지는 외부 자금에 많이 의존하게 된다. 문제는 투자 유치나 정부 지원금이 예상보다 늦어지거나, 고객사 결제가 지연되는 상황이 생기면 현금 흐름이 금세 막힐 수 있다는 점이다. 여기에 사무실 임대료, 직원 월급, 개발 외주비 등 매달 나가는 고정비까지 겹치면 갑자기 자금 위기에 몰리게 된다. 이런 상황에서 대부분의 대표들은 "추가 대출을 받아야 하나?"라고 고민하지만, 무작정 대출만 늘리는 건 오히려 상황을 악화시킬 수 있다. 이럴 땐 신용보증기금, 기술보증기금, 중소벤처기업진흥공단 등 정책 금융 기관들이 운영하는 보증 연장, 상환 유예, 긴급 자금 지원 같은 '위기 대응 프로그램'을 먼저 검토하는 것이 훨씬 현실적 해법이 될 수 있다.

정책 금융을 통한 기업 위기 관리 방법

초기 창업 기업은 매출 구조가 아직 자리 잡지 않은 상태에서 다양한 외부 변수에 매우 민감하게 반응한다. 특히 투자 유입이 지연되거나 고객사 대금이 늦어질 경우, 단기적인 자금 경색이 빠르게 경영 위기로 이어질 수 있다. 이는 단순히 대표의 경영 능력 문제라기보다 창업 초기 기업이 공통적으로 겪는 구조적인 리스크에 가깝다. 창업 기업이 실제로 겪게 되는 주요 위기는 다음 다섯 가지로 구분할 수 있다.

첫째, 유동성 부족이다. 매출보다 고정비 지출이 먼저 발생하는 창업 초기에는 현금 흐름이 특히 불안정하다. 정부 지원금이나 투자금이 예정된 시기에 들어오지 않거나, 매출 발생이 지연되면 급여, 임대료, 외주 비용 등을 제때 감당하지 못하고 자금이 바닥나는 경우가 생긴다.

이럴 때는 무리하게 추가 대출을 받기보다는 기존 거래처와 납품 일정이나 외주비 지급 조건을 조정해 일시적으로 현금 유출을 늦추거나, 중소벤처기업진흥공단의 긴급 운전 자금을 활용해 일시적 유동성을 확보하는 것이 보다 안전한 해법이다.

둘째, 채권 회수 지연이다. 제품이나 서비스를 제공했지만 고객사 대금 입금이 늦어지거나 거래처가 부도나는 경우가 특히 B2B 기업에서 빈번하다. 이런 상황이 반복되면 기업의 자금 순환이 끊기게 된다. 이를 방지하기 위해 신용보증기금이 제공하는 매출채권보험에 가입하거나, 정책 금융 기관의 상환 청구권 없는 팩토링 보증을 통해 채권을 조기에 현금화하는 방식이 현실적인 대응책이 될 수 있다.

셋째, 금융 기관의 상환 압박이다. 보증 기관이나 정책 금융 기관으로부터 자금을 지원받은 경우, 만기 시점에 일시 상환이 필요할 수 있는데, 이 시기에 유동성이 부족하면 상환에 실패할 위험이 커진다. 이럴 때는 상환 방식 전환(분할 상환), 상환 유예 신청 등 제도를 활용할 수 있다. 특히 중진공이 운영하는 연착륙 프로그램은 상환 조건 조정, 이자 유예, 거치 기간 연장 등을 통해 기업의 부담을 줄여 준다.

넷째, 매출의 정체 또는 급감이다. 주력 거래처의 계약 종료, 수요 감소, 시장 상황 악화 등으로 인해 예상 매출이 무너질 경우, 수익 구조 자체에 대한 재설계가 필요할 수 있다. 하지만 그 이전에 대응할 수 있는 방법으로는 공공 조달 시장 진입, 수출 바우처 등 정책 판로 지원 제도를 활용해 새로운 매출처를 확보하는 것이 중요하다.

표 12.1 기업 위기 유형과 정책 대응 전략

위기 유형	대표 상황	설명	대응 전략
유동성 부족	매출 지연, 투자 지연	고정비가 계속 발생하는데 현금 유입이 없어 자금이 막힘	기존 거래처와 납품 대금 또는 외주비 지급 일정 협의/중소벤처기업진흥공단의 긴급 운전 자금 활용
외상 채권 회수 지연	거래처 미수금 발생, 부도	외상으로 납품했으나 입금 지연되거나 회수가 불투명해짐	신용보증기금의 매출채권보험 가입/신보의 상환 청구권 없는 팩토링 보증 활용을 통한 조기 현금화
금융 기관 상환 압박	만기 일시 상환 도래	대출 상환 기한이 도래했으나 자금이 부족한 상황	보증 기관에 조기 상담하여 분할 상환 전환/중진공 연착륙 프로그램 신청/상환 유예 제도 활용
매출 정체 또는 급감	주요 거래처 계약 종료, 수요 급감	일정 매출 기반이 사라져 수익 기반 자체가 흔들리는 상황	수출 바우처, 공공 조달 등 판로 다변화 지원 제도/중진공 고용 유지 자금 또는 시장 전환 자금 등 전략 연계
부채 비율 증가, 재무 불안정	자본 잠식, 과도한 대출 의존	재무 구조 악화로 금융 접근성이 낮아짐	신보의 재도전 특례 보증/중진공의 자율구조조정 지원제도(KD-CORE)/정책 컨설팅 연계 활용

다섯째, 재무 구조의 악화다. 자본보다 부채가 많아지거나 부채 비율이 급격히 상승하는 경우, 금융 기관의 추가 자금 유치가 어려워지고 정책 자금 한도도 축소될 수 있다. 이럴 때는 신용보증기금의 재도전 특례보증, 중진공의 자율구조조정지원제도(KD-CoRe) 등을 통해 부채 구조를 개선하고, 필요시 정책 컨설팅을 병행하여 회생 방안을 마련해야 한다.

이러한 위기들은 하나하나가 단독으로 발생하기보다는 연쇄적으로 연결되어 확산되는 경우가 많다. 외상 채권 회수가 늦어져 유동성 부족이 생기고, 그로 인해 금융 상환이 어려워지며, 결국 재무 구조 악화로 이어지는 식이다. 따라서 위기 상황이 눈에 보이기 전에 미리 각 유형에 맞는 정책 금융 수단을 숙지하고, 조기에 대응 전략을 수립하는 것이 창업 기업의 생존력을 높이는 핵심 전략이다.

2. 재창업 패키지, 회생 기업 지원 제도

창업은 언제나 성공만을 보장하지 않는다. 실제로 중소벤처기업부의 통계에 따르면, 우리나라에서 창업한 기업의 절반 이상이 3년 이내에 폐업하고 있다. 특히 초기 자금 고갈, 제품 시장성과 검증 실패, 예상보다 늦은 매출 발생, 공급망 문제, 공동 창업자 간 갈등 등은 창업 기업이 흔히 마주하는 현실적인 문제들이다. 중요한 건 창업 실패 자체가 '문제'가 아니라는 점이다. 오히려 실패를 경험한 창업자가 다시 일어설 수 있도록 도와주는 시스템과 기회를 어떻게 활용하느냐가 더 중요하다.

많은 선배 창업자들도 한두 번의 실패를 딛고 다시 일어섰다. 문제는 '실패 이후'다. 자금은 바닥났고, 신용 등급은 떨어지고, 거래처는 떠났을 수 있다. 하지만 이처럼 위기에 놓인 창업자들을 위해 정부는 재도전 창업 지원 프로그램, 회생 기업 자금 지원, 보증 및 컨설팅 제도 등 실패 이후 다시 시작할 수 있는 제도적 안전 장치를 마련하고 있다.

다음에서는 창업 실패를 경험한 기업인들이 실제로 활용할 수 있는 재창업 패키지와 회생 지원 제도 등 정책적 재도전 지원, 개인 신용 회복 수단까지 통합적으로 설명하고 실제 사례를 통해 재도전의 길을 안내하고자 한다.

재창업 기업인을 위한 제도

○ **재도전 성공패키지(중소벤처기업부)**
- 창업 실패 경험이 있는 예비 창업자 또는 재창업자를 대상으로 사업화를 지원
- 최대 1억 원 내외의 사업화 자금 + 멘토링 + 교육을 패키지로 제공
- 지원 요건: 부도, 폐업, 연체 등 과거 실패 경력이 있으면서 재창업 의지가 명확한 경우

이 제도는 실패 경험을 단점으로 보지 않고 자산화하여 재도전을 장려하는 대표적인 제도이다.

○ **재창업 사업화 지원(창업진흥원)**
- 기존 사업 실패 후 동일 업종 또는 유사 업종으로 재도전하는 기업 대상
- 업력 기준 7년 이내, 재창업 시점에서 3년 이내 기업 중심으로 선정
- 시장 검증, 제품 개발, 마케팅 자금 등을 단계별로 지원

○ **신용보증기금: 재기 지원 보증**
- 신용 등급이 낮거나 과거 연체 이력이 있는 기업인도 일정 요건을 충족하면 보증 지원
- 대표자가 실패 경험 후 일정 기간 성실하게 납세 및 상환한 이력이 있을 경우 우대

- 창업 재도전 시, 보증 한도 및 심사 기준을 일부 완화

이 제도는 신용도가 낮아진 상태에서도 초기 자금 확보가 가능하게 도와주는 제도이다.

표 12.2 재창업 기업인을 위한 정책 지원 제도

제도명	내용	운영 기관
재도전 성공 패키지	실패 경험이 있는 예비 창업자 대상으로 최대 1억 원 사업화 자금 + 멘토링 제공	중소벤처기업부
재창업 사업화 지원	폐업 후 3년 이내 재창업자 대상 제품 개발, 시장 검증, 마케팅 등 지원	창업진흥원
재기 지원 보증	신용도가 낮아도 창업 재도전 시 보증 한도 완화 및 특례 보증 시행	신용보증기금

경영 위기·회생 기업을 위한 제도

○ **회생기업 특별자금(중소벤처기업진흥공단)**

- 법적 회생 절차(법정 관리 등) 진행 중이거나 회생 계획 인가를 받은 기업을 대상으로 지원
- 자금 용도: 원자재 구매, 인건비, 제품 개발, 고정비 대응 등

금리 우대, 상환 조건 완화 가능(기업 규모와 회생 계획 성실 이행 여부 반영)

○ **자율구조조정지원제도(KD-CoRe)**

- 다수의 금융 기관과 거래 중인 기업이 개별 협상이 어려울 경우, 중진공이 구조 조정 중재
- 회생 계획 수립 + 정책 자금 연계 가능

- 주로 제조업 등 자금 구조가 복잡한 중소기업에서 활용

이 제도를 활용하는 경우 부채 조정, 유예, 신규 자금 조달을 통합적으로 지원받을 수 있다.

○ **기업 회생 컨설팅**

- 신용보증기금과 중소벤처기업진흥공단이 회생 기업을 대상으로 컨설팅 제공
- 회생 계획 수립, 채권 조정 방안 마련, 재무 구조 개선 전략 등 맞춤 지원
- 회생 신청 전 단계에서 활용 시, 금융 기관과의 협상 자료로 활용 가능

이 제도는 단순한 자금 지원이 아닌, 회생 시나리오 설계와 금융 대응 전략 마련에 효과적이다.

표 12.3 회생 중소기업을 위한 금융 지원 제도

제도명	내용	운영 기관
회생기업 특별자금	법정 관리 또는 회생 계획 인가 받은 기업 대상 원자재, 인건비 등 자금 지원	중소벤처기업진흥공단
자율구조조정 지원제도 (KD-CORE)	복수 금융 기관 채무 구조 조정, 상환 유예, 재무 컨설팅 등 통합 지원	중소벤처기업진흥공단
회생기업 컨설팅	법적 회생 계획 수립, 채무 조정 절차 자문 제공	신보, 중진공 등

기타 재기 지원을 위한 제도

창업 실패 이후 회생을 준비하거나 경영 위기에 놓인 기업이 다시 사업을 정상화하기 위해서는 자금 지원뿐 아니라 법적 회생 절차, 인

건비 보전 등의 복합적인 제도가 필요하다. 다음은 이러한 회생을 위한 보완적 지원 제도들이다.

○ **법원 회생 절차**

경영 위기 기업이 법원에 회생을 신청해 채무 조정 및 회생 계획 인가 절차 진행
- 법정 관리, 개인 회생 등 법률 기반 회생 제도 활용 가능
- 채권자 강제 조정이 가능하고, 회생 절차 중 영업을 지속할 수 있음

이 제도는 민간 또는 정책 금융 기관 협상이 어려운 경우에도 법적 보호 아래 회생을 시도할 수 있는 수단이 된다.

○ **고용유지지원금**
- 고용노동부가 경영 위기 기업에 인건비 일부를 지원하는 제도
- 휴업, 휴직 등으로 고용을 유지하는 조건하에 지원금 지급
- 제조업, 관광업, 소상공인 등 인건비 부담이 큰 업종에서 활용 빈도 높음

이 제도는 인력 구조 조정 없이 조직을 유지할 수 있어, 위기 후 경영 정상화에 유리하다.

개인 사업자 신용 회복을 위한 제도

창업 실패로 인해 대표자 개인이 신용 불량자가 되거나, 연체·채무 불이행 상태에 빠질 경우에도 제도적으로 회복 가능한 절차가 마련되어 있다. 이 제도들은 대부분 개인 사업자나 소상공인 창업자에

게도 적용된다.

○ **개인회생제도(법원)**
- 일정 소득이 있는 개인이 법원에 회생을 신청하면, 최대 5년간 일정한 금액을 분할 상환한 뒤 나머지 채무를 탕감받을 수 있는 제도
- 창업 실패로 인해 과도한 부채를 떠안은 개인 사업자에게 실질적 재기 기회를 제공
- 성실 상환 요건 충족 시, 금융 기관 거래 재개 가능

○ **신용회복위원회 개인채무조정제도**
- 연체가 발생한 개인 채무자 대상, 금융 기관과의 협의로 원금 감면, 이자 탕감, 분할 상환 조건 조정
- 자영업자 채무 조정 프로그램도 운영 중(창업자 대상 특화)

○ **배드뱅크(한국자산관리공사 - 캠코)**
- 연체 자산이나 부실 채권을 캠코에서 인수하여 채무자에게 합리적 조건의 상환 기회 부여
- 일부 사업자 대상 채무 조정 협상 대행, 신용 회복 프로그램 연계

위 제도들은 모두 신용 정보 회복과 금융 재진입을 가능하게 해주며, 재창업이나 후속 금융 지원(보증, 대출)의 전 단계로 작용한다.

재창업과 회생은 더 이상 부끄러운 단어가 아니다. 앞으로의 시대는 실패를 인정하고 준비하는 사람이 결국 다시 살아남는 시대다. 정

부가 마련한 다양한 정책과 법적 제도를 전략적으로 활용한다면, 한 번의 실패는 '끝'이 아니라 '다음 단계로 가는 문'이 될 수 있다.

재도전 성공 사례

사례 1. 온라인 쇼핑몰 실패 후, SaaS로 재도약한 창업자

서울에서 여성 의류 온라인 쇼핑몰을 운영하던 A 대표는 2년간 열정을 다해 창업에 매달렸다. 마케팅에 공격적으로 투자하고, SNS 기반 판매를 강화하며 초기엔 매출도 나쁘지 않았다. 하지만 시간이 지나자 재고 부담, 광고비 상승, 물류 오류 문제가 겹치며 수익은커녕 적자가 쌓이기 시작했다. 공동 창업자와의 갈등도 깊어지면서 결국 사업을 정리할 수밖에 없었다.

"그땐 완전히 무너졌다고 생각했어요. 통장 잔고도 0원이었고, 가족들 보기에도 미안하고…"

하지만 그는 그 실패에서 '교훈'을 찾아냈다. 바로, 자신이 직접 겪은 쇼핑몰 운영의 불편함이었다. 상품 등록, 주문 확인, 정산 등 반복되는 작업을 자동화할 수 있으면 좋겠다는 생각이 들었고, 그 경험을 기반으로 쇼핑몰 자동화 SaaS 솔루션을 기획하게 되었다. 처음엔 자금이 없었다. 하지만 중소벤처기업부의 재도전 성공패키지를 알게 되어 신청했고, 멘토링과 함께 약 8,000만 원의 사업화 자금을 지원받을 수 있었다. 이후 신용보증기금의 재기지원보증을 통해 초기 운영 자금도 확보했다.

"이전에 실패한 기록이 있었지만, 오히려 그게 창업 경험으로 인정되더라고요. 실패가 약점이 아니라 자산이라는 걸 처음 알았죠."

지금 그는 자신이 만들었던 SaaS 솔루션을 전국 20여 개 온라인몰 운영자에게 공급하고 있으며, 월 3,000만 원 이상의 안정적인 B2B 계약을 유지하고 있다. 실패를 숨기지 않고, 배운 것을 새 사업 모델로 바꿨기에 가능했던 일이다.

사례 2. 부도 위기에서 다시 공장을 돌린 지역 제조업체

경북 지역에서 전자 부품을 생산하던 B 기업은 한때 지역의 유망한 부품업체로 손꼽혔다. 주력 거래처와의 계약이 안정적이었고, 설비 투자도 과감하게 단행했지만, 거래처가 해외로 생산 기지를 이전하면서 갑작스럽게 납품이 끊겼다. 여파는 컸다. 직원 월급은 밀리고, 원자재 대금도 미지급 상태가 누적되며, 금융 기관의 상환 압박까지 겹쳤다.

"그때는 '아, 이 공장은 끝났구나' 싶었어요. 하지만 포기하기엔 너무 많은 사람이 함께하고 있었죠."

B 대표는 결국 법원에 회생 절차를 신청했고, 본격적으로 회생 방안을 찾기 시작했다. 그때 발견한 것이 중소벤처기업진흥공단의 회생기업 특별자금이었다. 이 자금을 통해 최소한의 원자재를 구입하고, 직원들의 체불 급여를 일부 지급하며 공장 가동을 재개할 수 있었다.

하지만 문제는 여전히 남아 있었다. 과거 채무가 발목을 잡고 있었고, 신용 등급은 추락한 상태였다. 이때 B대표는 '한국자산관리공사(캠코)'의 채무조정 프로그램에 참여해 일부 채무를 분할 상환 조건으로 재조정받았다. 또한, '자율구조조정지원제도(KD-CoRe)'를 통해 금융 기관과의 상환 일정을 재협상했고, 재무 구조를 정비했다.

지금 B사는 회생 계획을 충실히 이행한 덕분에 신용 등급이 회복되었고, 최근에는 기술보증기금의 기술평가보증을 통해 신규 설비 투자도 단행했다.

"사실 회생은 창피한 일이 아니라, 다시 살아날 수 있는 '기회'였어요. 제도를 믿고 버티니까 길이 보이더라고요."

앞에 든 두 사례 모두 단순히 제도만 활용한 것이 아니라, 실패 이후 "무엇을 배우고 어떻게 전략적으로 대응했느냐"가 회복의 결정적 요인이었다. 실패는 누구에게나 찾아올 수 있다. 그러나 제도는 준비된 자에게 기회가 된다.

3. 부실 가능성을 줄이는
정책 자금 활용 TIP

창업 기업은 매출이 안정되기 전까지 자금 흐름에 큰 변동성을 겪는다. 이 과정에서 유동성 부족, 외상 미회수, 고정비 부담, 상환 압박 등 다양한 위기 상황에 직면할 수 있으며, 이를 제때 관리하지 못하면 부실로 이어지기 쉽다. 하지만 대부분의 위기는 자금 자체의 부족보다 자금 운용의 미숙함과 정책 자금 활용 역량 부족에서 비롯된다.

이 절에서는 '부실을 사전에 차단하기 위한 정책 자금 활용 전략'을 중심으로, 창업 기업이 자금을 확보하고 관리하는 데 있어 실행 가능한 팁과 제도 활용 포인트를 제시한다. 핵심은 단순히 돈을 '받는 방법'이 아니라 ① 어떤 자금을, ② 어떤 시점에, ③ 어떤 방식으로, ④ 어떻게 상환 계획까지 고려하며 사용할 것인가에 대한 선제적 설계와 전략적 활용에 있다. 정책 자금은 이러한 예방 전략의 핵심 도구이며, 이 절은 그 도구를 현실적으로, 효과적으로 쓰는 방법을 알려 주는 실전 매뉴얼이다.

정책 자금은 '분산 조달'과 '적시 활용'이 핵심

창업 초기, 자금 부족은 대부분의 기업이 겪는 공통된 어려움이다. 사업 아이템이 아무리 훌륭하고 시장성이 높다 하더라도 운영 자금이 충분하지 않으면 인건비나 임대료, 마케팅 비용 등 필수적인 고정비를 감당하지 못하게 되고, 이는 곧 경영 악화로 직결될 수 있다. 문제는 자금이 부족하다는 사실 자체보다 자금을 어떻게 마련하고 언제 어떤 방식으로 활용하느냐에 따라 위기를 회피할 수 있느냐가 갈린다는 점이다.

첫째, 자금 조달은 반드시 분산 전략으로 접근해야 한다. 특정 자금원에만 의존하는 방식은 위험하다. 예를 들어, 민간 투자 유치를 전제로 사업을 추진하던 창업자가 투자자의 검토 지연이나 투자 철회로 인해 자금 흐름이 끊기면, 당장 직원 급여나 사무실 임대료조차 지급하지 못하게 되는 상황에 직면할 수 있다. 이러한 리스크를 방지하기 위해서는 보증 제도와 정책 자금, 민간 투자 등 다양한 수단을 동시에 고려해야 한다.

대표적인 사례로는 신용보증기금과 기술보증기금의 스타트업 특화 보증 제도가 있다. 이 보증 제도를 활용하면, 은행으로부터 일정 수준의 자금을 보증 조건으로 대출받을 수 있으며, 기업의 초기 신용도가 낮더라도 자금 접근이 용이해진다. 여기에 중소벤처기업진흥공단의 청년창업자금, 창업초기자금 같은 정책 자금도 병행하면 자금 흐름을 안정적으로 유지할 수 있다. 아울러 엔젤 투자자, 벤처 캐피털, 액셀러레이터 등 민간 투자자와의 접촉을 지속적으로 병행해 두는 것도 중요하다. 정책 자금과 민간 투자를 병행하는 다중 조달 구조가 바로 창업 초기에 자금 리스크를 줄이는 핵심 전략이다.

둘째, 정책 자금은 단순히 자금이 부족할 때 신청하는 구조가 아니라, 기업의 사업 단계와 필요에 맞게 '목적 중심'으로 접근해야 한다. 예를 들어, 기업이 수출을 확대하려는 시점이라면 단순한 운전자금을 신청하는 것보다는 수출 바우처, 수출 보험, 무역 금융 보증 등 수출 지원 제도를 패키지로 활용하는 것이 훨씬 효과적이다. 각 제도는 목적에 따라 설계되어 있으며, 이에 맞는 자금을 신청했을 때 심사에서도 긍정적인 평가를 받을 수 있다. 반대로, 단순히 "운영 자금이 부족하다"는 이유로 관련 없는 자금을 신청하면, 활용도와 효율성이 떨어지고, 경우에 따라 자금 집행 이후에도 성과로 이어지지 않는 상황이 발생할 수 있다.

또한, 정책 자금은 시점 선택도 중요하다. 매출이 급격히 늘어나기 전, 또는 고용 인원이 증가하기 전에 선제적으로 자금을 확보해 두는 것이 바람직하다. 특히 제조업처럼 원자재 선구매나 설비 확보가 필요한 업종에서는 시의적절한 자금 투입이 생산성과 직결되므로 더욱 신중한 계획이 필요하다.

결국, 창업 초기의 자금 운영은 단순한 자금 확보를 넘어선 경영 전략의 일부다. 얼마나 자금을 확보했느냐보다 어떤 자금을 어떤 시점에 어떤 목적으로 확보했는가가 경영 안정성과 직결된다. 자금 조달을 단편적으로 보지 말고, 경영 흐름과 맞물린 입체적인 시각으로 바라볼 필요가 있다.

정책 자금 분산 조달과 적시 활용 사례

헬스케어 데이터 기반 AI 솔루션 기업 H사

H사는 의료 빅데이터를 기반으로 병원 맞춤형 인공지능 분석 솔루션을 개발하는 스타트업이었다. 초기에는 병원과 의료 기관의 도입 검토가 활발했지만, 정작 매출이 발생하기까지는 시간이 필요했고, R&D와 인건비, 서버 운영비 등의 고정비는 지속적으로 발생했다. H사의 대표는 자금 조달의 불균형이 기업의 생존을 위협할 수 있다는 점을 인지하고, 다음과 같은 방식으로 정책 자금을 분산 조달했다.

① 중소기업기술정보진흥원의 창업성장기술개발자금을 통해 제품 개발에 필

요한 R&D 자금을 확보

② 신용보증기금의 창업초기기업 특례보증을 활용해 운전 자금 확보 → 시중 은행 대출 연계

③ KISA(한국인터넷진흥원)의 비대면 서비스 바우처 지원 사업으로 클라우드 서비스 및 인프라 비용 절감

④ TIPS(Tech Incubator Program for Startup) 연계형 민간 투자도 유치 → 기술 고도화 자금 확보

이러한 분산 전략을 통해 H사는 특정 자금원 지연이나 미승인 등의 리스크에 대비할 수 있었고, 특히 시제품 완성과 동시에 초기 병원 시범 사업 수주에 성공하면서 매출 기반도 빠르게 확보했다. 또한, 정책 자금을 단순히 '돈을 받는 목적'이 아니라 각 자금의 용도와 시점을 정밀하게 매칭함으로써 자금 효율성과 생존 가능성을 동시에 높였다. 예를 들어 R&D는 정부 지원금, 인건비는 민간 투자금, 마케팅은 수출 바우처 등으로 목적별 구분을 명확히 했다.

H사의 사례는 자금 조달에서 단일 자금원에 의존하지 않고, 용도에 따라 다각적으로 설계한 전략이 얼마나 중요한지를 보여 준다. 특히 창업 초기에는 '얼마나 많이 받았는가'보다 '어디서, 어떤 목적으로, 어떻게 조달했는가'가 생존을 좌우한다는 점에서, 모든 창업자에게 참고가 될 수 있다.

위기 예방형 자금 관리 전략

창업 기업은 외부 환경 변화에 매우 민감하다. 매출이 갑자기 줄어들거나, 대금 결제가 지연되거나, 투자 유입이 늦춰지는 등 다양한 변수에 따라 기업의 자금 흐름이 한순간에 막힐 수 있다. 특히 고정비 지출이 선행되는 초기 단계에서는 유동성 부족이 곧바로 경영 위기로 연결된다. 그렇기 때문에 위기는 '언제든지 올 수 있다'는 전제로, 평상시에 위기 대응 전략을 세워 두는 것이 중요하다.

첫째, 운전 자금은 '여유 있게' 확보하자. 창업 초기에는 매출이 예측대로 발생하지 않거나 예상보다 늦게 발생하는 경우가 많다. 이때 필요한 자금만 딱 맞춰서 확보해 두면, 예기치 못한 상황이 생겼을 때 곧바로 유동성 위기에 빠진다. 따라서 창업자는 운전 자금을 단순히 '당장 필요한 금액'이 아니라, '버퍼를 둔 여유 자금'으로 확보해야 한다.

예를 들어, 중소벤처기업진흥공단의 청년전용 창업자금이나 신용보증기금의 스타트업 보증 등은 기업이 아직 완전한 수익 구조를 확보하지 못했더라도, 대표자의 신용도와 향후 성장 가능성을 기반으로 조기 확보가 가능하다. 이런 자금을 활용하면, 향후 매출이 지연되더라도 일정 기간 버틸 수 있는 안전 장치를 마련할 수 있다. 창업 초기에 '현금 흐름 여유'는 곧 '생존 확률'이다.

둘째, 상환 구조를 반드시 설계하자. 대부분의 창업 기업이 정책 자금이나 보증을 활용할 때, 자금을 확보하는 데만 집중하고 상환 계획은 뒤로 미루는 경우가 많다. 그러나 상환 계획이 명확하지 않으면, 몇 개월 또는 1~2년 뒤에 대출 만기가 도래했을 때, 또 다른 위기를 맞게 된다.

예를 들어, 보증 조건에 따라 일시 상환인지 분할 상환인지, 유예 기간이 얼마인지, 상환 시기가 향후 매출 발생 시점과 맞는지 등을 사전에 체크하고 조정해 둘 필요가 있다. 특히, 신용보증기금이나 기술보증기금의 일부 상품은 일시 상환을 분할 상환으로 변경 요청이 가능하므로 자금 실행 전에 기관과 충분한 협의를 거쳐야 한다. 창업자는 자금을 확보하는 순간부터 상환을 시작한다는 인식을 가져야 하며, 자금 유입-사용-상환의 전체 흐름을 하나의 계획으로 통합 설계하는 것이 중요하다.

    셋째, 위기 대응형 제도를 미리 알아 두자. 위기는 예고 없이 찾아온다. 따라서 문제가 생긴 뒤에 제도를 찾기 시작하면 이미 늦은 경우가 많다. 오히려 사전에 어떤 제도들이 있는지 파악하고, 문제가 발생했을 때 어떤 흐름으로 대응해야 할지 시나리오를 마련해 두면 신속하게 움직일 수 있고 회복 가능성도 커진다. 대표적인 위기 대응 제도는 다음과 같은 것들이 있다.

- 중진공 긴급경영안정자금: 갑작스러운 매출 감소나 외부 환경 변화로 인한 위기에 대응 가능
- 신보/기보 '재도약 특별보증': 매출 급감 또는 회생 기업 등 위기 기업을 대상으로 한 추가 보증 프로그램
- 신용보증재단 '위기대응자금': 자연재해, 화재, 경기 침체 등 위기 상황에 특화된 자금
- 소상공인시장진흥공단: 경영 위기 소상공인 지원프로그램
- 신보의 매출채권보험: 외상 매출 회수 지연 또는 거래처 부도 발생 시 손실 보전 가능
- 고용유지지원금: 인건비 부담을 줄이면서 조직을 유지할 수 있도록 정부가 일정 비율 지원

이러한 제도들은 보통 '특정 상황에서만' 쓸 수 있기 때문에 자격 조건이나 신청 타이밍을 미리 숙지하는 것이 중요하다. 창업자 입장에서 이런 제도를 평소에 '메모해 두고 준비해 둔다'는 것만으로도 위기에 대응할 수 있는 역량이 커진다.

정책 자금 제도 구조와 심사 포인트의 정확한 이해

많은 창업자가 정책 자금 제도를 활용할 때 가장 흔히 하는 실수는 "일단 신청부터 하고 보자"는 접근이다. 하지만 정책 자금은 단순한 자금조달 수단일 뿐 아니라, 창업자의 전략적 경영 역량을 보여 주는 기회이자, 기업의 성장 방향을 정부와 공유하는 과정이기도 하다. 때문에 단순히 '필요해서 신청하는 자금'이 아니라, '제도를 이해하고, 준비한 만큼 받아 내는 자금'이라는 관점에서의 접근이 중요하다.

○ 정책 목적에 따른 자금 구분의 이해

정책 자금은 모두 동일한 기준으로 운영되는 것처럼 보이지만 실제로는 각 자금마다 명확한 정책적 목적이 설정되어 있다. 예를 들어 청년 창업자를 지원하기 위한 자금과 기술 기반 스타트업의 고도화를 위한 자금은 신청 조건과 심사 기준이 완전히 다르다. 이처럼 자금의 목적, 주관 기관, 신청 조건 등을 명확히 이해하고 접근하지 않으면 자칫 자격 미달로 탈락하거나, 자금을 수령하더라도 기대한 만큼의 효과를 거두지 못할 수 있다. 대표적인 정책 자금은 [표 12.4]와 같이 구분할 수 있다.

창업자는 신청하려는 자금이 어떤 '정책적 목적'을 갖고 설계되었는지부터 파악하고, 자신의 사업 계획서에서 그 목적을 어떻게 충족하고 있는지를 명확히 보여 주어야 한다. 즉, "자금이 왜 필요한가"보다 "내가 이 자금을 왜 받을 자격이 있는가"를 입증하는 것이 심사의 핵심이다.

표 12.4 정책 목적에 따른 자금 구분의 이해

자금 명칭	정책 목적	주관 기관	주요 심사 포인트
청년전용창업자금	청년 창업 활성화	중소벤처기업진흥공단	대표자 연령, 창업 시기, 고용 창출 가능성
창업초기자금	기술 기반 초기 기업 육성	중소벤처기업진흥공단	기술성, 시장성, 팀 구성
ESG 경영자금	지속 가능 경영 유도	신용보증기금, 중진공 등	ESG 인증 보유, 사회적 가치 창출 계획
고용창출지원자금	일자리 창출 유도	고용노동부, 중진공	고용 계획 및 실적

○ 보증 제도와 직접 자금 지원의 구조 차이 이해

정책 자금은 크게 두 가지 방식으로 나뉜다. 하나는 정부나 공공 기관이 자금을 직접 기업에 빌려 주는 방식이고, 다른 하나는 보증 기관이 민간 금융 기관 대출을 도와주는 방식이다. 둘 다 '정책 자금'이라는 큰 틀 안에 포함되며, 목적은 같다. 창업 기업이 필요한 자금을 보다 쉽게 확보할 수 있도록 돕는 것이다.

그런데 창업 현장에서는 이 두 방식을 구분하지 못하거나, 보증 제도는 민간 금융 같고 정책 자금은 정부 자금이라는 오해가 많다. 이 때문에 적절한 조합 전략을 세우지 못하거나 자금 조달에 실패하는 경우도 생긴다. 이해를 돕기 위해 두 방식의 차이를 정리하면 [표 12.5]와 같다.

정리하면, 보증 제도는 민간 금융 기관의 대출을 원활히 받을 수 있도록 지원하는 정책 자금의 한 형태이며, 직접 자금 지원은 정부나 정책 기관이 자금을 직접 기업에 공급하는 방식이다. 두 제도 모두 정책 자금이라는 동일한 범주에 속하지만, 자금의 흐름과 작동 방식에는 분명한 차이가 존재한다.

표 12.5 정책 자금 지원 방식의 이해

구분	보증을 통한 자금 지원	직접 자금 지원
자금 제공 주체	민간 금융 기관(예: 은행)	정부 또는 공공 기관 (예: 중진공)
정부 역할	보증 기관이 대출의 리스크를 일부 보완	정책 기관이 자금을 직접 대출
대표 제도 기관	신용보증기금, 기술보증기금	중소벤처기업진흥공단 등
상환 구조	은행 대출 기준 + 보증 조건에 따른 책임 발생	정책 자금 계약 조건(금리, 유예, 분할 상환 등)
주요 특징	신속한 대출 접근 가능, 민간 자금 활용 중심	정책 목적 중심의 장기 자금, 낮은 금리 등
적합한 상황 예시	유동성 위기, 단기 운전 자금 확보 필요 시	설비 투자, 고용 확대, 수출 확대 등 중장기 전략 시

중요한 것은 어느 방식이 더 우수하냐를 따지는 것이 아니라, 창업자의 경영 상황, 자금의 용도, 활용 시점에 따라 두 방식을 어떻게 조합하느냐이다. 예를 들어, 설비 투자가 필요한 경우에는 중소벤처기업진흥공단의 '설비투자자금'을 활용하고, 동시에 단기적인 유동성 확보를 위해서는 신용보증기금의 보증을 통해 시중 은행에서 운전 자금을 조달하는 식의 전략이 가능하다. 이처럼 정책 자금의 구조를 정확히 이해하고 목적에 맞게 활용하는 것이 창업 기업의 자금 운용 효율성과 생존 가능성을 높이는 핵심 전략이라 할 수 있다.

자금 버퍼 확보와 위기 대응 전략으로 생존한 사례

B2B 플랫폼 스타트업 W사

W사는 지역 소상공인을 대상으로 주문·결제·재고 관리를 통합 제공하는 SaaS형 B2B 플랫폼을 운영하는 스타트업이었다. 초기에는 지자체와의 협력 사업과 홍보를 통해 빠르게 사용자 수를 늘렸고, 매출 상승세도 기대되었지만, 예상치 못한 외부 변수로 위기를 맞게 된다.

<위기 1> 거래처 기업의 지급 지연

서비스 초기 안정화 단계에서 가장 큰 거래처였던 지자체 산하 유통회사가 내부 사정으로 대금 지급을 2개월가량 미루게 되면서 플랫폼 유지 비용과 인건비가 밀리기 시작했다.

▷ 대응 전략: 여유 운전 자금 확보로 유동성 방어

다행히 W사의 대표는 사업 초기에 중진공의 청년창업자금(운전자금 포함)을 예상보다 넉넉히 확보해 두었고, 이는 실제 필요한 자금보다 약 30% 여유를 둔 버퍼 형태였다. 덕분에 예상치 못한 매출 공백 기간 동안에도 급여와 서버비를 정상 지출할 수 있었고, 직원 이탈 없이 위기를 넘길 수 있었다.

<위기 2> 투자 유치 지연으로 상환 부담 가중

W사는 기존 보증 기반 대출의 상환 개시 시점과 엔젤 투자 유입 시점을 맞추려 했지만, 투자 일정이 다소 미뤄지며 자금 계획에 차질이 생겼다.

▷ 대응 전략 ①: 상환 구조 조정

대표는 신용보증기금과 사전에 협의를 해 두어 보증 상품의 일시 상환을 분할 상환으로 전환하는 절차를 빠르게 진행할 수 있었다. 또한, 투자 지연 사유에 대한 설명과 함께 연장 심사에서 정책 목적 부합성을 근거로 일정 조정을 승인받았다.

▷ 대응 전략 ②: 비상 상황 대비 제도 미리 파악

W사는 대표가 평소에 중진공과 신보의 제도를 메모해 두고, 아래와 같은 자금 유동성 시나리오를 작성해 둔 덕분에 위기 상황에서 바로 대응할 수 있었다.

- 긴급경영안정자금을 통해 예비 자금 확보
- 매출채권보험 제도를 활용해 향후 거래처 리스크에 대비
- 고용유지지원금은 실제 위기는 오지 않았지만, 신청 요건까지 사전 점검 완료

W사는 단순히 자금을 많이 받는 데서 멈추지 않고, '여유 자금 확보-상환 구조 설계-위기 대응' 제도를 미리 숙지함으로써 세 가지 전략을 통해 현실적 위기를 체계적으로 넘겼다. 이 사례는 '문제가 생기면 신청하는 자금'이 아니라, 문제가 생기기 전에 준비된 자금이 얼마나 큰 차이를 만드는지를 잘 보여 준다. ♪

○ 정책 자금 심사 성패의 핵심: '비재무 요소'

정책 자금 심사에서 '비재무 요소'는 단순한 보조 자료가 아니다. 특히 창업 초기에는 매출 실적이나 자산 등 정량적 재무 정보가 부족하므로 오히려 창업자의 역량, 사업의 성장 가능성, 사회적 기여도 같은 비재무 항목이 주요 평가 기준으로 작용한다.

예를 들어, 창업자의 전공이나 업계 경력은 사업 아이템의 전문성과 실행 가능성을 판단하는 핵심 기준이 된다. 단순한 학력보다도 해당 분야에서의 실무 경험이나 문제 해결 경험이 구체적으로 드러날수록 평가에 긍정적으로 작용한다. 예컨대, 반도체 부품 스타트업이라

면, 창업자가 관련 기업에서 5년 이상 근무했던 경력, 실제로 공정 개선 프로젝트를 수행한 경험 등이 높은 평가를 받을 수 있다.

창업 동기 역시 중요하게 다뤄진다. 단순 생계를 위한 창업인지, 아니면 사회적 문제 해결이나 기술 혁신을 목표로 한 창업인지에 따라 심사관의 관점이 달라진다. 특히 정부가 추진하는 정책 방향(예: 디지털 전환, 탄소 중립, 지역 균형 발전 등)과 연계된 창업 동기를 제시할 경우, 전략적 접근으로 볼 수 있다.

사업 아이템의 기술성과 시장성도 매우 중요하다. 이 부분에서는 기술의 차별성, 모방 가능성, 실제 고객 확보 가능성 등이 핵심으로 평가된다. 단순한 기능 설명보다는 '어떤 문제를 해결하며', '어떤 고객이 필요로 하고', '경쟁 제품 대비 어떤 강점이 있는지'를 명확히 설명해야 한다. 특허 출원이나 등록 여부, 기술 이전 계약, 초기 고객 인터뷰 내용 등을 함께 제시하면 신뢰도를 높일 수 있다.

이와 더불어, 고용 창출 계획이나 지역 기여도 평가 항목에 포함된다. 특히 청년, 여성, 지역 인재 채용을 포함한 고용 계획이 있으면 가점을 받을 수 있다. 단순히 "고용할 예정"이라는 문구보다, "3분기 내 정규직 2명 채용 예정, 채용 조건 및 직무 명세 포함"과 같이 구체적인 계획을 제시해야 효과적이다.

최근에는 ESG(환경·사회·지배 구조) 실천 계획이나 사회적 가치 창출 전략이 점차 주요 심사 기준으로 떠오르고 있다. 예를 들어 ISO 14001 같은 환경 인증, 청년·여성 기업 인증, 사회적 기업 등록 등이 가점 항목이 되는 경우가 많다. 이 또한 선언적인 문구보다 실제 확보한 인증, 향후 신청 일정, 실행 조직 구성 등의 구체적 내용을 명시하는 것이 유리하다.

결론적으로, 정책 자금 심사에서 '비재무 요소'는 단순한 포장이 아니라, 창업자의 의지와 역량을 입증하는 실질적 자료로 간주된다. 따라서 사업 계획서 작성 시, 정량적 지표 외에도 창업자의 배경, 사업 철학, 사회적 가치 실현 전략 등을 전략적으로 구성해야 한다. 이는 단순히 자금을 확보하기 위한 목적을 넘어 기업의 장기적 신뢰도와 생존 가능성을 설계하는 첫 단계가 될 수 있고, 신청서에 쓰는 단어 하나하나가 '신뢰'의 언어가 되어야 한다는 점을 꼭 기억하자.

비재무 요소로 정책 자금 유치에 성공한 사례

친환경 건축 자재 스타트업 E사

E사는 건축 폐기물에서 추출한 재료로 만든 친환경 단열재를 제조하는 기술 기반 스타트업이다. 창업 당시에는 매출이 전혀 없었고, 기술 상용화 이전 단계였으므로 재무제표상 성과는 거의 없었다. 그러나 대표는 다음과 같은 비재무 요소를 전략적으로 사업 계획서에 녹여 내면서, 중소벤처기업진흥공단의 창업성장기술개발사업과 신용보증기금의 창업 초기 보증을 동시에 유치할 수 있었다.

전략적 비재무 요소 활용

1. 창업자의 전공 및 경력
대표는 토목공학을 전공하고, 국내 대형 건설사에서 7년 이상 친환경 건축 자재 연구 및 품질 관리 업무를 수행했던 경력이 있었다. 이 경력을 기반으로 "기술의 전문성과 시장 적합성"을 심사관에게 납득시킬 수 있었다.

2. 기술성과 특허
단열재 기술은 아직 제품화되지 않았지만, 이미 1건의 특허 출원, 2건의 공정 관련 특허 협약 체결, 시험 생산 결과 데이터 확보 등의 자료를 명확히 첨부하여 기술의 실현 가능성과 차별성을 강조했다.

3. 정책 방향과의 연계

탄소 중립 시대에 대응하는 정부의 건설 부문 탄소 감축 정책과 연계해 자사 기술이 기존 단열재 대비 이산화탄소 배출량을 얼마나 줄일 수 있는지를 수치로 제시했다. "정부 정책과 기업의 사업 목적이 일치"한다는 점을 부각한 전략적 접근이었다.

4. 사회적 기여 요소

제품 생산을 지역 소도시 공장에서 수행하고, 경력 단절 여성과 청년을 채용할 계획을 구체적인 직무, 시기와 함께 제시했다. 특히 "청년 정규직 2명 채용 예정(24년 2분기), 직무: 생산 보조 및 품질 검사"와 같은 구체적 채용 계획을 포함시켜 가점을 확보할 수 있었다.

5. ESG 연계 계획

ISO 14001 인증을 6개월 내 취득 계획으로 명시하고, 친환경 소재 기업으로서의 사회적 가치 창출 목표와 실행 조직 구성안을 함께 제시했다.

E사의 사례는 매출이 없어도, 창업자의 전문성, 기술의 공공성, ESG 가치를 명확하게 구조화하여 표현함으로써, 정책 자금 심사에서 비재무 요소만으로 신뢰를 확보한 사례다. 이 사례는 "매출이 없으니 신청이 어렵다"는 편견을 깨는 좋은 본보기가 될 수 있으며, 실제로 사업 계획서에서 정량 지표가 부족할수록 비재무 요소를 전략적으로 강화해야 함을 잘 보여 준다. 결국, 비재무 요소는 창업자의 '가능성'을 수치화할 수 있는 언어이자, 심사자에게 신뢰를 구축하는 가장 효과적인 무기라는 것을 보여 주는 사례라 할 수 있다. ♪

12장 핵심 포인트

구분	주요 내용	핵심 포인트
위기 관리와 실패 예방	• 창업 초기 자금 경색, 외상 채권 회수 지연, 상환 압박, 매출 급감, 재무 구조 악화 등 5대 위기 유형과 정책 금융 대응책	위기 유형별 대응 전략 (긴급 운전 자금, 매출채권보험, 연착륙 프로그램, 판로 지원, 재도전 특례 보증 등)
재창업 지원 제도	• 재도전 성공패키지, 재창업 사업화 지원, 재기 지원 보증 등 실패 기업인 재기를 위한 제도	실패 경험을 자산화, 사업화 자금 + 보증 연계 지원
회생 기업 지원 제도	• 회생기업 특별자금, KD-CoRe(자율구조조정), 회생 컨설팅 등 구조 조정 및 법적 회생 지원	회생 절차 기업의 자금·부채 조정, 맞춤형 컨설팅
기타 보완 제도	• 법원 회생 절차, 고용유지지원금 등 고용·법적 보호 장치	고용 안정 유지 + 법적 보호 통한 회생 기반
개인 신용 회복	• 개인회생제도, 신용회복위원회 조정, 캠코 배드뱅크 등	창업자 개인 신용 회복 → 재창업·금융 접근성 회복
정책 자금 운용 전략	• 분산 조달·적시 활용·상환 구조 설계·위기 대응 제도 사전 숙지	자금 관리 4대 원칙: 다변화·시점 매칭·상환 설계·제도 활용
비재무 요소의 중요성	• 창업자의 전문성, 기술성, 사회적 기여도, ESG 가치 등	매출 없더라도 비재무 요소 기반 정책 자금 유치 가능
시사점	• 실패는 종결이 아닌 재도전의 기회, 정책 금융은 안전망	재도전 친화적 생태계 조성, 실패 경험을 성장 자산화

스타트업 정책 금융 칼럼

"실패, 단절이 아닌 순환이어야"

한 중소기업 대표는 수년간 기술을 개발하고 인력을 고용하며 누구보다 최선을 다해 회사를 운영해 왔다. 하지만 거래처 부도와 납품 대금 미수라는 외부 변수로 어쩔 수 없이 폐업을 결정했다. 그가 쌓아온 기술력과 사업 경험은 금전적 가치로 환산하기 어려운 자산이다. 하지만 한 번의 실패가 '신용 불량자'라는 낙인이 되어, 재도전의 길은 너무도 좁다.

실제로 우리 사회는 아직 실패에 대해 관대하지 않다. 과거의 부실 기록이 금융 기관 평가에서 결정적으로 작용하고, 신용 보증이나 대출 심사에서 불이익을 받는 일이 다반사다. 이처럼 재도전 의지가 있는 기업인조차 제도적 장벽 앞에 좌절하고 있다.

그나마 다행인 점은 정부도 이 문제의 심각성을 인식하고 있다는 것이다. 중소벤처기업부는 '재도전 성공패키지'를 통해 최대 1억 원의 사업화 자금을 지원하고 있으며, '재창업 특화 교육' 등을 통해 창업 실패자의 재기를 돕고 있다. 최근엔 신용보증기금과 기술보증기금도 재기 기업 전용 보증 프로그램을 확대하고 있다. 하지만 정작 현장에서는 여전히 '실패 이력'에 대한 금융 기관의 보수적 판단이 남아 있어 실효성에 의문이 제기된다.

해외의 경우는 어떨까? 이스라엘은 실패를 두려워하지 않는 문화와 정부의 전폭적인 지원으로 창업 국가가 되었다. 실패한 이력이 있는 기업인에게도 동일하게 정부 보조금과 보증 혜택을 제공하며, 심지어 민간 투자자들은 실패 경험을 오히려 '학습된 리스크 관리 능력'으로 평가한다. 미국 실리콘밸리 역시 'Fail Fast, Learn Faster' 문화 아래 실패는 성장의 필수 과정으로 간주된다. 유럽연합(EU)도 'Second Chance Policy'를 도입해 실패 기업인의 신속한 회생과 재창업을 위한 법제도 정비를 병행하고 있다.

물론 도덕적 해이를 경계해야 한다. 제도를 악용하는 일부를 가려낼 수 있는 신용 평가의 정성적 요소, 도덕성 기반 스크리닝 시스템이 반드시 병행돼야 한다. 그러나 이는 일부의 문제일 뿐, 대다수 진정성 있는 창업가들이 재도전할 수 있는 사회적, 제도적 인프라를 갖추는 것이 더 중요하다.

이제는 단순한 창업 장려를 넘어 실패해도 다시 일어설 수 있는 '재도전 친화적 생태계'를 만드는 것이 국가 경쟁력의 핵심이다. 실패는 끝이 아니리 더 나은 시작이다. 그들을 다시 경제의 중심으로 이끌 수 있는 길을 지금 더 넓혀야 할 때다.

출처: 오경상

참고 문헌

국세청 홈텍스 서비스 www.hometax.go.kr

국정과제 "중소벤처기업이 경제의 중심에 서는 나라를 만들겠습니다. -32. 예비창업부터 글로벌 유니콘까지 완결형 벤처 생태계"

국회예상정책처 "정책 자금의 정의" https://www.nabo.go.kr

기술보증기금 https://www.kibo.or.kr/main

기업은행 https://blog.ibk.co.kr

김경언 "스타트업의 중요성" 매일신보(2023-06-14) https://www.imaeil.com/page/view/2023053111381273017?utm_source=chatgpt.com

데일리안 "IPO 시장 냉각에 잇따라 몸값 낮추는 재수생들" https://www.dailian.co.kr/news/view/1445480

머니투데이 "펀드들의 펀드(Fund of Funds), 성장사다리 펀드" https://news.mt.co.kr/mtview.php?no=2014022013353573684

서울신용보증재단 https://www.seoulshinbo.co.kr

서울지방변호사회보(http://news.seoulbar.or.kr)

서울창업허브 https://hubgongdeok.startup-plus.kr

신용보증기금 https://www.kodit.co.kr

신용보증기금 https://www.kodit.co.kr/index.do

영남일보 "1인 창조 기업도 수도권 싹쓸이…경기도 27만 개·대구 4만 개" https://www.yeongnam.com/web/view.php?key=20240401010000167

예금보험공사 https://m.blog.naver.com

온라인 법인설립시스템 https://www.startbiz.go.kr/index.do

이코노미스트 "'시드 다음이 없다'…끊긴 자금줄에 멈춘 스타트업 성장 엔진" https://economist.co.kr/article/view/ecn202504170027

인사이트 디깅 "기업의 성장 단계" https://blog.naver.com/businessinsight/222369971893

정책공감 "스타트업의 창업 자금 조달 방법" https://chatgpt.com/c/683ef6ba-ab80-8005-92d7-a650b18edf1d

㈜비스케어 https://www.bsquare.co.kr/programPage.do

중소기업기술정보진흥원 https://www.tipa.or.kr

중소벤처24 www.smes.go.kr

중소벤처기업부 '2024년 연간 창업기업동향' https://www.mss.go.kr/site/smba/ex/bbs/View.do?bcIdx=1057029&cbIdx=86&parentSeq=1057029&utm_source=chatgpt.com

중소벤처기업부 https://www.mss.go.kr

창업진흥원 https://www.kised.or.kr

핀포인트뉴스 "창업 시 가장 큰 어려움은 '자금 조달'" https://www.pinpointnews.co.kr/news/articleView.html?idxno=343723

한국M&A진흥협회 ttps://kmapa.org

한국대학신문 "전문대 창업 교육, 학생 수요에 비해 학교 관심 기대에 못 미쳐"

https://news.unn.net/news/articleView.html?idxno=547415

한국벤처투자(주) https://www.kvic.or.kr

한국성장금융 ttps://www.kgrowth.or.krbizmap_studio "스타트업 자금 조달 어떻게 하나요?" https://www.instagram.com/p/DFHgbQuPJKB

FINANCIALIST "기업의 성장 단계별 자금 조달 수단" https://financialist.tistory.com/entry

FOUNDERS "게임도, 정부지원사업도 저에게는 공략법이 있어요." https://founders.company/blog

https://japansupplement.co.jp/supplements-guide

KOSME 청년창업사관학교 https://start.kosmes.or.kr/yh_ysi040_001.do

K-Startup 창업지원포털 https://www.k-startup.go.kr

저자소개

오경상

건국대학교 대학원에서 경영공학박사 학위를 취득하고, 현재 중앙대학교 경영학부 및 단국대학교 경영경제학부에서 겸임교수로 재직 중이다. 신용보증기금 미래전략실 Kodit 금융경영연구소 수석연구원으로 근무하며, ESG 경영 사내 컨설턴트로 활동하고 있다. 주요 연구 분야는 정책 금융, 스타트업 투자, ESG 경영, 기술 가치 평가 등이다. 또한 한국경영기술지도사회 스타트업 투자 및 자금 조달 전문 강사로 활동하며, 창업진흥원 및 한국발명진흥회 외부 평가위원으로 참여하고 있다.

주요 저서로 『중소기업 경영컨설팅 실전가이드』(정독, 2023), 『창업지원제도 활용 실무가이드』(한국학술정보, 2023), 『창업경제론』(한국학술정보, 2024) 등이 있다.

김한수

한국항공대학교 항공우주기계공학과를 졸업하고, 현재 ㈜티이에멤 대표이사와 ㈜그로우코리아 부사장으로 재직 중이다. 한광장학재단 이사 및 창업진흥원 전문심사위원으로 활동하며, 엔젤투자자 및 컴퍼니 빌더로서 다수의 스타트업 성장 프로젝트를 수행하고 있다. 오스트리아 ENGEL사 등 글로벌 기업 연구원과 강원도 투자유치자문관을 역임하였으며, 벤처캐피털리스트, 기술신용평가사, 건설기계산업기사, 세무회계전문가과정(중급) 등의 자격을 보유하고 있다.

주요 관심 분야는 스타트업 투자, 경영 컨설팅, CAPEX 중심의 자금 전략 수립이다.

정책 자금, 《스타트업의 날개를 달다》

자금 조달에서 성장까지 함께하는, 올 댓 펀딩

발행일	2025년 10월 30일 초판1쇄
지은이	오경상·김한수
펴낸이	오성준
편집	김재관
디자인	아작 디자인팀
펴낸 곳	카오스북
등록번호	제395-251002012000111호(2012년 10월 22일)
주소	경기도 고양시 덕양구 청초로 19 아이에스비즈타워센트럴 A동 706호
전화	02-3144-8755, 8756
팩스	02-3144-8757
웹사이트	www.chaosbook.co.kr
이메일	info@chaosbook.co.kr
ISBN	979-11-87486-62-6 93320
정가	25,000원

· 이 책은 지은이 오경상·김한수와 카오스북의 독점 계약에 따라 발행된 저작물로 저작권법의 보호를 받습니다.

· 어떠한 형태의 무단 전재와 복제를 금합니다.